Anton Egner
Herbert Kraume
Bernhard Müller
Rudolf Renz
Dieter von Schrötter
Martin Vöhringer
Hans-Jürgen Vollmer

GESCHICHTE S II

Krisen im 20. Jahrhundert

USA, UdSSR und
Weimarer Republik

Schroedel Schulbuchverlag

GESCHICHTE S II
Krisen im 20. Jahrhundert
USA, UdSSR und Weimarer Republik

von Anton Egner
Herbert Kraume
Bernhard Müller
Rudolf Renz
Dieter von Schrötter
Martin Vöhringer
Hans-Jürgen Vollmer

unter Mitarbeit der Verlagsredaktion

Bildquellenverzeichnis

Archiv Gerstenberg: 28, 63, 83 l., 120 r., 129 l., 129 r., 163 l., 166, 175, 185, 195; AKG, Berlin: Umschlag o., 11, 14 l., 32, 36, 42, 55 o. l., 59, 72, 97, 99, 117 u. r., 148 r., 164, 188, 203; Archiv der sozialen Demokratie der Friedrich-Ebert-Stiftung: 117 M. l.; Beeck, Osnabrück: 137 r.; bpk, Berlin: 137 l., 196 r.; Bundesarchiv, Koblenz: 186, 201; Deutsches Historisches Museum, Berlin: 117 o. l., 117 M. M.; dpa, Frankfurt: Umschlag u. (Lehtikuva Oy), 38 (up), 100 l. (Tass), 100 r. (Lehtikuva Oy), 109 (Agence France); DAS FOTOARCHIV, Essen: 12 (Henning Christoph), 47 (Peter Hollenbach), 50 l. (David Burow), 50 r. (Mark Perlstein); Jürgens Ost und Europa-Photo: 104 o.; Niedersächsische Staats- und Universitätsbibliothek, Göttingen: 60 r., 120 l., 143 r., 148 l., 158 l., 170, 191, 192; Dieter von Schrötter: 79; Süddeutscher Verlag: 14 r., 15, 27, 31 l., 31 r., 40, 44, 46, 62 l., 80, 103 l., 124, 152 r., 197; Ullstein: 18, 77, 119, 123, 143 l., 152 l.; Wostok, Köln: 55 u.

CHLORFREI
Gedruckt auf Papier, das nicht mit Chlor gebleicht wurde. Bei der Produktion entstehen keine chlorkohlenwasserstoffhaltigen Abwässer.

ISBN 3-507-34913-2

Druck A $^{5\,4\,3\,2}$ / Jahr 2000 1999 98 97 96

Alle Drucke der Serie A sind im Unterricht parallel verwendbar, da bis auf die Behebung von Druckfehlern unverändert. Die letzte Zahl bezeichnet das Jahr des Druckes.

Grafik: Peter Langner, Hannover
Kartographie: FRD, Berlin
Satz: O & S, Hildesheim
Druck: Clausen & Bosse, Leck

Inhaltsverzeichnis

Der Erste Weltkrieg – die Urkatastrophe des 20. Jahrhunderts

Ludwig Meidner (1884–1966), Apokalyptische Landschaft, 1913 – Vorausblick auf das 20. Jahrhundert?

In seinem Bild „Apokalyptische Landschaft" von 1913 malte Ludwig Meidner ein Jahr vor dem Ausbruch des Ersten Weltkriegs den Augenblick einer gewaltigen Explosion. Der biblische Ausdruck „Apokalypse" bedeutet Offenbarung, prophetische Vision der endzeitlichen Dinge. Wie Fontänen schießen auf dem Bild weiße grelle Lichtblitze hinter schwarzen Bergsilhouetten in einen sich verfinsternden blauen Himmel. Die Sonne scheint tief unten am linken Horizont blutig rot zu verglühen. Die Landschaft in der Bildmitte ist wie in eine schwefelgelbe Färbung eingetaucht. Auf einem Weg flüchten ein paar ameisenhaft winzige Menschen. Die hochgezogenen Häuser scheinen vor der Wucht der Detonation einzuknicken. Im Vordergrund kommen die Gesteinsschichten der hügeligen Erhebungen lavaartig ins Fließen. Auf einer kleinen Anhöhe liegt hingestreckt eine schwarze, schemenhaft bizarre Figur. Im linken Vordergrund hält ein Mann seine linke Hand ans Ohr und horcht angespannt, mit aufgerissenen Augen dem Betrachter zugewandt, auf das nahende Verhängnis. Vielleicht versinnbildlicht er den visionären Künstler als Horcher in die Zeit.

Heute im Rückblick erscheint es uns, als habe der expressionistische Künstler seine Zeit als apokalyptische Endzeit, als Ende der sicheren bürgerlichen Welt und der europäischen Zivilisation wahrgenommen. Elementare Kräfte der Zerstörung brechen hervor und versetzen die Bildbetrachter in Angst. Angst kann Menschen zu Lähmung und Fatalismus, aber auch zu Überreaktion und zur Flucht in illusionäre Heilsversprechungen verführen.
Das Bild regt uns zu Fragen an das 20. Jahrhundert an. Wie werden die Menschen geschichtliche Katastrophen wahrnehmen und verarbeiten? Was werden sie aus der Katastrophe lernen? Die Geschichte des 20. Jahrhunderts wird auch und vor allem eine Geschichte des Umgangs mit Krisen und Katastrophen sein.

MATERIAL 1 Thomas Mann: Der Erste Weltkrieg – ein „Weltfest des Todes" (1924)

Im Jahr 1924 veröffentlichte Thomas Mann den Roman „Der Zauberberg". Der Dichter charakterisierte seinen Roman als „Zeitroman", der „historisch das innere Bild einer Epoche, der europäischen Vorkriegszeit, zu entwerfen versucht". Die Gesellschaft eines Davoser Sanatoriums wird im Hochsommer des Jahres 1914 vom „Donnerschlag" des ausbrechenden Ersten Weltkriegs aufgeschreckt. Hans Castorp, ein junger Hamburger Kaufmannssohn, kehrt am Ende des Romans zur Mobilmachung aus Davos nach Hamburg zurück. Mit Tausenden Gleichaltriger wird er an die Front geschickt.

Es ist ein Regiment Freiwilliger, junges Blut, Studenten zumeist, nicht lange im Felde. Sie wurden alarmiert in der Nacht, sie fuhren mit der Bahn bis zum Morgen und marschierten im Regen bis zum Nachmittag auf schlimmen Wegen, – auf gar keinen Wegen, die Straßen waren verstopft, es ging durch Äcker und Moor, 7 Stunden lang, im schwergesogenen Mantel mit Sturmgepäck, und das war kein Lustwandel; denn wollte man nicht die Stiefel verlieren, so mußte man fast bei jedem Schritte gebückt mit dem Finger in die Lasche greifen und den Fuß daran aus dem quatschenden Grunde ziehen. So haben sie eine Stunde gebraucht, um über eine kleine Wiese zu kommen. Nun sind sie da. [...]
Sie müssen hindurch, die dreitausend fiebernden Knaben, sie müssen als Nachschub mit ihren Bajonetten den Sturm auf die Gräben vor und hinter der Hügelzeile, auf die brennenden Dörfer entscheiden. Sie sind dreitausend, damit sie noch ihrer zweitausend sind, wenn sie bei den Hügeln, den Dörfern anlangen; das ist der Sinn ihrer Menge, sie sind ein Körper, darauf berechnet, nach großen Ausfällen noch handeln und siegen, den Sieg noch immer mit tausendstimmigem Hurra begrüßen zu können. [...]
Sie werfen sich nieder vor anheulenden Projektilen, um wieder aufzuspringen und weiterzuhasten, mit jungsprödem Mutgeschrei, weil es sie nicht getroffen hat. Sie werden getroffen, sie fallen mit den Armen fechtend, in die Stirn, in das Herz, ins Gedärm geschossen. Sie liegen, die Gesichter im Kot, und rühren sich nicht mehr. Sie liegen, den Rücken vom Tornister gehoben, den Hinterkopf in den Grund gebohrt und greifen krallend mit ihren Händen in die Luft. Aber der Wald sendet neue, die sich hinwerfen und springen und schreiend oder stumm zwischen den Ausgefallenen vorwärtsstolpern.
Da ist unser Bekannter, da ist Hans Castorp! Er glüht, durchnäßt wie alle. Er läuft mit ackerschweren Füßen, das Spießgewehr in hängender Faust. Seht, er tritt einem ausgefallenen Kameraden auf die Hand, – tritt diese Hand mit seinem Nagelstiefel in den schlammigen, mit Splitterzweigen bedeckten Grund hinein. [...]

Das Produkt einer verwilderten Wissenschaft, beladen mit dem Schlimmsten, fährt dreißig

Schritte schräg vor ihm wie der Teufel selbst tief in den Grund, zerplatzt dort unten mit gräßlicher Übergewalt und reißt einen haushohen Springbrunnen von Erdreich, Feuer, Eisen, Blei und zerstückeltem Menschentum in die Lüfte empor. Denn dort lagen zwei, – es waren Freunde, sie hatten sich zusammengelegt in der Not: nun sind sie vermengt und verschwunden. [...]
Lebewohl, Hans Castorp [...] fahr wohl – du lebest nun oder bleibest, deine Aussichten sind schlecht [...] und wir möchten nicht hoch wetten, daß du davonkommst [...] aus diesem Weltfest des Todes.

(Aus: Thomas Mann, Der Zauberberg, Fischer, Frankfurt/Main 1967, S. 754 ff.)

1. Charakterisieren Sie das Bild des Krieges, das Thomas Mann in dieser Schilderung entwirft. – Was geht in diesem Krieg zugrunde?

Die „Urkatastrophe"

Der Erste Weltkrieg veränderte als Urkatastrophe des 20. Jahrhunderts tiefgreifend Staat, Gesellschaft, Wirtschaft und Kultur des bürgerlichen Zeitalters, er stürzte Europa und die übrige Welt in eine Dauerkrise.
An seinem Beginn prophezeite der britische Außenminister Sir Edward Grey: „In Europa gehen die Lichter aus", und Lichter wie der ungebrochene Glaube an eine sich aufklärende Vernunft, an Menschlichkeit, an Liberalität und bürgerliche Gesittung verloschen. Diese zivilisatorischen Ideen mußten den „Ideen des August 1914" weichen, dem kriegerischen Selbstbehauptungswillen der hochgerüsteten, alle ihre Kräfte mobilisierenden und in die Waagschale des Krieges werfenden europäischen Nationalstaaten.

Tote und Verwundete

Der über vier Jahre dauernde Kontinentalkrieg brachte unermeßliches Leid über die Bevölkerung aller kriegsführenden Staaten Europas. In einem Akt der Selbstzerstörung untergruben diese führenden europäischen Mächte ihre jahrhundertelange Vormachtstellung in der Welt. Der technisierte und total geführte Krieg verzehrte zuletzt 25 bis 33 % des Nationaleinkommens der Staaten. Die Verluste an Menschen in den Jahren 1914 – 1919 überstiegen im Vergleich mit früheren Kabinettskriegen jedes Maß: Ungefähr 8 Millionen Männer fielen, 15 Millionen wurden verwundet, 7 Millionen blieben kriegsversehrt. Millionen von Zivilisten starben durch kriegsbedingte Ursachen wie Hunger, Krankheit, Not. Eine Grippeepidemie raffte im Winter 1918/19 Millionen von hungernden und geschwächten Menschen dahin.

Wirtschaftliche Zerrüttung

Die materiellen Kosten des Krieges waren ebenso beispiellos. Weite Landschaften, insbesondere in Nordfrankreich, Belgien, Polen und Serbien, waren verwüstet, Hunderttausende von Häusern zerstört, Bauernhöfe niedergebrannt, Straßen, Brücken, Bahnlinien und Telegrafenleitungen gesprengt. Das Vieh war in diesen Gebieten abgeschlachtet, Wälder waren zerschmettert, und riesige Landstriche konnten wegen der Blindgänger und Minen nicht mehr bebaut werden. Man hat errechnet, daß der Krieg insgesamt ungefähr 260 Milliarden Dollar verschlungen hat, eine Summe, die ungefähr dem 6½fachen der Summe aller Staatsschulden im 19. Jahrhundert entsprach. Diese Kriegskosten wurden weitgehend durch Staatskredite finanziert. Sie zerrütteten die bis dahin relativ stabilen Währungen und blähten die Staatsschulden unermeßlich auf.

Die Kriegswirtschaft verzerrte in allen Staaten die Produktion, Handelsbeziehungen zwischen den Kriegsgegnern rissen ab. So wurde beispielsweise Stahl im Überschuß produziert und die Landwirtschaft in Europa als angeblich weniger kriegswichtig sträflich vernachlässigt.

Die Nachkriegsordnung von 1919 verschärfte in der Folgezeit die innen- und zwischenstaatlichen Schwierigkeiten der Wirtschaft. In Ostmitteleuropa waren nach dem Zerfall des Zarenreichs und der Doppelmonarchie Österreich-Ungarn neue, wirtschaftlich instabile Staaten entstanden. Jetzt trennten 27 statt, wie vor dem Jahre 1914, 14 Währungen den europäischen Wirtschaftsraum. 20 000 zusätzliche Grenzkilometer schnitten in vielen Gebieten Fabriken von ihren früheren Rohstofflieferanten und Märkten ab. Alle kriegsführenden Staaten Europas waren erschöpft und überschuldet.

Staatenordnung nach 1919

Die europäische Staatenordnung des 19. Jahrhunderts, die sogenannte Pentarchie, d.h. ein labiles Herrschafts-Gleichgewichtssystem von fünf Großmächten, war zerstört: Österreich-Ungarn wurde aufgelöst; das Zarenreich ging in der bolschewistischen Revolution zugrunde; Deutschland war besiegt und fast völlig entwaffnet. Die in Ostmitteleuropa neu entstandenen Staaten, wie die Tschechoslowakei, mit ihren starken nationalen Minderheiten waren häufig politisch instabil. Die USA hatten den Sieg der Alliierten durch ihre Kredithilfe und ihren Kriegseintritt sichergestellt; sie waren jetzt zum Gläubigerland aufgestiegen, hielten sich aber als „Großmacht im Wartestand" im internationalen Mächtekonzert zurück. Man nennt die 20 Jahre zwischen den beiden Weltkriegen einen zwanzigjährigen Waffenstillstand oder auch eine zwanzigjährige Krise, in der die Friedensordnung von Versailles, der Versuch einer kollektiven Friedensordnung durch einen Völkerbund, scheiterte.

Politische Folgen

Der Erste Weltkrieg bedeutete einen tiefen Bruch in der Geschichte Europas, eine Krise der europäischen Zivilisation. Die Bewegungskräfte und Hauptttendenzen des 19. Jahrhunderts, Nationalismus, Demokratie und Sozialismus, hatten sich im Ersten Weltkrieg entladen. Als besonders folgenschwer erwiesen sich die Veränderungen des Nationalismus und des Sozialismus an der Wende vom 19. ins 20. Jahrhundert. Der Nationalismus wurde imperialistisch und totalitär; der Sozialismus spaltete sich in eine demokratisch-reformistische Richtung und in eine totalitär-weltrevolutionäre Herrschaftsideologie. – Was also bewirkte der Erste Weltkrieg?
- Drei Kaiserreiche, Deutschland, Rußland und Österreich-Ungarn gingen unter, alte Vielvölkerstaaten zerbrachen, neue Nationalstaaten entstanden.
- Der Sieg der westlichen Demokratie schien unaufhaltsam zu sein, ihr vielversprechendes Weltfriedensmodell beruhte auf dem Selbstbestimmungsrecht der Völker, auf Wirtschaftsfreiheit und parlamentarischer Demokratie.
- Eine Revolution neuen Typs, die sozialistische Weltrevolution in Rußland, schlug um in eine totalitäre Parteidiktatur.

Antworten auf die Krisen

Aus den drei Bewegungskräften des 19. Jahrhunderts stammten auch die drei modellhaften Antworten auf den Ersten Weltkrieg als der Urkatastrophe des 20. Jahrhunderts. Es waren die folgenden:
- Die sozialistische Antwort, die den Weltkrieg als Geburtshelfer und Schrittmacher der Weltrevolution deutete.

- Die liberal-demokratische Antwort, die den Ausgang des Krieges als Sieg des Selbstbestimmungsrechts der Völker und des Völkerrechts wertete.
- Die faschistische und nationalsozialistische Antwort, die den imperialen Machtstaat zur äußersten Aggressivität steigerte und den Frieden nur als Waffenstillstand ansah.

Alle drei Antworten zogen so ihre Schlußfolgerungen aus der Erfahrung des Ersten Weltkriegs, alle drei erlagen jeweils auf ihre Art folgenschweren Fehleinschätzungen:
- Die erwartete sozialistische Weltrevolution blieb aus oder wurde nicht angenommen. Die Sowjetunion baute den stalinistischen Sozialismus im eigenen Lande auf.
- Das nationalstaatliche Selbstbestimmungsrecht funktionierte vor allem im ethnisch zersplitterten Ostmitteleuropa nicht; die jungen demokratischen Nationalstaaten waren oft kaum lebensfähig, und der Völkerbund versagte als Instrument kollektiver Friedenssicherung.
- Der vom Nationalsozialismus betriebene Aufstieg Deutschlands zur Weltmacht endete in der Katastrophe des Zweiten Weltkriegs.

MATERIAL 2 **Paul Kennedy, Der Erste Weltkrieg und seine Wirkung auf die Mentalität der Zeitgenossen (1991)**

Das Bild des Ersten Weltkriegs, das in den westlichen Demokratien in den späten 20er Jahren vorherrschte, war von Tod, Zerstörung, Schrecken, Verschwendung und Sinnlosigkeit geprägt. Der „karthagische Friede“[1] von 1919, das Ausbleiben der Belohnung, welche die Politiker in Kriegszeiten als Ausgleich für die Opfer versprochen hatten, die Millionen von Versehrten und Kriegswitwen, die wirtschaftlichen Probleme der 20er Jahre, der Vertrauensverlust und der Zusammenbruch der [...] sozialen und persönlichen Bindungen: für dies alles wurde die Torheit der Entscheidungen vom Juli 1914 verantwortlich gemacht.
Aber die weitverbreitete Ablehnung von Krieg und Militarismus, die sich in manchen Gegenden mit der Hoffnung verband, daß der Völkerbund eine Wiederholung solch einer Katastrophe verhindern könne, wurde nicht von allen Kriegsteilnehmern empfunden. [...] Für Hunderttausende früherer Frontsoldaten in ganz Europa, die durch die Arbeitslosigkeit, die Inflation und die Langeweile der von der Bourgeoisie beherrschten Nachkriegsordnung desillusioniert waren, blieb der Krieg zwar etwas Furchtbares, zugleich aber auch etwas Positives: kriegerische Werte, die Kameradschaft der Soldaten, die Erregung von Gewalt und Aktion.
Für solche Gruppen, besonders in den besiegten Nationen Deutschland und Ungarn und in der erbittert unzufriedenen Siegernation Italien, aber auch innerhalb der französischen Rechten, besaßen die Ideen der faschistischen Bewegung – Ideen von Ordnung, Disziplin, nationalem Ruhm, von der Zerschlagung der Juden, Bolschewiken, der Dekadenz und der selbstzufriedenen liberalen Mittelschichten – große Anziehungskraft. Aus ihrer Sicht (und der Sicht ihrer Gesinnungsgenossen in Japan) waren Kampf, Gewalt und Heldentum die wahrhaft bleibenden Elemente des Lebens und die Grundsätze von Wilsons Internationalismus falsch und überholt.

[1] Karthagischer Friede: Anspielung auf den Frieden, den Rom 146 vor Christus mit Karthago schloß. Er bedeutete die völlige Zerstörung der punischen Stadt Karthago.

(Aus: Paul Kennedy, Aufstieg und Fall der Großen Mächte. Ökonomischer Wandel und militärischer Konflikt. Von 1500 – 2000, Fischer, Frankfurt/Main 1992, S. 430, Übers.: Catarina Jurisch)

1. Erläutern Sie die vom Verfasser beschriebene Wirkung des Ersten Weltkriegs auf die Zeitgenossen.

MATERIAL 3 Winston Churchill, Der kommende Krieg – eine Zivilisationskatastrophe? (1928)

Der konservative britische Politiker Sir Winston Churchill war vor dem Ersten Weltkrieg für die Flottenrüstung und im Ersten Weltkrieg für Munitionsbeschaffung zuständig. Von 1924 bis 1929 war er britischer Schatzkanzler (Finanzminister). In seinem Buch „Nach dem Kriege" notierte er 1928 folgende Überlegungen:

Erst zu Anfang des zwanzigsten Jahrhunderts der christlichen Ära begann der Krieg seine Herrschaft als gewaltiger Zerstörer des Menschengeschlechts anzutreten. Die Organisation der Menschheit in große Staaten und Reiche und das Erwachen der Nation zu vollem Kollektivbewußtsein ermöglichten die Planung und Durchführung von Gemetzeln in einem Ausmaß und mit einer Beharrlichkeit, wie man es nie zuvor geahnt hatte. [...]
Kräftige Finanzen, die Ressourcen eines weltumfassenden Kredits und Handels, die Akkumulation großer Kapitalreserven ermöglichten es, die Energien ganzer Völker während beträchtlicher Zeitabschnitte für das Verwüstungswerk einzusetzen. Demokratische Einrichtungen verliehen der Willenskraft von Millionen Ausdruck. Die Schule brachte nicht nur den Verlauf des Konflikts in den Verständnisbereich eines jeden, sondern machte jeden Menschen weitgehend für den gewünschten Zweck dienstbar. Die Presse bot das Mittel zur Vereinheitlichung und zur gegenseitigen Aufhetzung. Die Religion, die den Konflikten in grundlegenden Fragen taktvoll ausgewichen war, flößte nun in allen ihren Formen sämtlichen kämpfenden Parteien Trost und Ermutigung ein. Endlich offenbarte auch die Wissenschaft dem verzweifelten Verlangen der Menschen ihre Schätze und Geheimnisse und legte Hilfsmittel und Maschinen von fast entscheidender Wirkung in ihre Hände.
In der Folge entwickelten sich viele neue Erscheinungen. Statt nur befestigte Städte auszuhungern, wurden nun ganze Nationen systematisch durch Hungersnot zur Unterwerfung gezwungen, oder doch der Versuch dazu gemacht. Die gesamte Bevölkerung nahm in dieser oder jener Eigenschaft am Krieg teil; ohne Unterschied waren alle dem Angriff ausgesetzt. Es öffneten sich Luftwege, auf denen Tod und Schrecken weit hinter die eigentlichen Frontlinien getragen werden konnten, so daß auch Frauen, Kinder, Greise und Kranke, die in früheren Kriegen natürlicherweise verschont blieben, davon erfaßt wurden. Wunderbare Einrichtungen – Bahnlinien, Dampfschiffe, Motorfahrzeuge – unterhielten fortwährend viele Millionen von Männern im Kampf. Heilkunst und Chirurgie in ihrer Vollendung schickten sie immer wieder auf die Felder der Vernichtung zurück. Es wurde nichts vergeudet, was zum allgemeinen Prozeß der Vergeudung nur irgend beitragen konnte. Die letzten Todeszuckungen wurden noch zum militärischen Nutzen verwendet. [...]

Gewisse düstere Tatsachen erheben sich hart und unerbittlich wie Gebirgsumrisse aus wogendem Nebel. Es steht fest, daß von nun an ganze Völker am Kriege teilnehmen werden, alle mit äußerster Hingabe und alle dem Wüten des Feindes ausgeliefert. Es steht fest, daß Nationen, die ihre Existenz für gefährdet halten, vor keinem Mittel zu ihrer Sicherung zurückschrecken werden. Es ist wahrscheinlich – nein, gewiß – daß sich das nächste Mal unter den verfügbaren Mitteln Verfahren zur Massenvernichtung befinden werden, die keine Grenze kennen und vielleicht nicht mehr gelenkt werden können, nachdem sie einmal in Gang gesetzt sind.

Nie zuvor war die Menschheit in dieser Lage. Ohne eine wahrnehmbare Zunahme ihrer Tugenden und ohne den Vorteil einer weiseren Führung hält sie zum ersten Mal die Werkzeuge in Händen, die unfehlbar ihre eigene Vernichtung besiegeln können. Das ist der Höhepunkt des Menschengeschickes, zu dem aller Ruhm und alle Mühen endlich geführt haben.
Die Menschen würden gut daran tun, innezuhalten und über ihre neue Verantwortung nachzudenken. Der Tod steht bereit, willfährig, erwartungsvoll und diensteifrig, die Völker massenweise niederzumähen; auf einen Ruf bereit, alle Reste der Zivilisation zu Staub zu zertrümmern.

Churchill zitierte 1948 im ersten Band seines Werkes „Der Zweite Weltkrieg" diese Passage aus seinem Buch von 1928. Für die Darstellung des Zweiten Weltkrieges erhielt er 1953 den Nobelpreis für Literatur.

(Aus: Winston S. Churchill, Der Zweite Weltkrieg. Erster Band: Der Sturm zieht auf, 2. Auflage, Scherz und Goverts-Verlag, Stuttgart, 1954, S. 58–61, Übers. J. Muehlon)

1. Zeigen Sie, wodurch nach Churchills Überlegungen im 20. Jahrhundert die Zerstörungskraft des Krieges in zuvor nicht geahntem Maß gesteigert wurde.
2. Was tun angesichts der „lauernden Gefahren"? – Erörtern Sie mögliche Antworten auf die Krise der Zivilisation aus dem Erfahrungshorizont der Zeitgenossen.
3. Vergleichen Sie Wirkungsabsicht und Aussagekraft der drei Texte Material 1 (S. 6–7), Material 2 (S. 9) und Material 3 (S. 10–11) miteinander.

Französisches Dorf im Kampfgebiet an der Westfront. Das Photo entstand vier Jahre nach dem Gemälde von Meidner (s. S. 5).

Die Herausforderung des American Dream

Amerikanische Schüler geloben Treue zur Flagge (allegiance to the flag)

Des Amerikaners Glaubensbekenntnis – The American's Creed

verfaßt vom Schriftführer des Repräsentantenhauses William Tyler Page im Jahre 1917

„Ich glaube an die Vereinigten Staaten von Amerika als eine Regierung des Volkes, durch das Volk, für das Volk, deren gerechte Machtbefugnisse der Zustimmung der Regierten entstammen; als eine Demokratie in einer Republik; als eine souveräne Nation von vielen souveränen Staaten; als eine vollkommene Union, einzig und unteilbar, begründet auf jenen Grundsätzen der Freiheit, der Gleichheit, der Gerechtigkeit und der Humanität, für die amerikanische Patrioten ihr Leben und Gut opferten.
Ich erachte es daher für meine Pflicht meinem Lande gegenüber, es zu lieben, seine Verfassung zu unterstützen, seinen Gesetzen zu gehorchen, seine Flagge zu ehren und es zu verteidigen gegen alle seine Feinde."

(Aus: Erwin Helms, USA – Staat und Gesellschaft, 9. Auflage, Fackelträger-Verlag, Hannover 1993, S. 232)

1. Wirtschaftswunder und Wirtschaftskrise

1.1 Wohlstand für alle? – Wirtschaft und Gesellschaft bis 1929

Der Erste Weltkrieg ließ die USA zur führenden Weltmacht aufsteigen. Wie wirkte sich der gewonnene Krieg auf Wirtschaft und Gesellschaft des bevölkerungsreichsten Staates der westlichen Hemisphäre aus?

Massenkonsum und Wirtschaftswachstum

Die Stärke ihrer Wirtschaft erlaubte den USA den Rückzug auf sich selbst. Die liberale, unternehmerfreundliche Wirtschaftspolitik der Präsidenten Harding und Coolidge begünstigte die Konjunktur. Besonders die Auto-, Elektro- und Chemieindustrie erlebten einen Boom. Das Käuferverhalten konnte durch Werbung im neu entstandenen Rundfunk und in der Boulevardpresse erstmals massiv beeinflußt werden. Das Sozialprodukt stieg von 1919 bis 1929 real um 40 % auf über 100 Milliarden Dollar. Neu war die Möglichkeit, Verbrauchsgüter auf Raten zu kaufen: Gegen Ende der 20er Jahre kauften die Amerikaner rund 60 % der Autos und 75 % aller Möbel auf Raten. Erstmals konnten sich breitere Bevölkerungsschichten einen bürgerlichen Lebensstil leisten. Dies trug wesentlich zum Massenkonsum und damit zum Wirtschaftswachstum bei.
Die starke Nachfrage nach preiswerten Massengütern führte zu Rationalisierungen in der Industrie und Unternehmenskonzentrationen. Die Industrieproduktion konnte zwischen 1921 und 1929 fast verdoppelt werden, die Unternehmergewinne stiegen um 65 %. Dieser Aufschwungphase war 1920/21 eine leichtere Rezession vorausgegangen, die durch den Exportrückgang in das häufig zahlungsunfähige Europa der Nachkriegszeit hervorgerufen worden war.

Überproduktion in der Landwirtschaft

Ein Sorgenkind wurde die Landwirtschaft: Die Farmer hatten in den Kriegsjahren die Anbauflächen ausgeweitet, um die Nachfrage der kriegführenden Staaten nach Lebensmitteln decken zu können. Ab 1919 führte dies zur Überproduktion, die Preise verfielen. Selbst durch Schutzzölle und Hilfsprogramme konnte die Regierung die Preise nicht stabilisieren. Das Realeinkommen der Farmer erreichte so 1929 nur 89 % des Vorkriegsstandes.

Arbeiterschaft

Die Arbeiterschaft war nur ungenügend am wirtschaftlichen Aufschwung beteiligt. Ihre durchschnittliche Wochenarbeitszeit ging nur langsam von 50 auf 48 Stunden zurück, in manchen Textilfabriken des Südens wurde noch 1929 70 Stunden in der Woche gearbeitet. Trotz dieser langen Arbeitszeit blieben die Löhne in der Textilindustrie oftmals unter dem offiziell errechneten Existenzminimum. Der Wochenlohn eines Arbeiters war 1929 real nur 11 % höher als 1920. Die Gewerkschaften verloren in jenen Jahren viele Mitglieder, da Streiks nur selten Erfolge brachten. Auch die Sozialgesetzgebung machte kaum Fortschritte, Kinderarbeit war noch immer üblich. Die Kaufkraft der Mehrheit der „working poor" blieb trotz der Kreditkäufe verhältnismäßig gering. Die Nachfrage nach Konsumgütern blieb hinter dem Angebot zurück.

Fifth Avenue in New York, um 1925

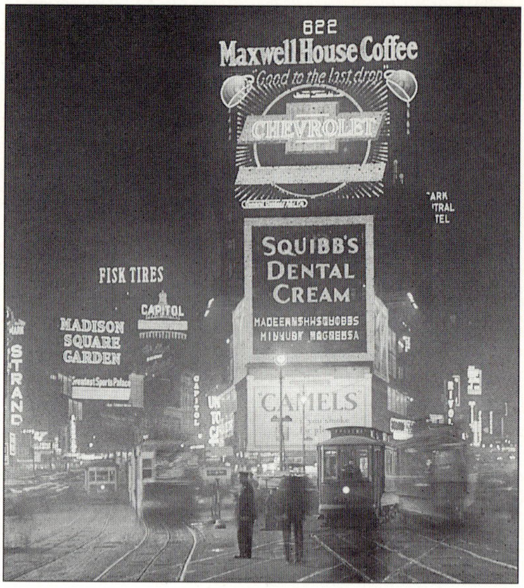

Nachtleben auf dem Broadway in New York, 1925

„Roaring Twenties"

Die Amerikaner nennen ihre „goldenen 20er Jahre" mit den stürmischen Entwicklungen auf allen Gebieten des Lebens, mit ihrer Vielfalt, ihren Hoffnungen und Enttäuschungen die „Roaring Twenties". Sie waren vordergründig eine Epoche des Wohlstands, des technischen Fortschritts, der satten Selbstzufriedenheit, des materialistischen Daseinsgenusses und der Anbetung des Erfolgs um seiner selbst willen. Doch war dieses Jahrzehnt ebenso eine Zeit der schöpferischen Unruhe, einer alle Wurzeln und Probleme der modernen Zivilisation bloßlegenden Kritik an der Gesellschaft. Ein weit wirkendes Symbol der Rebellion gegen Materialismus und Rassendünkel wurde in jenen Jahren der Jazz.

„Red Scare" und Fremdenfeindlichkeit

Der dynamische Wandel verunsicherte viele Amerikaner und führte zu Intoleranz gegenüber Ungewohntem und Fremdem. In den Jahren unmittelbar nach dem Krieg ergriff die Kommunistenfurcht, „the Red Scare", das Land. Streiks und Bombenattentate führten zu einer Massenhysterie und Umsturzpsychose, die ihrerseits zu Massenverhaftungen führten. Der kleinen Kommunistischen Partei wurde ein Umsturzversuch nach bolschewistischem Vorbild vorgeworfen: Hausdurchsuchungen, Verhaftungen und Verhöre waren die Folge. Hunderte wurden des Landes verwiesen. Die im Krieg gegen die Deutschen angelaufene Haß- und Greuelpropaganda entwickelte sich zu einer weitverbreiteten Fremdenfeindlichkeit, die auch die Einwanderung beschränkte. Sie erreichte einen traurigen Höhepunkt in dem 1915 neu gegründeten Ku Klux Klan. 1925 hatte er fünf Millionen Mitglieder, mehr als der Gewerkschaftsbund. Der bigotte „Orden", im Kleinstadtmilieu des Nordens und im Süden besonders mächtig, terrorisierte die Schwarzen, Einwanderer, Katholiken und Juden, aber auch Intellektuelle und die Gegner der Prohibition (des Alkoholverbots). Die Klangesellen „straften" und entführten, quälten und mordeten, 1919 gab es über 70 Lynchmorde. Ab Mitte der 20er Jahre ging die Bedeutung und der Einfluß des Klans in der Öffentlichkeit zurück.

MATERIAL 1 Der Siegeszug des Autos

Die Automobilindustrie nahm in den 20er Jahren gewaltige Dimensionen an: Bereits 1923 gab es etwa 15 Millionen Kraftfahrzeuge, 1927 ungefähr 20 Millionen, und 1929 waren es [...] 26 Millionen. Es kam jetzt ein Auto auf fünf Einwohner, was ungefähr dem Verhältnis entspricht, das in der Bundesrepublik Deutschland 1965 erreicht wurde. [...]
Man muß sich vergegenwärtigen, was sich hinter diesen dürren Zahlen an revolutionären Auswirkungen auf die amerikanische Volkswirtschaft und auf das Leben jedes einzelnen verbirgt, um die Bedeutung des Automobils für den amerikanischen Lebensstil ermessen zu können. Die unmittelbaren Rückwirkungen auf Zulieferungs- und Ergänzungsindustrien oder den Straßenbau waren noch das geringste. Das Auto revolutionierte die Lebensgewohnheiten jedes einzelnen noch sehr viel intensiver als einst die Eisenbahn und später das Flugzeug, denn praktisch jeder konnte sich eines kaufen. Das bedingte eine gewaltige Steigerung der traditionellen, von jeher in Amerika zugleich räumlichen und sozialen Mobilität. Damit aber ergaben sich für alle Menschen ganz neue Möglichkeiten, nicht nur beruflich voranzukommen, sondern auch ihr riesiges Land besser kennenzulernen, den Regionalismus und Provinzialismus zu überwinden, mehr als bisher zur Nation als lebendiger Einheit zusammenzuwachsen.

Werbeplakat

Die allumfassende Motorisierung hatte weiter zur Folge, daß die gehobenen Einkommensgruppen in die Vororte und Satellitenstädte der großen Industrie- und Wirtschaftsmetropolen abwandern und dort einen kultivierten Wohn- und Lebensstil entwickeln konnten. [...]
In den dichtbesiedelten Gebieten des Nordostens und der mittelwestlichen Industriereviere, aber auch in California und Florida wuchsen die Städte allmählich so ineinander, daß das flache Land auf Hunderte von Kilometern zersiedelt wurde – was natürlich eine Fülle neuer Probleme aufwarf, von der Wasser- und Luftverseuchung angefangen bis zu neuen Einkaufs-, Schul- und Verkehrsschwierigkeiten, durch die die „Exurbanites“ wieder weitgehend von der Stadt als Mittelpunkt des kulturellen, wirtschaftlichen und Arbeitslebens weggerückt wurden. Umgekehrt drangen Farbige und andere sozial Benachteiligte in die Innenstädte ein, soweit dort nicht überhaupt die Wohnhäuser den Geschäfts- und Verwaltungsgebäuden weichen mußten. So führte die zunehmende Mobilisierung durch das Auto, gemeinsam mit anderen Faktoren, zu einer tiefgreifenden Umstrukturierung der Gesellschaft zumindest im weiteren städtischen Bereich. [...]

Diese ganze Entwicklung gab wiederum der Bauindustrie ungeahnten Auftrieb. Sie hatte für neue Wohnhäuser in den Vorstädten, für Verbindungsstraßen für den Fernverkehr sowie zwischen den Wohngegenden und den Arbeitsstätten und für neue Fabrik- und Geschäftsbauten zu sorgen. Denn nicht zuletzt waren die 20er Jahre die Zeit der repräsentativen Wolkenkratzer. [...] Die Wolkenkratzer repräsentierten den Geist des Wettbewerbs, der beinahe grenzenlosen Leistungsfähigkeit, des anspruchsvollen Selbstbewußtseins und der aufwendigen Selbstdarstellung einer modernen, reichen und am äußeren Erfolg orientierten Gesellschaft.

(Aus: Erich Angermann, Die Vereinigten Staaten von Amerika, 2. Auflage, dtv, München 1969, S. 83 ff.)

1. Untersuchen Sie die Folgen der Motorisierung für Wirtschaft, Gesellschaft und Umwelt.
2. Erörtern Sie die Vor- und Nachteile dieser Entwicklung.

MATERIAL 2 **Der spätere Präsident Herbert C. Hoover zur Frage: Liberalismus oder Sozialismus? (1928)**

Als der Krieg endete, war die lebenswichtige Frage in unserem Land wie auch in der ganzen Welt, ob Regierungen ihren Besitz und den Betrieb vieler Produktions- und Verteilungsmittel aus der Kriegszeit fortführen sollten. Wir wurden gefordert, im Frieden die Wahl zu treffen zwischen dem amerikanischen System des starken, rücksichtslosen Individualismus (rugged individualism) und einer europäischen Philosophie aus [...] Bevormundung und Staatssozialismus. Die Annahme dieser Ideen hätte [...] die Unterminierung der individuellen Initiative und Unternehmungslust bedeutet, durch die unser Volk zu beispielloser Größe herangewachsen ist. [...]
Ein Liberalismus, der meint, daß die Regierung Unternehmen leiten soll, ist falsch. Jeder Schritt zur Bürokratisierung des Geschäftslebens unseres Landes vergiftet die wahren Wurzeln des Liberalismus – d.h. politische Gleichheit, Redefreiheit, Versammlungsfreiheit, Pressefreiheit und Chancengleichheit. Es ist der Weg nicht zu mehr Freiheit, sondern zu weniger Freiheit. [...] Wahrer Liberalismus sucht alle legitime Freiheit zuerst in dem gläubigen Vertrauen, daß ohne sie das Streben nach allen anderen Segnungen und Wohltaten vergeblich ist. Dieser Glaube ist die Grundlage allen amerikanischen Fortschritts, des politischen, wie des wirtschaftlichen.

Liberalismus ist [...] eine Kraft, die von der tiefen Erkenntnis ausgeht, daß wirtschaftliche Freiheit nicht geopfert werden darf, wenn politische Freiheit bewahrt werden soll. Selbst wenn eine Lenkung der Wirtschaft durch die Regierung uns mehr statt weniger Leistungsfähigkeit brächte, bliebe der grundlegende Einwand dagegen unverändert und unvermindert. Sie würde die politische Gleichheit vernichten. [...] Sie würde Initiative und Erfindungsgeist ersticken. Sie würde die Entfaltung von Führertum untergraben. Sie würde die geistigen und seelischen Energien unseres Volkes verkümmern und verkrüppeln. Sie würde Gleichheit und Chance auslöschen. Sie würde den Geist der Freiheit und des Fortschritts austrocknen.

(Aus: Henry Steele Commager, Documents of American History, Bd. 2, 9. Auflage, New York 1973, S. 223f, Übers. R. Renz)

1. Was versteht Hoover unter Liberalismus? Welche Begriffe ordnet er ihm zu?
2. Erörtern Sie seine Auffassung von der Rolle des Staates in der Wirtschaft.
3. Können seine ordnungspolitischen Vorstellungen das nötige Instrumentarium für eine schwere Krise bereitstellen?

1.2 New Deal – Eine Antwort auf die Wirtschaftskrise

Börsenkrach

Die schwere Wirtschaftskrise, The Great Depression, wurde Ende Oktober 1929 durch starke Kursstürze an der New Yorker Börse ausgelöst. Der Börsenkrach am 24. Oktober ist für die Amerikaner bis heute zum Negativ-Symbol großer Einkommensverluste und eines allgemeinen Vertrauensschwunds in Wirtschaftsordnung und politisches System geworden. Drei Jahre währte der Niedergang der Kurse; das wichtigste Kursbarometer, der Dow-Jones-Index, fiel von 382 Punkten im September 1929 auf ein Tief von 41 im Juli 1932. Viele Banken wurden zahlungsunfähig, Tausende von Unternehmern mußten Konkurs anmelden, ihre Arbeiter und Angestellten wurden arbeitslos. Der Zusammenbruch der Wertpapiermärkte in den USA hatte verheerende Folgen: Die Krise weitete sich bald zur Weltwirtschaftskrise aus, die alle großen Industriestaaten erfaßte und auf ihrem Höhepunkt rund 30 Millionen Menschen in aller Welt arbeitslos machte.

Wirtschaftskrise

Der Hauptgrund für diese bisher schwerste und folgenreichste Wirtschaftskrise war das Zurückbleiben der Kaufkraft hinter der Produktion. Die Einkommen der Haushalte stiegen nicht im gleichen Maße wie die Produktion; dies galt besonders für die Produktion langlebiger Konsumgüter. Die Anzeichen für diese Entwicklung waren schon lange erkennbar: Die Landwirtschaft litt schon seit Kriegsende an ihrer Überproduktion (s. S. 13). 1926 bröckelte auch die Hochkonjunktur auf dem Bau- und Automarkt zum erstenmal ab, Ford ging deshalb zur 5-Tage-Woche über. Die Auslandsmärkte waren für amerikanische Güter durch die hohen Zollschranken, die Reparationszahlungen und die Kriegsschuldenpolitik nur begrenzt aufnahmefähig. 1928 setzte an den amerikanischen Börsen ein Spekulationsfieber ein, dessen Ursachen nicht ganz geklärt sind. Es verschleierte zunächst die krisenhafte Lage und führte schließlich zum Börsenkrach.

Ausweitung zur Weltwirtschaftskrise

Die unmittelbar folgende Ausweitung zur Weltwirtschaftskrise wurde besonders durch vier Faktoren hervorgerufen, die sich gegenseitig bedingten:
- Der Zusammenbruch der amerikanischen Konjunktur blockierte den internationalen Warenaustausch.
- Durch den hohen Schutzzoll von 1930 provozierten die USA ähnliche Maßnahmen anderer Länder und beschleunigten dadurch den Rückgang des Handels.
- Die Rückforderung hoher amerikanischer Auslandskredite, insbesondere aus Europa, wo sie zu einer kurzen wirtschaftlichen Blüte beigetragen hatten, verstärkte die internationale Ausweitung der Rezession.
- Der folgende wirtschaftliche Niedergang in Europa, dessen Kennzeichen auch Konkurse, Preiszerfall, Bankenzusammenbrüche und Arbeitslosigkeit waren, verschärfte seinerseits den Konjunktureinbruch in den USA.

Soziale Folgen

Die sozialen Folgen waren verheerend. Die Arbeitslosenzahl erreichte 1933 13 Millionen, nach anderen Angaben gar 15 Millionen. Während Hunderttausende hungerten, konnten die Farmer ihre Überschüsse nicht verkaufen. Auch sie verloren im Durchschnitt 60 % ihres Einkommens, viele ihren ganzen Besitz. In den Städten kam es vereinzelt zu Hungerdemonstrationen, Unruhen und Plünderungen. Viele konnten ihre Miete nicht mehr aufbringen, ihre Raten nicht mehr zahlen und verloren Haus und Möbel. Arbeitslose mußten oft in Barackensiedlungen am Rand einer Großstadt kampieren, „Hoovervilles" nannten sie die Menschen in Anspielung auf den bis 1932 regierenden Präsidenten. Die Industrieproduktion und das Sozialprodukt halbierten sich, Spareinlagen in Höhe von über einer Milliarde Dollar und fast ebensoviel Aktionärskapital gingen durch die zahlreichen Bankzusammenbrüche verloren.

Das Krisenjahrzehnt bis zum Zweiten Weltkrieg läßt sich in drei Phasen einteilen. Die erste Phase des steilen Niedergangs endete im Frühjahr 1933. Ihr folgte eine allmähliche, stufenweise Erholung bis 1937, die von einer Fülle staatlicher Eingriffe in die Wirtschaft gekennzeichnet war. Danach kam es erneut zu einer scharfen Rezession, die erst der Krieg beendete.

Weihnachten 1931 in New York: Arbeitslose stehen vor einer Suppenküche an

Franklin D. Roosevelt, 1933-1945

Präsident Hoover erkannte die Schwere der Krise zu spät, seine Ansätze zu ihrer Bekämpfung waren halbherzig und unzureichend. Das kostete ihn die Wiederwahl, sein Gegner, der Demokrat Franklin D. Roosevelt, errang Ende 1932 einen glänzenden Wahlsieg. Anfang März 1933, in den letzten Tagen von Hoovers Amtszeit, erreichte die Bankenkrise ihren Höhepunkt: Immer mehr Sparer versuchten, ihre Konten aufzulösen und Gold zu horten; in den meisten Einzelstaaten mußten die Banken geschlossen werden. Die sozialpsychologischen Folgen der schon drei Jahre währenden Krise waren schwerwiegend. Die Unternehmer und Bankiers hatten ihr hohes Sozialprestige verloren, das Vertrauen vieler in die Marktwirtschaft war geschwunden, und in der Bevölkerung wuchs ein Klima der Mutlosigkeit, das sozialistische und faschistische Gewaltlösungen nicht völlig ausschloß. Roosevelt mußte versuchen, sofort eine Lösung für die dringendsten Probleme zu finden und in der Krise neue Wege zu gehen, um einen radikalen Umbruch zu verhindern.

New Deal

Roosevelts Politik des New Deal leitete durch staatliche Eingriffe einen Systemwandel gegenüber dem klassischen Wirtschaftsliberalismus ein. Seine wichtigsten Ziele waren zunächst die Wiederankurbelung der Konjunktur und Hilfe für die Notleidenden, längerfristig setzte er sich für wirtschaftliche Reformen und größere soziale Sicherheit ein. Schon 1932 hatte er die Auffassung vertreten, daß es die Aufgabe der Regierung sei, den Wohlstand gleichmäßiger zu verteilen, Angebot und Nachfrage aufeinander abzustimmen. Damals prägte er das Schlagwort vom New Deal, vom Neuverteilen der Spielkarten.
Die erste Phase des New Deal dauerte bis 1935. Sie zielte besonders auf die Bekämpfung der akuten Krise. In den berühmten ersten „Hundert Tagen" bis Juni 1933 trat der Kongreß zu einer Sondersitzung zusammen, erteilte dem Präsidenten Sondervollmachten und beschloß eine Fülle wichtiger Gesetze:

Schließung der Banken

- Roosevelt ließ die Banken sofort für vier Tage schließen. Eine befristete staatliche Kapitalbeteiligung und andere Maßnahmen während der „Bankferien" konsolidierten die Geldinstitute und stellten das Vertrauen der Sparer wieder her.

Geldpolitik

- Eine Politik des billigen Geldes durch niedrige Geld- und Kapitalmarktzinsen versuchte, wenn auch nicht sehr erfolgreich, die Konjunktur anzukurbeln. Die

USA gaben die Bindung des Dollars an das Gold auf – verhinderten damit aber eine Stabilisierung der internationalen Währungsverhältnisse.

Farmhilfsgesetz

- Das Farmhilfsgesetz (Agricultural Adjustment Act) im Mai 1933 sollte die landwirtschaftliche Produktion drosseln und die Preise für Agrarprodukte erhöhen. Die Farmer erhielten vom Staat Prämien für die Verkleinerung ihrer Anbauflächen. Ihr Einkommen stieg bis 1934 um fast 50 %, doch zahlreiche Kleinpächter verloren ihr Pachtland und viele Landarbeiter ihren Arbeitsplatz.

Industriepolitik

- Kernstück des New Deal sollte der National Industrial Recovery Act (NIRA) sein, der alle Industriebranchen anhielt, sich selbst verordneten Regeln zu unterwerfen. Diese sollten einen ruinösen Wettbewerb verhindern, maximale Arbeitszeiten und Mindestlöhne festsetzen. Kinderarbeit unter 16 Jahren wurde verboten. Das Koalitionsrecht der Arbeiter sollte nicht eingeschränkt werden. Ziel der Fairneß-Vereinbarungen war die Verminderung der Arbeitslosigkeit und die Belebung der Wirtschaft. 1935 wurde das Gesetz jedoch aus formalen Gründen für verfassungswidrig erklärt.

Federal Emergency Relief Act

- Der wichtigste Versuch, die Arbeitslosigkeit abzubauen, war der Federal Emergency Relief Act vom Mai 1933. Ein umfassendes Programm öffentlicher Arbeiten wurde in die Wege geleitet und dafür eine Reihe neuer Bundesbehörden eingerichtet: Die Civil Works Administration (CWA) organisierte beispielsweise ab November 1933 vier Millionen Arbeitsplätze auf allen staatlichen Ebenen. Die Public Works Administration (PWA) finanzierte den Bau von Straßen und anderen Infrastrukturmaßnahmen. Auch hier fanden Erwerbslose oft Arbeit. Das Civilian Conservation Corps (CCC), ein freiwilliger Arbeitsdienst für 250 000 junge Männer, das sich Projekten der Wiederaufforstung, der Erosionsbekämpfung, der Anlage von Nationalparks und ähnlichen Aufgaben widmete, diente der Arbeitsbeschaffung. Beispielgebend wurde die Arbeit der Tennessee Valley Authority (TVA), welche die Sanierung eines riesigen, sechs Einzelstaaten berührenden Gebietes unternahm. Ihre Dammbauten und Flußregulierungen kamen der Agrar- und Elektrizitätswirtschaft zugute. Anfang 1934 erhielten rund 28 Millionen Personen in irgendeiner Form Gelder aus einem der Direkthilfeprogramme.

Zweiter New Deal

Der „Zweite New Deal“ von 1935 bis 1939 veränderte die Hauptrichtung der Reformpolitik. Roosevelt nahm jetzt die Antitrustpolitik der Vorkriegsära wieder auf und erreichte die Annahme von zwei Gesetzen gegen die Konzentration in der Industrie. Eine Anzahl wichtiger arbeitsrechtlicher und sozialpolitischer Reformen wurde eingeleitet. Der National Labor Relations Act (Wagner Act) von 1935 gewährleistete das Koalitionsrecht der Arbeiter und erkannte die Gewerkschaften als Tarifpartner an. Der Social Security Act vom gleichen Jahr schuf eine Invaliden-, Alters- und Arbeitslosenversicherung, die zu gleichen Teilen von Arbeitgebern und Arbeitnehmern zu tragen war.

Während die Erfolge der staatlichen Konjunkturpolitik im einzelnen schwer abzuschätzen sind, auch unterschiedlich beurteilt werden, ist die geschichtliche Bedeutung der Sozialreformen des New Deal unbestritten. Die Wähler honorierten 1936 die Politik durch einen überwältigenden Wahlsieg für Roosevelt. Die langsame konjunkturelle Erholung wurde indes 1937/38 durch eine erneute Depression mit hoher Arbeitslosigkeit unterbrochen. Erst der Beginn des Krieges löste einen neuen Aufschwung aus. Er beendete die Ära des New Deal, und noch nicht abgeschlossene Reformvorhaben traten in den Hintergrund.

MATERIAL 3 Zeitgenössische Stimmen zur Wirtschaftskrise

Leitartikel einer Zeitung mit der Überschrift: „Die Wirtschaftskrise hat ihre Vorteile“:
Große geistige Werte sind das Resultat der Wirtschaftskrise. [...] Manche Familie, die ihr Auto verloren hat, hat ihre Seele wiedergefunden. [...] Die Nerven sind nicht so strapaziert, der Körper ist ausgeruhter, und obwohl gute Nahrungsmittel knapp sind, ist die Verdauung besser. [...] Die Kirchen haben den Gewinn davon, [...] daß einige, die Mitglieder eines Golfclubs waren, sich das nicht mehr leisten können.

Ein anderer Beobachter:
Während der Wirtschaftskrise ist die Arbeiterklasse gegenüber der traditionellen Formel des Arbeitens, Sparens, Erfolgs pessimistisch geworden. Die Ahnung scheint zu wachsen, daß man, egal was man macht, schließlich in einer Sackgasse landet. Ich glaube, daß eine kurze Periode des Wohlstands den meisten Leuten erneut die Philosophie des Wirtschaftsindividualismus einimpfen würde, aber zweifellos wächst ein Mißtrauen in die Methoden, mit denen heute die Probleme angepackt werden. Ich sprach kürzlich mit einem jungen Mann, der meinte: „Vor mir sehe ich nichts außer Arbeit – wenn ich je eine kriegen sollte.“ Ein anderer erzählte mir: „Mein Vater ist ein guter Mann. Er hat hart gearbeitet und gespart, was er konnte, aber wohin hat es ihn gebracht?“ Ich weiß natürlich, daß man solche Äußerungen vor zehn Jahren genauso hätte hören können, aber es gibt eine deutliche Tendenz weg vom bisherigen Denken.

Ein Ortspfarrer:
Ich glaube, der „Amerikanische Traum“ ist für viele Menschen durch die Wirtschaftskrise stark verblaßt.

(Aus: Robert S. Lynd and Helen Merrell Lynd, Middletown in Transition, New York 1937, S. 474 ff., Übers. R. Renz)

MATERIAL 4 Ein deutscher Wirtschaftshistoriker zur Schwere der Krise (1976)

Diese Weltwirtschaftskrise hatte viele Wirkungen – einige von ihnen traten mit besonderer Nachdrücklichkeit in den Vordergrund. Zum einen kam es völlig überraschend für die Amerikaner und für die ganze Welt, daß die USA durch eine Krisis an den Rand des wirtschaftlichen Zusammenbruchs, der menschlichen Selbstaufgabe und – des Erfolgs einer amerikanischen Form des Faschismus geraten konnten. Nicht weniger überraschend war auch die Tatsache, daß das kunstreiche Wirtschaftssystem in der Sowjetunion, das nach kapitalistischen Gesichtspunkten nicht lebensfähig war und längst hätte zusammenbrechen müssen, die Krisis weit besser überstand als das aller kapitalistischen Länder. [...]

Die Weltwirtschaftskrisis traf manche Länder, etwa Österreich, noch schwerer als Deutschland, sie dauerte in England noch länger, und in den USA gab es relativ noch mehr völlig unversorgte Arbeitslose. [...]

„The Great Depression“, der große Absturz aus weltwirtschaftlichem Optimismus, das war das fatale Geschehen der Jahre 1929 bis 1933/34. Und aus der wirtschaftlichen Krisis erwuchs eine allgemeine: der Zweifel am Sinn der traditionellen internationalen Politik und an der Richtigkeit der sozialen Verhältnisse, eine Störung auch im Verhältnis der Menschen zu Technik und Wirtschaft. Wohin hatten die Rationalisierungen geführt, die kluge Theoretiker erdacht hatten? In Entlassung und Arbeitslosigkeit von Millionen. Was hatte die Produktionssteigerung durch Automatisierung und durch die Konstruktion immer größerer Maschinen zur Folge gehabt? Riesige unverkäufliche Lager und auch dadurch Erhöhung der Arbeitslosigkeit.

(Aus: Wilhelm Treue, Deutschland in der Weltwirtschaftskrise in Augenzeugenberichten, dtv, München 1976, S. 14 ff.)

MATERIAL 5 Roosevelt über sein sozialpolitisches Programm (1932)

Jedermann hat ein Recht zu leben; und das bedeutet, daß er auch das Recht hat, einen auskömmlichen Lebensunterhalt zu verdienen. [...] Wir haben keine wirkliche Hungersnot oder Teuerung; unser industrieller und landwirtschaftlicher Apparat kann genug und übergenug produzieren. Unser [...] Regierungssystem ist jedem einen Weg schuldig, sich durch seine eigene Arbeit in den Besitz einer Portion von diesem Überfluß zu setzen, die für seine Bedürfnisse genügt.
Jedermann hat ein Recht auf sein eigenes Eigentum; was ein Recht bedeutet, so weit wie möglich der Sicherheit seiner Ersparnisse gewiß zu sein. [...] In allem Denken über das Eigentum ist dieses Recht das höchste; alle anderen Eigentumsrechte müssen ihm nachstehen. Wenn wir im Einklang mit diesem Prinzip die Operationen des Spekulanten, des Manipulators, ja selbst des Finanziers einschränken müssen, so glaube ich, müssen wir die Restriktion als notwendig akzeptieren, nicht um den Individualismus zu beeinträchtigen, sondern um ihn zu schützen. [...] (Die) Folgerung ist, in kurzen Worten, daß die Häupter von Finanz und Industrie, anstatt je für sich zu handeln, zusammenarbeiten müssen, um das gemeinsame Ziel zu verwirklichen. Sie müssen, wo nötig, diesen oder jenen privaten Vorteil opfern. [...] Hier ist es, wo die formelle Regierung – die politische Regierung, wenn Sie wollen – hereinkommt. Wann immer der Einzelgänger-Wolf, der unmoralische Konkurrent, der rücksichtslose Geschäftemacher [...] sich weigert, sich mit anderen zusammenzutun zur Erreichung eines Zweckes, der als im öffentlichen Wohl liegend betrachtet wird, und wenn er die Industrie in einen Zustand der Anarchie zurückzuzerren droht, kann die Regierung zu Recht ersucht werden, Beschränkungen aufzuerlegen. Gleichermaßen: sollte die Gruppe je ihre kollektive Macht entgegen der öffentlichen Wohlfahrt gebrauchen, muß die Regierung schleunig einschreiten und das öffentliche Interesse schützen.

Die Regierung sollte die Funktion wirtschaftlichen Regulierens nur übernehmen als ein äußerstes Mittel, das erst dann ausprobiert werden soll, wenn die Privatinitiative, angeregt durch hohe Verantwortlichkeit, mit aller Unterstützung und allem Ausgleich, die die Regierung zu geben vermag, am Ende doch versagt.

(Aus: Erich Angermann, Die Vereinigten Staaten von Amerika seit 1917, 3. Auflage, Klett, Stuttgart 1974, S. 24 f.)

1. Wie wirkt sich die Wirtschaftskrise auf die Lebensverhältnisse der Amerikaner und auf das amerikanische Selbstverständnis aus (Material 3)?
2. Untersuchen Sie die vom Autor in Material 4 genannten Wirkungen und Begleiterscheinungen der Weltwirtschaftskrise.
3. Vergleichen Sie die Krisensymptome und deren Folgen mit heutigen Entwicklungen der Weltwirtschaft.
4. Beschreiben Sie Roosevelts politische Grundposition in Material 5 und vergleichen Sie mit Hoover (Material 2).

Arbeiter, Farmer und ehrlicher Geschäftsmann verlangen, daß die Karten neu verteilt werden.

MATERIAL 6 Zwei Aussagen zum New Deal

MATERIAL 7 Bruttosozialprodukt, Industrieproduktion und Arbeitslosigkeit

	BSP Nach jeweils gültigen Preisen, in Milliarden Dollar	BSP Nach Preisen von 1929 in Milliarden Dollar	Index der Industrie-produktion (1929 = 100)	Arbeitslose (in 1000)	Arbeitslose in Prozent der Erwerbstätigen
1919	78,9	74,2	–	950	2,3
1929	104,4	104,4	100	1550	3,2
1930	91,1	95,1	83	4340	8,7
1931	76,3	89,5	67	8020	15,9
1932	58,5	76,4	52	12060	23,6
1933	56,0	74,2	62	12830	24,9
1934	65,0	80,8	67	11340	21,7
1935	72,5	91,4	79	10610	20,1
1936	82,7	100,9	95	9030	16,9
1937	90,8	109,1	103	7700	14,3
1938	85,2	103,2	79	10390	19,0
1939	91,1	111,0	98	9480	17,2
1940	100,6	121,0	–	8120	14,6
1941	125,8	138,7	–	5560	9,9

(Nach: Historical Statistics of the United States, Colonial Times to 1957, S. 73 und 139; Colonial Times to 1970, S. 135, 912, 1004)

1. Untersuchen Sie die Darstellungsabsicht der Abbildungen in Material 6.
2. Untersuchen Sie den Zusammenhang zwischen der Entwicklung des Bruttosozialprodukts, der Industrieproduktion und der Arbeitslosigkeit.
3. Erörtern Sie die Wirksamkeit der New-Deal-Politik.

1.3 Vom Isolationismus zur Weltpolitik

Völkerbund

In den Versailler Friedensverhandlungen konnte Wilson sein Friedensprogramm nicht durchsetzen. Der Völkerbund mißriet nach einem Urteil des amerikanischen Staatssekretärs Lansing zu einem Werkzeug der Mächtigen, gegründet auf dem Treibsand des Eigennutzes. 1920 lehnte der amerikanische Kongreß das Versailler Vertragswerk und den Beitritt zum Völkerbund ab. Der Isolationismus als das ursprüngliche Prinzip der amerikanischen Außenpolitik setzte sich durch: sich nicht in die europäischen Probleme verwickeln zu lassen, sondern die eigenen nationalen Interessen zu verfolgen.

Isolationismus

Die Ablehnung des Völkerbundes bedeutete keine Abkehr von der Weltpolitik. Das Interesse der USA galt zunächst dem pazifischen Raum. Auf der Washingtoner Abrüstungskonferenz wurden 1921–1922 die Flottenstärken der Seemächte USA, Großbritannien, Japan, Frankreich und Italien neu geregelt und der Besitzstand im Pazifik garantiert. In einem Neunmächteabkommen wurden die Unabhängigkeit Chinas sowie das Prinzip der „offenen Tür" in China festgelegt: Alle Industriestaaten hatten nun Zugang zum chinesischen Markt. Japan mußte Shantung und die frühere deutsche Kolonie Kiautschou an China zurückgeben. Auch an den Reparationsverhandlungen mit Deutschland waren die USA beteiligt, denn Frankreich und Großbritannien waren hoch bei den USA verschuldet. Einen Höhepunkt bildete der vom amerikanischen Außenminister Kellogg vorgelegten Plan zur Ächtung des Krieges. 15 Staaten unterzeichneten 1928 den Kriegsächtungspakt, dem bis 1929 weitere 29 Staaten beitraten. Schien Wilsons Vision doch noch in Erfüllung zu gehen? Doch die Ereignisse der folgenden Jahre wurden von Staaten bestimmt, die mit der Aufteilung der Welt unzufrieden waren: von Deutschland, Italien und Japan.

Prinzip der „offenen Tür"

Kriegsächtungspakt

Japan

Japan hatte einen erstaunlichen Aufstieg vollzogen, nachdem Kaiser Meji 1869 das Programm der „Neuen Ära" verkündet hatte; das Land wurde industrialisiert, das Heer nach preußischem Vorbild aufgebaut. Bereits 1895 gelang ein Sieg über China, welches Taiwan abtreten und Korea japanischem Einfluß überlassen mußte. 1905 trat Japan nach dem Sieg über Rußland endgültig in den Kreis der Großmächte ein. Die Annexion Koreas 1910 und die Übernahme der deutschen Kolonien im Pazifik 1919 schlossen die erste Aufstiegsphase ab. 1922 mußte Japan im Neunmächteabkommen unter amerikanischem Druck auf seine Erwerbungen in China wieder verzichten (s.o.). Doch die japanische Regierung glaubte, die wirtschaftliche Zukunft nur durch Erwerb von Rohstoffgebieten und Absatzmärkten sichern zu können. 1931 begann die Eroberung der Mandschurei, welche 1934 als Kaiserreich Mandschukuo zum japanischen Protektorat wurde. Ermutigt durch die Handlungsunfähigkeit des Völkerbundes anläßlich des italienischen Überfalls auf Äthiopien 1935 griff Japan 1937 China direkt an. Zuvor war es aus dem Völkerbund ausgetreten und hatte einen Pakt mit Deutschland geschlossen, dem Italien 1937 beitrat (Antikominternpakt). Eine Kooperation der drei Aggressoren, Japan, Italien und Deutschland, begann sich abzuzeichnen.

Antikominternpakt

Europa

Auch die Entwicklung in Europa wurde in den USA mit Besorgnis betrachtet: der Sieg des Faschismus in Italien, die Machtergreifung Hitlers, der Austritt

Deutschlands aus dem Völkerbund und die beginnende Wiederaufrüstung, Mussolinis Überfall auf Äthiopien, der Bürgerkrieg in Spanien unter indirekter Beteiligung Deutschlands, Italiens und der Sowjetunion. All diese Geschehnisse prangerte Roosevelt 1937 in seiner „Quarantänerede" an, in welcher er mit dem Isolationismus brach. Empörung löste 1938 das Münchner Abkommen aus: Hitler zwang Großbritannien und Frankreich, der Annexion des tschechischen Sudetenlandes durch Deutschland zuzustimmen. Das Abkommen wurde in den USA als Niederlage der westlichen Demokratien empfunden und veranlaßte die Regierung, in großem Stile aufzurüsten. Rasch und dramatisch änderte sich die Lage, als Hitler 1939 Polen überfiel und damit den Krieg auslöste: 1940 wurden Dänemark und Norwegen von deutschen Truppen besetzt, die Benelux-Staaten überrannt und Frankreich besiegt, was Japan dazu veranlaßte, ab 1940 in der französischen Kolonie Indochina einzugreifen. Nur Großbritannien konnte sich, durch seine natürliche Lage geschützt, behaupten. Angesichts dieser bedrohlichen Lage erhielt Roosevelt im März 1941 vom Kongreß die Ermächtigung, alle Staaten mit Kriegsmaterial zu unterstützen, deren Verteidigung er für die USA als lebensnotwendig ansah. Am 14. August proklamierten Roosevelt und der britische Premier Churchill ihre gemeinsamen Ziele in der Atlantik-Charta, der sich noch im September weitere 15 Staaten (Deutschland gehörte nicht dazu) und Exilregierungen anschlossen. Formell aber waren die USA zu diesem Zeitpunkt noch immer neutral.

Quarantänerede

Atlantik-Charta

Kriegsausbruch

Da führte Japan, um die amerikanischen Truppen im pazifischen Raum auszuschalten am 7.12.1941 einen Überraschungsangriff auf die in Pearl Harbor (Hawaii) stationierte pazifische Flotte der USA. Am folgenden Tag erklärte der amerikanische Kongreß Japan den Krieg; drei Tage darauf folgten die Kriegserklärungen Deutschlands und Italiens an die USA. Aus ursprünglich zwei verschiedenen Kriegen war nun ein großer Weltkrieg geworden.

MATERIAL 8 Ablehnung des Völkerbundes durch den Senator Henry Cabot Lodge am 12. August 1919

Vergessen Sie nie, daß dieser Bund in erster Linie – ich möchte fast sagen: auf überwältigende Weise – eine politische Organisation ist. Und ich wende mich energisch dagegen, daß sich die Politik der Vereinigten Staaten Kontroversen zuwendet, die zwar ein tiefes Gefühl hervorrufen wird, an denen wir jedoch kein unmittelbares Interesse haben. All dies wird in die Richtung gehen, die Amerikanisierung unserer großen Bevölkerung zu verzögern, und es ist nicht nur für die Vereinigten Staaten, sondern auch für den Weltfrieden wichtig, aus all diesen Leuten gute Amerikaner zu machen, als zu entscheiden, ob irgendein Gebiet besser zu dem einen oder zu dem anderen europäischen Land gehören sollte. Aus diesem Grund möchte ich unsere Einmischung in die Angelegenheiten Europas und Afrikas streng begrenzen. Wir haben eigene Interessen in Asien und im Pazifik, die wir auf eigenes Risiko sichern müssen, aber je weniger wir unternehmen, um die Rolle des Schiedsrichters zu spielen, und uns in europäische Konflikte einmischen, desto besser für die Vereinigten Staaten und die Welt. [...]

Zweifellos sehen viele hervorragende und patriotische Menschen eine kommende Erfüllung edler Ideale in den Worten „League for Peace". Wir alle respektieren und teilen diese Bestrebungen und Wünsche, aber einige von uns sehen für sie keine Hoffnung, sondern Niederlage in diesem unklaren Abkommen. [...]

Unser höchstes Ideal ist unser Land, und wir sehen, wie es in der Zukunft, wie in der Vergangenheit seiner ganzen Bevölkerung und in der Welt Dienste leistet. Unser Ideal für die Zukunft ist, daß es weiterhin diese Dienste freiwillig leistet. Es muß selbst große eigene Probleme lösen, harte und gefährliche Probleme, und eine richtige Lösung würde der Menschheit beträchtlich nützen. Wir möchten unser Land stark haben, damit es der Gefahr des Westens so stand halten kann, wie es die deutsche Drohung des Ostens zurückgeschlagen hat. Wir möchten nicht, daß unsere Politik durch Meinungsverschiedenheiten anderer Länder von ihrem Weg abgebracht und erschwert wird. [...] Unser Ideal ist es, unser Land immer stärker, besser und vorzüglicher zu machen, denn wie wir glauben, kann es nur so dem Frieden der Welt und dem Wohlergehen der Menschheit von größtem Nutzen sein.

(Aus: Josef Brecht/Eberhard Kolb/Karl-Heinz Ruffmann: Deutschland im Spannungsfeld der Weltpolitik, R. Oldenbourg-Verlag, München 1982, S. 85, Übers. Margarete Schwind)

1. Untersuchen Sie anhand dieser Rede die Merkmale und die Rechtfertigung des Isolationismus. Erörtern Sie, ob er auf Resignation beruht oder nicht eher Ausdruck eines besonderen Selbstbewußtseins ist.

MATERIAL 9 Japans Expansion

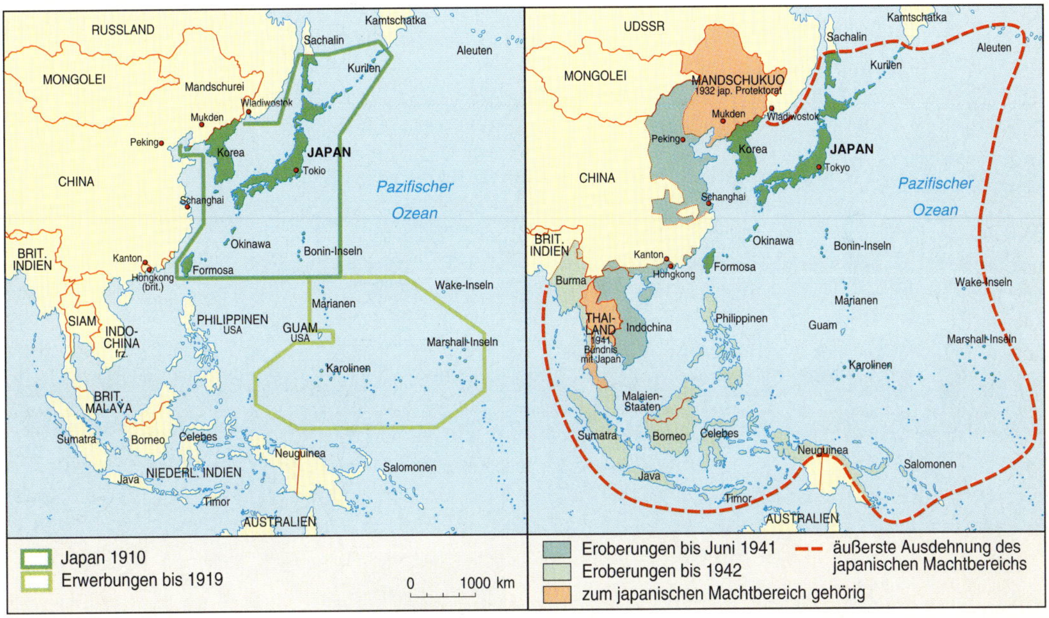

1. Untersuchen Sie anhand der Karte Ziele, Stoßrichtungen und Etappen der japanischen Expansion.
2. Erörtern Sie unter der Heranziehung von Material 8, inwiefern sie amerikanische Interessen gefährden.

MATERIAL 10 Japans Imperialismus

Karikatur von David Low: "The open door policy in China" vom 25. April 1934

Karikatur von Harold M. Talburt für die „Washington Daily News“ vom 27. Jan. 1933

1. Wie wird der japanische Imperialismus in den Karikaturen dargestellt? Welche Rechtsbrüche werden Japan vorgeworfen?

MATERIAL 11 Die Herausforderung Amerikas in Karikaturen

Carey Orr, The Tribune (Chicago) 1939

David Low: "So this is isolation" (4. Juli 1940)

MATERIAL 12 Aus der Quarantäne – Rede Präsident Roosevelts am 5.10.1937

Die politische Weltlage hat sich in der letzten Zeit immer mehr verschlimmert und ist nun dazu geeignet, allen den Völkern und Ländern, die mit ihren Nachbarn in Frieden und Eintracht leben wollen, ernste Besorgnisse und Befürchtungen einzuflößen. [...]
Es begann damit, daß man sich ohne Berechtigung in die inneren Angelegenheiten anderer Völker einmischte oder im Widerspruch zu geltenden Verträgen fremdes Gebiet anderer Völker besetzte, und nun ist ein Stadium erreicht, da die eigentlichen Grundlagen der Zivilisation ernstlich bedroht sind. Die Marksteine und Traditionen, die die Entwicklung der Zivilisation zur Gesetzlichkeit, Ordnung und Gerechtigkeit kennzeichnen, werden allmählich zerschlagen. [...]

Wenn so etwas in anderen Gegenden der Welt passiert, dann soll niemand sich einbilden, daß Amerika entrinnen werde, daß es Pardon erwarten dürfe, daß die westliche Hemisphäre keinen Angriff zu befürchten habe, daß sie auch weiterhin ruhig und friedlich die Traditionen der Moral und der Zivilisation bewahren könne. [...]

Friede, Freiheit und Sicherheit für 90% der Weltbevölkerung werden durch die restlichen 10% bedroht, die drauf und dran sind, die gesamte internationale Rechtsordnung zu zerschlagen. Die 90%, die in Frieden leben wollen, im Einklang mit Gesetzen und moralischen Prinzipien, die im Laufe der Jahrhunderte fast alle Geltung erlangt haben, können und müssen einen Weg finden, um ihren Willen durchzusetzen. [...]
Es scheint leider zuzutreffen, daß die Epidemie der allgemeinen Gesetzlosigkeit immer mehr um sich greift. Wenn eine ansteckende Krankheit sich zu verbreiten beginnt, verordnet die Gemeinschaft eine Isolierung der Patienten, um die eigene Gesundheit vor der Epidemie zu schützen. [...] Krieg – ob mit oder ohne Kriegserklärung – ist ansteckend. Er kann Staaten und Völker erfassen, die von dem ursprünglichen Kriegsschauplatz weit entfernt sind. Wir sind entschlossen, uns nicht in einen Krieg verwickeln zu lassen, aber es gibt keine wirksame Versicherung gegen die verheerenden Auswirkungen eines Krieges und gegen die Gefahr, mit hineingezogen zu werden. Wir treffen alle Maßnahmen, die geeignet sind, unser Risiko auf ein Mindestmaß zu reduzieren, aber in einer verwirrten Welt, in der das Vertrauen und die Sicherheit zusammengebrochen sind, kann es keinen vollständigen Schutz geben. [...]
Das Allerwichtigste ist: der Friedenswille der friedliebenden Völker muß sich so deutlich geltend machen, daß diejenigen Nationen, die in Versuchung geraten, ihre Verträge zu brechen und die Rechte anderer zu verletzen, von ihrem Vorhaben absehen. [...]

(Aus: G. Schönbrunn [Hrsg.], Geschichte in Quellen, Weltkriege und Revolutionen, 1914–1945, bsv, München 1979, S. 365 f.)

1. Stellen Sie die Ereignisse zusammen, die Roosevelt zu dieser Rede veranlaßt haben dürften.
2. Erörtern Sie, ob der Präsident mehr aus machtpolitischen oder idealistischen Gesichtspunkten argumentiert. Welche innenpolitischen Rücksichten muß er offensichtlich nehmen?

Demonstration gegen Intervention der USA in Europa

MATERIAL 13 Die Atlantik-Charta (14. August 1941)

Roosevelt und Churchill bei ihrem Treffen im August 1941 auf der „Prince of Wales" im Atlantik

Der Präsident der Vereinigten Staaten und Premierminister Churchill, als Vertreter von Seiner Majestät Regierung in dem Vereinigten Königreiche, erachteten es bei ihrem Zusammentreffen für richtig, gewisse allgemeine Grundsätze der nationalen Politik ihrer beiden Länder bekanntzumachen, von denen sie eine bessere Zukunft für die Welt erhoffen.

1. Ihre Länder streben nach keiner Vergrößerung, weder auf territorialem Gebiet noch anderswo.

2. Sie wünschen keine territorialen Änderungen, die nicht mit dem frei zum Ausdruck gebrachten Wunsch der betreffenden Völker übereinstimmen.

3. Sie achten das Recht aller Völker, sich die Regierungsform zu wählen, unter der sie leben wollen. Sie wünschen die obersten Rechte und die Selbstregierung der Völker wiederhergestellt zu sehen, denen sie mit Gewalt genommen wurden.

4. Sie werden, unter gebührender Achtung ihrer bestehenden Verpflichtungen, danach streben, daß künftig alle Staaten, große und kleine, Sieger und Unterlegene, gleicherweise Zugang zum Handel und den Rohmaterialien der Welt haben, die sie für das Gedeihen ihrer Wirtschaft benötigen.

5. Sie wünschen die engste Zusammenarbeit aller Nationen auf wirtschaftlichem Gebiet, um bessere Löhne, wirtschaftlichen Fortschritt und soziale Sicherheit zu gewährleisten.

6. Nach der endgültigen Vernichtung der Nazityrannei hoffen sie auf einen Frieden, der allen Nationen die Möglichkeit bietet, innerhalb der eigenen Grenzen sicher zu leben, und der allen Menschen die Sicherheit gibt, in ihren Ländern frei von Not und Furcht zu leben.

7. Ein solcher Friede würde allen Menschen gestatten, ungehindert die Meere und Ozeane zu überqueren.

8. Sie glauben, daß alle Menschen der Welt, sowohl aus praktischen wie aus sittlichen Gründen, dazu kommen werden, auf Gewaltanwendungen zu verzichten.

Da kein künftiger Friede aufrecht zu erhalten ist, so lange die Rüstungen zu Land, zur See und in der Luft von Nationen weiterhin zum Angriff außerhalb der Grenzen eingesetzt werden, glauben sie auch, daß es wesentlich ist, diese Nationen zu entwaffnen, bis ein umfassenderes und dauerndes System der allgemeinen Sicherheit geschaffen wurde. Ebenso werden sie jeden Schritt, der dazu dient, friedliebenden Völkern die erdrückende Last der Rüstung zu erleichtern, unterstützen und fördern.

(Gemeinsame Erklärung von Roosevelt und Churchill am 14.8.1941, amtl. Übers.)

1. Untersuchen Sie, welche Friedensvorstellungen der Atlantik-Charta zugrunde liegen.
2. Erörtern Sie, ob die USA völlig uneigennützig handeln. Welche Zugeständnisse muß die Kolonialmacht Großbritannien gegenüber Roosevelt in Punkt vier machen?

2. Die Weltmacht: Verwirklichung des American Dream?

2.1 Zwischen Wohlstandshoffnungen und Kommunistenfurcht: Probleme der Nachkriegszeit

Die USA waren die einzige Siegermacht des Zweiten Weltkrieges, welche die Kriegsjahre ohne Zerstörungen und mit relativ geringen Menschenverlusten (rund 321 000 Tote, 800 000 Verwundete, Gefangene oder Vermißte) überstanden hatte. Mit ihrer gewaltig angewachsenen Wirtschaftkraft und dem Atomwaffenmonopol konnten sie sich als Hauptsieger und als Supermacht betrachten. Seit der Konferenz von Bretton Woods 1944 war auch der Dollar international als Leitwährung anerkannt worden.

Roosevelts Pläne

Roosevelt hatte für die Nachkriegszeit eine „Second Bill of Rights", einen Ausbau der wirtschaftlichen und sozialen Rechte des Volkes geplant. Er war jedoch in der Schlußphase des Krieges, am 12. April 1945, verstorben. Sein Nachfolger, der bisherige Vizepräsident Truman, mußte erst noch den Krieg in Europa und gegen Japan siegreich zu Ende bringen, bevor er sich den neuen Herausforderungen stellen konnte. Um die bedingungslose Kapitulation Japans „schneller und zu einem niedrigeren Preis zu erzwingen" als durch eine Invasion, stimmte er dem Einsatz der neuen Atombombe zu. Die Bombe auf Hiroshima am 6. August 1945 brachte 70 000 Menschen den Tod und verletzte 51 000, die Bombe auf Nagasaki tötete 40 000 und verletzte 25 000. Unter dem Schock der grauenvollen Waffe kapitulierte Japan Anfang September; der Zweite Weltkrieg war beendet. Wie konnte nun die gewaltige Kriegswirtschaft auf Friedensproduktion umgestellt und das Konjunkturwachstum erhalten werden, das der Krieg ausgelöst hatte?

Atombombe

Aufruf des CIO (Congress of Industrial Organizations), eines Dachverbandes der amerikanischen Gewerkschaften, 1944

Wirtschaftswachstum

Das Bruttosozialprodukt war zwischen 1941 und 1945 um 35 % gestiegen, auch nach dem Krieg ging es aufwärts, wenn auch langsamer. Die von vielen befürchtete Depression mit großer Arbeitslosigkeit trat nicht ein. Der Wirtschaft gelang, unterstützt durch Steuersenkungen, die Umstellung auf die Produktion von Verbrauchsgütern. Ein ständig wachsender Markt, eine geringfügige Inflationsrate und die stetige Verbesserung des Lebensstandards für alle schienen 1945 selbstverständlich zu werden. Großzügige Bankenkredite und Ratenkäufe heizten die Nachfrage an. Dennoch gab es Unzufriedenheit: 1946 streikten in der Stahlindustrie, in der Automobilindustrie, bei den Eisenbahngesellschaften und im Bergbau die Arbeiter. Hauptursache war die Weigerung der Unternehmer, den nach dem Abbau von Überstunden entstandenen Kaufkraftverlust der Arbeitnehmer durch Lohnerhöhungen auszugleichen.

Streiks

Mit 5000 Streiks wurde 1946 das Jahr mit den schwersten Arbeitskämpfen in der amerikanischen Geschichte. Der von den Republikanern beherrschte Kongreß reagierte darauf 1947 mit dem gewerkschaftsfeindlichen Taft-Hartley-Gesetz, das den closed-shop verbot, d.h. die Verpflichtung für alle Arbeiter eines Betriebes, einer Gewerkschaft beizutreten. Es erschwerte auch das Streiken und verlangte den Ausschluß von Kommunisten aus Gewerkschaftsfunktionen. Dies war die Zeit des beginnenden Kalten Krieges, in der auch das innenpolitische Klima immer stärker durch einen bis ins tägliche Leben reichenden Antikommunismus vergiftet wurde.

Taft-Hartley-Gesetz

Rassendiskriminierung

Auch die Rassenkonflikte mehrten sich. Schwarze Kriegsveteranen wurden diskriminiert, Gewalttaten Weißer gegen Schwarze nahmen zu. Es kam zu Protesten schwarzer Organisationen. Der Präsident setzte einen Untersuchungsausschuß ein und ordnete die Beendigung der Diskriminierung farbiger Soldaten in den Streitkräften an. Trotz dieser gesellschaftlichen Probleme konnten die amerikanischen Bürger eine Periode neuen Wohlstands genießen.

Truman-Doktrin und Marshall-Plan

Währenddessen hungerte Europa noch und fürchtete ein weiteres Ausgreifen des sowjetischen Imperiums. Anlaß war die gewaltsame Bolschewisierung Osteuropas und Stalins Eingreifen in den griechischen Bürgerkrieg. Auf diese außenpolitische Herausforderungen reagierte Truman 1947 mit der Truman-Doktrin und dem Marshall-Plan: Er erhob die „Verteidigung der freien und unabhängigen Völker" gegenüber kommunistischer Bedrohung zum Ziel amerikanischer Außenpolitik und versprach ökonomische und finanzielle Hilfe. Diese Politik sollte den Kommunismus eindämmen, die weitere Ausbreitung der sowjetischen Herrschaft verhindern.

Fair Deal

Auch innenpolitische Veränderungen waren geplant: In seiner zweiten Amtsperiode sprach Truman sich für ein Programm sozialer und liberaler Reformen, für einen „Fair Deal" aus. In Anknüpfung an den New Deal wollte er größere soziale Sicherheit, bessere medizinische Versorgung und eine Ausbildungsförderung schaffen. Den Schwarzen wurde eine gesetzliche Sicherung ihrer Bürgerrechte versprochen. Der Kongreß blockierte jedoch die meisten Reformvorhaben. Abgesehen von der Förderung des sozialen Wohnungsbaus, der staatlichen Hilfe bei der Slumsanierung der Großstädte und der Erhöhung der Mindestlöhne konnten die meisten Versprechungen nicht eingelöst werden. Das Jahr 1949 brachte zudem die erste ernste Rezession nach dem Krieg. 4,5 Millionen Erwerbstätige wurden arbeitslos, das Bruttosozialprodukt ging zurück.

Wohlstand in den USA: Familie mit neuem Auto

Anhörung vor dem McCarthy-Ausschuß

Koreakrieg

Der 1950 durch einen nordkoreanischen Angriff ausgelöste Koreakrieg wirkte sich auf die amerikanische Innenpolitik erheblich aus. Die steigenden Rüstungsausgaben – sie verdoppelten sich von 1950 bis 1952 – heizten die Konjunktur an. Der Präsident sicherte sich Vollmachten zur staatlichen Kontrolle der Preise und Löhne im Rüstungssektor. Gleichzeitig verstärkte der Koreakrieg das Klima der Intoleranz und politischen Hysterie, das durch die Furcht vor kommunistischer Unterwanderung und die Verhaftung des britischen Atomspions Fuchs 1950 erzeugt worden war. Auch andere verrieten Atomgeheimnisse. Das Ehepaar Rosenberg wurde wegen Spionage für Moskau 1952 hingerichtet. Der Senator McCarthy entfachte Anfang der 50er Jahre eine Hexenjagd gegen angebliche subversive, kommunistische Kreise. Erst das Kriegsende 1953 nahm ihm den Wind aus den Segeln. 1954 mußten die Anklagen fallengelassen werden.

McCarthy

MATERIAL 1 Rüstungsproduktion der Mächte 1940–1943

	1940	1941	1943
Großbritannien	3,5	6,5	11,1
UdSSR	(5,0)	8,5	13,9
Vereinigte Staaten	(1,5)	4,5	37,5
Summe der Alliierten	3,5	19,5	62,5
Deutschland	6,0	6,0	13,8
Japan	(1,0)	2,0	4,5
Italien	0,75	1,0	–
Summe der Achsenmächte	6,75	9,0	18,3

In Milliarden Dollar zum Wert von 1944
(Aus: Paul Kennedy, Aufstieg und Fall der großen Mächte, Fischer, Frankfurt/Main 1989, S. 530, Übers. Catharina Jurisch)

1. Was sagt die Tabelle über die Entwicklung der Rüstungsproduktion der wichtigsten Kriegsteilnehmer aus?

MATERIAL 2 Die Auswirkung des Krieges auf die USA

Weil der Rest der Welt nach dem Krieg entweder so erschöpft war oder sich immer noch im Zustand kolonialer „Unterentwicklung“ befand, war die amerikanische Macht 1945 [...] in absoluten Zahlen historisch beispiellos. Durch die gewaltige Woge der Kriegsausgaben stimuliert, stieg das Bruttosozialprodukt des Landes gemessen am Dollarkurs des Jahres 1939 von 88,6 Milliarden (1939) auf 135 Milliarden (1945) Dollar. [...] Endlich war die „Flaute“ der Wirtschaft, die der „New Deal“ nicht wirklich behoben hatte, beseitigt. [...] Während des Krieges war die Größe der Produktionsanlagen im Lande um beinahe 50% und der Ausstoß an Gütern um mehr als 50% gestiegen. In der Tat expandierte die Industrie in den Vereinigten Staaten in den Jahren 1940 bis 1944 schneller – über 15 Prozent im Jahr – als je zuvor oder danach. Obwohl der größte Teil dieses Wachstums auf die Kriegsproduktion zurückzuführen war (die sprunghaft von zwei Prozent des gesamten Produktionsvolumens im Jahre 1939 auf vierzig Prozent im Jahre 1943 hochgeschnellt war), nahm auch die Produktion von Gütern für den zivilen Bedarf zu, so daß der zivile Sektor der Wirtschaft nicht so stark in Mitleidenschaft gezogen wurde wie bei anderen kriegführenden Nationen. Der Lebensstandard und die Produktivität pro Kopf waren höher als in allen anderen Ländern. Die Vereinigten Staaten waren das einzige Land unter den Großmächten, das durch den Krieg reicher – und tatsächlich viel reicher – wurde statt ärmer. Am Ende des Krieges besaß Washington Goldreserven im Wert von 20 Milliarden Dollar, beinahe zwei Drittel der gesamten Goldreserven der Welt, die bei 33 Milliarden Dollar lagen. Mehr als die Hälfte der Industrieproduktion der Welt kam aus den Vereinigten Staaten und ein Drittel der Weltproduktion an Gütern aller Art. Die USA waren bei Kriegsende auch der bei weitem größte Exporteur der Welt, und selbst noch ein paar Jahre später stellten sie ein Drittel des Weltexports. [...]

Diese wirtschaftliche Macht spiegelte sich in der militärischen Stärke der Vereinigten Staaten, die bei Kriegsende ein Militärpersonal von 12,5 Millionen Mann kontrollierten, davon 7,5 Millionen in Übersee.

(Aus: Paul Kennedy, Aufstieg und Fall der großen Mächte, Fischer, Frankfurt/Main 1989, S. 533 f., Übers. C. Jurisch)

Anzeige in einer amerikanischen Zeitschrift, 1947. Solche Werbung prägte das Bild der USA im Europa der Nachkriegszeit (vgl. Material 3).

1. Zeigen Sie die Auswirkungen des Krieges auf die USA. Beachten Sie die Wirtschaft, den Lebensstandard sowie die wirtschaftliche und politische Machtstellung der USA.

MATERIAL 3 Amerika 1945 – ein Traumland für Europa

Das Festland der USA trug keine sichtbaren Spuren des Krieges. Es strahlte gleichsam wie ein Licht, während der Rest der Welt ein Schattendasein führte. Irgendwann hatte sich ein vermutlich japanisches Flugzeug über den Bundesstaat Oregon im pazifischen Nordwesten verirrt und ein paar Bomben ins waldige Nichts geworfen, auch irgendwo in Kalifornien war es zu einer ähnlichen Belanglosigkeit gekommen, aber im übrigen blieb der riesenhafte Halbkontinent von ernsthaften Angriffen verschont. Seine Wirtschaft, durch den Krieg auf Hochtouren gebracht, blühte. Seine Menschen aßen sich satt, täglich. Er war, wie die Europäer neidvoll glaubten, wirklich nichts weniger als der Himmel auf Erden. [...]

75 Prozent aller Autos – damals noch viel mehr als heute Symbole für Status, Zivilisation und Wohlstand – fuhren in den Vereinigten Staaten, denen kein anderes Land in ihrer wirtschaftlichen und damit auch politischen Macht nahe kam, kurz: Sie waren ein Land, in dem es fortgesetzt Manna und Nektar für jedermann in Fülle gab.

Amerika war ein europäischer Traum. Ein Land wurde Legende. Amerika stand für alles, was das Leben schön machte, nicht nur für Wohlstand, sondern ganz allgemein für ein junges, grundoptimistisches Lebensgefühl, von dem Europa Lichtjahre entfernt war. Begierig sogen die Europäer ein, was an Amerikanismen über den Atlantischen Ozean kam. Der Jazz wurde Kulturgut, später dann führten Rock und Pop zur kompletten Amerikanisierung der Musikszene der Jugend. Amerikanische Besatzungssoldaten, die Weißbrot und Schokolade aßen, wurden bestaunt wie Wesen von einem anderen Stern. Die „Camel“ und die „Lucky Strike“-Zigarette fungierten als Währungsgrößen: Sie repräsentierten einen Wert, nicht die heruntergekommene deutsche Reichsmark.

(Aus: Rolf Winter, Ami go home, Rasch und Röhring Verlag, Hamburg 1989, S. 18f.)

1. Kann der „amerikanische Traum" ein europäischer werden?
Erörtern Sie das Verhältnis Europas zu Amerika unmittelbar nach dem Krieg.

MATERIAL 4 Die Kommunistenfurcht der frühen fünfziger Jahre – der Bericht eines betroffenen Schriftstellers

Mein verzweifeltes Gefühl, in die Enge getrieben zu sein, entstand nicht nur aus allgemeinen Eindrücken. Etwa ein Jahr zuvor hatte Jack Goodman, ein Cheflektor bei Simon und Schuster, mich eingeladen, an einer wöchentlichen Diskussionsrunde teilzunehmen. Es sollte darüber nachgedacht werden, was Schriftsteller gegen die wachsende Hysterie im Land tun könnten, gegen die wachsende Furcht, eine Meinung zu äußern, die man auch nur im entferntesten als links oder liberal und gar als pro-sowjetisch interpretieren konnte. [...] Jack gelang es, jeden Dienstag ein paar Dutzend Stars der Zeitschriften- und Literaturwelt zu versammeln. [...]

Bald kamen auch Anwälte und Geschäftsleute. Diese Menschen beunruhigte die Ignoranz der Zeit. Zwanzig oder dreißig von uns saßen herum, tranken, rauchten und versuchten, der überwältigenden Propaganda der Rechten in den Medien etwa entgegenzusetzen. Man schlug Essays vor; [...] einige von uns nahmen Verbindung zu Schriftstellern außerhalb von New York auf und fragten sie nach ihren Ideen oder Vorstellungen. Der Romanautor Louis Bromfield, der damals in Ohio nach wissenschaftlichen Methoden eine Farm betrieb, schrieb wütend zurück und beschimpfte uns alle als konspirierende Kommunisten. So war das damals.

Nach vielen Monaten, vielen Vorschlägen, vielen Versuchen, die eine oder andere Erwiderung auf den herrschenden Verfolgungswahn zu veröffentlichen, war es niemandem von uns gelungen, auch nur eine einzige Zeile von sich gedruckt zu sehen. Der Schock war nicht dramatisch, aber bemerkbar: unabhängig von unserem Ruf waren wir wenig mehr als leicht ersetzbare Hilfskräfte. Überall im Land wurden Lehrer wegen tatsächlicher oder angeblicher Verbindungen oder Ideen entlassen, ebenso Wissenschaftler, Diplomaten, Briefträger, Schauspieler, Regisseure, Schriftsteller – als hätte das „wahre" Amerika allem den Kampf angesagt, was nicht einfach zu verstehen war. Dazu gehörte auch alles, was aus dem Ausland kam oder zu kommen schien, alles, was nicht in den nationalen Gesang einstimmte, daß Amerika unschuldig und rein dastand, während die Welt jenseits seiner Grenzen böse und unheilvoll war. Gegen diesen Wahn gab es keine Berufung. Man lebte in einem besetzten Land, wo jeder ein Spion des Feindes sein konnte. Innerhalb eines Jahres sollte Goodman vor den Ausschuß für Un-Amerikanische Aktivitäten geschleppt werden; man beschuldigte ihn zwar nicht, Kommunist zu sein, aber er mußte erklären, weshalb diese Versammlungen stattfanden, und wie er als Nicht-Roter eine antiamerikanische Kampagne mit so vielen hervorragenden Schriftstellern und Redakteuren ins Leben rufen konnte. Kurz gesagt, in unserer kleinen trinkfesten Gruppe hatte es einen Informanten gegeben, denn der Ausschuß kannte die Namen aller Teilnehmer.

(Aus: Arthur Miller, Zeitkurven – Ein Leben, Fischer, Frankfurt/Main 1987, S. 408–410, Übers. M. Ohl und H. Sartorius)

MATERIAL 5 Die Kommunistenjagd: Aus dem Bericht des Senatsausschusses zur Überprüfung der Behauptungen des Senators McCarthy, 1950

Zu einer Zeit, in der wiederum amerikanisches Blut vergossen wird, um unsere Vision der Freiheit aufrechtzuerhalten[1], sehen wir uns genötigt, die Anschuldigungen McCarthys und die Methoden, mit denen diesen Glaubwürdigkeit verliehen werden sollte, mutig und offen als das zu bezeichnen, was sie wirklich sind: als Betrug und Schwindel zum Schaden des Senates der Vereinigten Staaten und des amerikanischen Volkes.

Sie sind wohl die schändlichste Kampagne von Halbwahrheiten und Unwahrheiten in der Geschichte dieser Republik. Zum ersten Mal in unserer Geschichte haben wir sehen müssen, wie die totalitäre Propagandatechnik der „großen Lüge" über längere Zeit hin angewendet worden ist. Als Ergebnis ist das amerikanische Volk zu einer Zeit, da es stark und einig sein sollte, verunsichert und gespalten worden, und zwar in einem weit höheren Maße als es sich selbst die Kommunisten, deren Geschäft doch aus Verunsicherung und Spaltung besteht, hätten erträumen können. In einer solchen desillusionierenden Konstellation wissen wir mehr als je zuvor unsere Menschenrechte, die Pressefreiheit und das freiheitliche Erbe, das diese Nation groß gemacht hat, zu schätzen.

[1] Der Bericht spielt auf den Koreakrieg an, an dem amerikanische Truppen im Auftrag der UNO beteiligt waren.
(Aus: Günter Moltmann [Hrsg.], Die Vereinigten Staaten von Amerika von 1917 bis zur Gegenwart, Schöningh, Paderborn 1987, S. 58f.)

1. Erläutern Sie die in Material 4 dargestellten Beispiele des „herrschenden Verfolgungswahns".
2. Versuchen Sie zu erklären, warum es in Amerika zu einer Hysterie der Kommunistenverfolgung kommen konnte.
3. „Es gibt Leute, die die Freiheit so lange schützen wollen, bis es nichts mehr an ihr zu schützen gibt". Erörtern Sie diese These am Beispiel des Senators McCarthy.

2.2 „No negroes, no dogs" – Rassenfrage und Bürgerrechtsbewegung

Moderne Industriegesellschaft

„Amerika, du hast es besser". Stimmt diese Sicht des Auslandes über die amerikanische Nachkriegsgesellschaft?
Zwischen 1947 und 1970 erlebte die amerikanische Volkswirtschaft eine Epoche andauernden, nur durch kurze Rezessionen unterbrochenen Wohlstands. Das Bruttosozialprodukt wuchs zwischen 1947 und 1955 im Jahresdurchschnitt real um 4,4 %, der jährliche Zuwachs flachte dann auf 2,2 % ab und stieg zwischen 1960 und 1970 wieder auf 4 % an. Es entwickelte sich ein bis dahin auf der Welt beispielloser Lebensstandard breiter Bevölkerungsschichten. Die Arbeitslosigkeit, die 1939 noch bei 17 % gelegen hatte, bewegte sich in den fünfziger und sechziger Jahren konstant um die 5 %, obwohl die Zahl der Erwerbstätigen von rund 60 Millionen im Jahr 1947 auf über 85 Millionen im Jahr 1970 anstieg. Die Inflation ging nach dem kräftigen Preisschub der unmittelbaren Nachkriegszeit deutlich zurück, so daß das durchschnittliche Realeinkommen in dieser Zeit um 80 % zunahm. Die Folge war ein starkes Wachstum des privaten Verbrauchs; Konsumgüter wie Autos, Fernsehgeräte oder Waschmaschinen wurden für die meisten Amerikaner viel früher als für ihre westeuropäischen Zeitgenossen zur Selbstverständlichkeit. Die USA entwickelten sich zum Modell einer modernen Industriegesellschaft, in der die meisten häßlichen Begleiterscheinungen des Kapitalismus überwunden schienen.

Eisenhower

Auf Truman war 1953 der Republikaner Dwight D. Eisenhower, der populäre General des Zweiten Weltkriegs, gefolgt. Eisenhowers Politik des „dynamischen Konservatismus" wollte sich nicht um alles kümmern, sondern dem einzelnen und besonders der Wirtschaft Entfaltungsmöglichkeiten verschaffen. Seine Regierung lehnte auch in Phasen der Rezession Arbeitsbeschaffungsprogramme ab, beseitigte die Lohn- und Preiskontrollen der Truman-Zeit und senkte die Steuern. Unterstützt von der Lobby der Autoindustrie wurde jedoch mit dem „Federal Highway Act" 1956 ein langfristiges, 32 Milliarden Dollar umfassendes Straßenbauprogramm aufgelegt. Auch einige Reformen wurden durchgeführt: Die Sozialfürsorgebestimmungen und die Arbeitslosenunterstützungen wurden etwas erweitert, die gesetzlichen Mindestlöhne angehoben.
1957 gelang es der Sowjetunion als erstem Land, den Satelliten Sputnik in die Erdumlaufbahn zu schießen. Der dadurch ausgelöste Sputnikschock führte zu einer stärkeren Förderung von Schulen und Hochschulen. Neben der „Konsumentenkultur" prägte die Angst vor kommunistischer Unterwanderung die damalige Gesellschaft. Der Kommunismus wurde zum Inbegriff aller tatsächlichen und eingebildeten Bedrohungen des American Way of Life durch äußere Aggression und innere Subversion.

Sputnikschock

Kampf um Bürgerrechte

Mitte der fünfziger Jahre nahm der Kampf um Bürgerrechte, gegen Rassentrennung und Diskriminierung der 15 Millionen Afro-Amerikaner, von denen gut die Hälfte in den Südstaaten lebten, einen sichtbaren Aufschwung. Die Bürgerrechtsbewegung wurde die bedeutendste soziale Bewegung der gesamten amerikanischen Geschichte. Es ging ihr um den fundamentalen Widerspruch zwischen den amerikanischen Idealen der Gleichheit und Freiheit und der durch die alltägliche politische, rechtliche und soziale Diskriminierung geprägten Wirklichkeit der Schwarzen. Ein Zehntel der Bevölkerung blieb aufgrund seiner Hautfarbe vom amerikanischen Traum ausgeschlossen. Der weiße Rassismus führte bei ihm zu einer Radikalisierung, die in den sechziger Jahren schwere Unruhen auslöste.

Der Kampf gegen die Rassentrennung im Süden spielte sich hauptsächlich auf drei Ebenen ab: vor den Gerichten, durch Akte zivilen Ungehorsams und durch den Versuch, auf Legislative und Exekutive der Union und der Einzelstaaten Einfluß zu gewinnen.

Aufhebung der separate-but-equal-Doktrin

● Die wichtigste Organisation der Schwarzen, die NAACP (National Association for the Advancement of Colored People), stritt vor Gericht gegen die „separate but equal-Doktrin", die auf ein Urteil des Obersten Bundesgerichts (Supreme Court) aus dem Jahr 1896 zurückging. Der Supreme Court erklärte daraufhin im Mai 1954 die Rassentrennung in öffentlichen Schulen für verfassungswidrig. Dieser Entscheidung kam grundsätzliche Bedeutung zu. Ein zweites Urteil im Jahr 1955 verpflichtete die Südstaaten, die Integration der Schulen mit „aller angemessenen Eile" durchzuführen. Diese wehrten sich und 1957 mußte Eisenhower die Nationalgarde einsetzen, um für schwarze Schulkinder den Zutritt zur High School von Little Rock, Arkansas, gegen den Widerstand des Gouverneurs zu erzwingen.

Boykott und Demonstrationen

● Ende 1955 begann in Montgomery, Alabama, unter Führung Martin Luther Kings ein 381 Tage dauernder Busboykott der schwarzen Bevölkerung gegen die Rassentrennung im städtischen Verkehrswesen. Diese Massenaktion war durch die Verhaftung von Rosa Parks, einer Schwarzen, ausgelöst worden, die sich geweigert hatte, ihren Sitzplatz im Bus für einen Weißen zu räumen. Der Boykott war erfolgreich, er stärkte den Grundsatz der Gewaltlosigkeit, den King und seine Anhänger verkündeten und zukünftig in vielen Aktionen wie Sit-ins und Massendemonstrationen praktizieren sollten. Sie stießen immer wieder auf heftigen Widerstand der Polizei und bei Teilen der weißen Bevölkerung, Martin Luther King wurde häufig zu Gefängnisstrafen verurteilt.

Einfluß auf die Machtzentren

Martin Luther King, Baptistenpfarrer und Bürgerrechtler, 1929–1968

● Die Erfolge vor Gericht und die Wirkung des gewaltlosen Widerstands blieben unzureichend, solange in den Machtzentren der politische Wille zur Beendigung der Rassendiskriminierung fehlte. Die Bürgerrechtsbewegung mußte Einfluß auf das Weiße Haus, den Kongreß und die Einzelstaaten gewinnen, um die notwendigen gesetzlichen und administrativen Maßnahmen zu erzwingen. Das seit dem Jahr 1870 formal garantierte Wahlrecht der Afro-Amerikaner war im politischen Alltag des Südens bedeutungslos, da Wahlsteuern, Eignungstests und Einschüchterung diese de facto von den Wahlen ausschlossen. Die von Eisenhower 1957 und 1960 unterzeichneten Bürgerrechtsgesetze waren so unverbindlich formuliert, daß sie wirkungslos blieben. Erst der noch von John F. Kennedy eingebrachte und unter Lyndon B. Johnson verabschiedete Civil Rights Act von 1964 und das Wahlrechtsgesetz von 1965 erzielten einen Durchbruch. Sie hoben die Rassentrennung in öffentlichen Einrichtungen wie Krankenhäusern, Hotels, Restaurants, Parks, im Schulwesen sowie bei Wahlen auf und verboten Eignungstests und Wahlsteuern.

Civil Rights Act

MATERIAL 6 **Rassendiskriminierung in den fünziger Jahren**

In den beliebten *Dating Games* des Fernsehens wurde sorgsam darauf geachtet, daß nicht unversehens gemischtrassische Paare entstanden. Rassische Mischehen waren in den fünfziger Jahren immer noch eine Seltenheit. [...] In einem relativ aufgeklärten Staat wie Kalifornien waren Ehen zwischen Weißen und Andersrassigen bis 1953 verboten. Bis 1959 mußte auf der Heiratslizenz die Rasse vermerkt werden; der Eintrag „menschliche Rasse“ genügte nicht. Der Anteil gemischtrassiger Ehen stieg zwischen 1948 und 1959 von 5 auf 16 pro 1000 Eheschließungen. Danach war keine amtliche Erhebung mehr üblich.

Verschiedene Faktoren spielten bei dem Entschluß, eine gemischtrassige Ehe einzugehen, eine Rolle. Geschiedene und Personen, die selbst aus einer Mischehe stammen, stellen einen höheren Anteil. Am häufigsten waren Ehen zwischen schwarzen Männern und weißen Frauen, wobei der männliche Partner meist einen höheren Status hatte als der weibliche. Schwarze Frauen wurden am häufigsten von Einwanderern geheiratet, beide Partner hatten einen niedrigen sozialen Status. Selbst in Staaten, in denen Mischehen seit längerem legalisiert waren, bestand der gesellschaftliche Druck fort. Nach dem Ausbruch von Rassenunruhen in Detroit machte sich ein gemischtrassiges Paar auf die Suche nach einer neuen Bleibe und fand Unterkunft in einem Indianerreservat in Arizona, wo alle Familienmitglieder derselben Rasse angehörten, der „nichtindianischen“.

In den Südstaaten wurde die rassische Trennung der Geschlechter argwöhnisch überwacht. 1955 kam es in Mississippi zum Lynchmord an einem 14jährigen schwarzen Jungen. Eine weiße Frau hatte sich durch seinen Pfiff beleidigt gefühlt. Die Lynchmörder erhielten Freisprüche. [...] Die Aufhebung des Eheverbots führte nirgendwo zu einem starken Ansteigen der Mischehen. Die strafrechtliche Würdigung sah unterschiedlich aus. In manchen Staaten wurde Rassenmischung als Vergehen, in anderen als Verbrechen behandelt. Ein gemischtrassiges Paar, das aus New York nach Georgia kam, mußte feststellen, daß seine Ehe plötzlich ungültig war. Die weiße Mildred Jeter und der von Indianern und Schwarzen abstammende Richard Loving hatten 1958 in der Bundeshauptstadt Washington geheiratet. Als sie in ihren Heimatstaat Virginia zurückkehrten, wurden sie verhaftet und zu einem Jahr Gefängnis verurteilt. Die Haftstrafe wurde gegen eine 25jährige Verbannungszeit ausgesetzt. Der Supreme Court nahm sich der grotesken Vorgänge an und entschied im Loving Case (1967), daß Mischehen in Zukunft bundesweit als legal zu gelten haben.

(Aus: Gert Raeithel, Geschichte der nordamerikanischen Kultur, Band 3, Zweitausendeins, Frankfurt/M. 1995, S. 230f.)

1. Untersuchen Sie Auswirkungen der Rassendiskriminierung auf die amerikanische Gesellschaft. Unterscheiden Sie dabei zwischen sozialen Rollenerwartungen und gesetzlichen Regelungen.

MATERIAL 7 Der Oberste Gerichtshof macht Geschichte: Das Urteil von 1954

Wir müssen die öffentliche Erziehung im Licht ihrer gesamten Entwicklung sehen, und auch im Blick auf die Stellung, die sie gegenwärtig im amerikanischen Leben einnimmt. Nur so können wir entscheiden, ob die Rassentrennung in öffentlichen Schulen den Klägern ihre gesetzlichen Rechte nimmt.

Heutzutage ist die Erziehung wohl die wichtigste Aufgabe der Einzelstaaten und Kommunen. Sowohl die Schulpflichtgesetze als auch die hohen Ausgaben für das Erziehungswesen zeigen, daß wir der Schulbildung große Bedeutung für unsere demokratische Gesellschaft zuerkennen. Erziehung ist notwendig für die Erfüllung fundamentaler öffentlicher Verpflichtungen, sogar für den Dienst in den Streitkräften. Sie ist die entscheidende Grundlage für ein gutes Staatsbürgertum. Schulbildung ist heute das wichtigste Mittel, um dem Kind Kulturwerte zu vermitteln, es für seine spätere Berufsausbildung vorzubereiten und ihm bei der normalen Anpassung an seine Umwelt zu helfen. Es ist heute zweifelhaft, ob man von einem Kind Erfolg im Leben erwarten kann, wenn man ihm die Chance einer Schulbildung nicht gibt. Wo es sich der Staat zur Aufgabe gemacht hat, diese Chance zu gewähren, da muß sie auch allen in gleicher Weise geboten werden.

Damit kommen wir zu der Frage, die uns vorgelegt wurde: Nimmt die Trennung von Kindern in öffentlichen Schulen allein nach dem Kriterium der „Rasse" den Kindern der Minderheitengruppen die Chance gleicher Schulbildung, auch wenn die Schuleinrichtungen und andere materielle Faktoren gleich sind? Wir glauben, daß das so ist. [...]

Die Trennung von weißen und farbigen Kindern in öffentlichen Schulen hat eine nachteilige Wirkung auf die farbigen Kinder. Diese Wirkung ist noch größer, wenn die Trennung gesetzlich verankert ist; denn die Politik der Rassentrennung wird gewöhnlich so interpretiert, als bedeute sie die Minderwertigkeit der schwarzen Rasse. Ein Gefühl der Minderwertigkeit beeinträchtigt die Lernmotivation eines Kindes. Gesetzlich verankerte Rassentrennung tendiert deshalb dazu, die schulische und geistige Entwicklung schwarzer Kinder zu verzögern und ihnen einige der Vorteile, die sie in einem rassisch integrierten Schulsystem hätten, zu nehmen. [...]

Getrennte Schuleinrichtungen sind ihrem Wesen nach ungleich. Daher entscheiden wir, daß den Klägern [...] aufgrund der von ihnen beanstandeten Rassentrennung die im Vierzehnten Verfassungszusatz[1] garantierte Gleichheit vor dem Gesetz vorenthalten worden ist.

Rassisten demonstrieren für die Rassentrennung

[1] Der 14. Verfassungszusatz verbietet es den Einzelstaaten, Gesetze zu erlassen, die die Vorrechte und Freiheiten von Bürgern beschneiden. (Aus: Günter Moltmann [Hrsg.], Die Vereinigten Staaten von Amerika von 1917 bis zur Gegenwart, Schöningh, Paderborn 1987, S. 67f.)

1. Rassentrennung auch in der Schule? – Erläutern und beurteilen Sie die sozialen, pädagogischen, politischen und rechtlichen Argumente des Urteils.

MATERIAL 8 Brief Martin Luther Kings aus dem Stadtgefängnis von Birmingham, Alabama, 1963

1963 führte King eine unangemeldete Demonstration gegen die Rassentrennung an und wurde daraufhin ins Gefängnis geworfen. Einige Geistliche verschiedener Konfessionen richteten den Appell an ihn, mit den Protestmärschen aufzuhören. Der Text ist ein Auszug aus seinem langen Antwortbrief, den King auf Zeitungsränder und Toilettenpapier geschrieben und so aus dem Gefängnis herausgeschmuggelt hatte.

Ihr mögt fragen: Warum direkte Aktion? Warum Sit-ins, Märsche und so weiter? Ihr habt ganz recht, wenn Ihr zu Verhandlungen aufruft. In der Tat sind Verhandlungen ja der Zweck der direkten Aktion. Gewaltfreie direkte Aktion sucht solch eine Krise zu schaffen und solch kreative Spannung auszulösen, daß eine Gemeinde, die sich Verhandlungen ständig verweigert hat, gezwungen wird, sich dem Problem zu stellen. Sie sucht das Problem so zu dramatisieren, daß es nicht länger ignoriert werden kann.

Ich habe eben als Teil der Aufgabe des gewaltfreien Widerstandes die Erzeugung von Spannung genannt. Dies mag schockierend klingen. Doch muß ich gestehen, daß ich vor dem Wort Spannung keine Angst habe. Ich habe ernsthaft gegen gewaltsame Spannung gearbeitet und gepredigt, aber es gibt eine Art konstruktiver, gewaltfreier Spannung, die notwendig ist zum Wachsen. [...]

Wir haben über 340 Jahre auf unsere verfassungsmäßigen und gottgegebenen Rechte gewartet. [...]

„Wartet doch ab" – das können jene leicht sagen, die nie die sengenden Pfeile der Segregation gespürt haben. Aber wenn man bösartige Mobs erlebt hat, wie sie nach Lust und Laune unsere Mütter und Väter lynchten und unsere Schwestern und Brüder ertränkten; wenn man erlebt hat, wie haßerfüllte Polizisten die schwarzen Brüder und Schwestern straflos verfluchen, treten, brutal mißhandeln und sogar töten; wenn man zusieht, wie die übergroße Mehrheit unserer zwanzig Millionen Negerbrüder inmitten der Wohlstandsgesellschaft in einem luftdicht abgeschlossenen Käfig der Armut am Ersticken ist; wenn man plötzlich einen Knoten in der Zunge hat und zu stottern beginnt, weil man seiner sechsjährigen Tochter erklären soll, warum sie nicht in den öffentlichen Vergnügungspark darf, für den doch eben im Fernsehen Reklame gemacht worden ist, und Tränen ihr in die Augen steigen, wenn man ihr sagen muß, daß *Funtown* für farbige Kinder verboten ist; wenn man merkt, wie niederdrückende Wolken der Inferiorität sich an ihrem kleinen geistigen Horizont bilden; wenn man sich rasch eine Antwort auf die Frage des fünfjährigen Sohnes zusammenflunkern muß: „Daddy, warum sind die Weißen so gemein zu den Schwarzen?"; wenn man über Land fährt und Nacht um Nacht in den unbequemen Ecken seines Automobils schlafen muß, weil kein Motel einen aufnimmt; wenn man Tag für Tag gedemütigt wird durch stichelnde Schilder „Weiße" und „Farbige"; wenn man mit Vornamen nur noch „Nigger" heißt, mit Mittelnamen „Junge" (gleichgültig, wie alt man ist) und mit Nachnamen „John"; wenn der Ehefrau, der Mutter niemals der Respektstitel „Mrs." zuerkannt wird; wenn einen die Tatsache, daß man Neger ist, bei Tag plagt und bei Nacht verfolgt, so daß man dauernd auf den Zehenspitzen steht und nie ganz genau weiß, was als nächstes auf einen zukommt und stets nach innen Furcht und nach außen Ressentiments empfindet – dann muß doch zu begreifen sein, warum uns das Warten schwerfällt.

Es kommt eine Zeit, da der Becher der Duldsamkeit überläuft und die Menschen nicht länger gewillt sind, sich in einen Abgrund der Ungerechtigkeit stürzen zu lassen, wo sie bloß die Finsternis nagender Verzweiflung erfahren. [...]

(Zitiert nach: Die Zeit, 18.10.1983, Übers. Theo Sommer)

Trotz des Urteils des Obersten Gerichts von 1954 mußte Präsident Eisenhower 1957 die Nationalgarde einsetzen, um die Zulassung von neun schwarzen Schülern zur Central High School in Little Rock, Arkansas, zu erzwingen.

1. Mit welchen Erfahrungen und Argumenten begründet King „gewaltfreie direkte" Aktionen?

MATERIAL 9 **Das Bürgerrechtsgesetz von 1964**

Niemand, der im gesetzlichen Auftrag handelt, darf [...] einen Lesetest zur Feststellung des Stimmrechts bei Bundeswahlen anwenden, es sei denn, daß (I) sich alle Personen diesem Test unterziehen müssen und der Test ausschließlich in schriftlicher Form abgelegt wird und daß (II) der getesteten Person innerhalb von 25 Tagen, nachdem sie einen entsprechenden Antrag gestellt hat, eine beglaubigte Abschrift des Tests und ihrer Antworten gegeben wird. [...]

Alle Personen haben das Recht auf volle und gleichberechtigte Nutznießung von Waren, Dienstleistungen, Einrichtungen, Rechten, Vorteilen und Annehmlichkeiten, die in öffentlichen Räumen (das Gesetz zählt u.a. Gasthäuser, Hotels, Kinos, Theater und Stadien auf) angeboten werden, und dies ohne Diskriminierung oder Trennung aufgrund von Rasse, Hautfarbe, Religion oder nationaler Herkunft. [...] Die Vorschriften ... gelten nicht für private Klubs ...

Folgende Einstellungspraktiken von Arbeitgebern sind ungesetzlich: (1) Eine Person aufgrund ihrer Rasse, Hautfarbe, Religion, ihres Geschlechts oder ihrer nationalen Herkunft nicht einzustellen oder zu entlassen oder sie anderweitig im Hinblick auf Entlohnung, Vertragsbedingungen, Arbeitsbedingungen oder besondere Rechte zu benachteiligen. [...]

(Aus: Günter Moltmann [Hrsg.], Die Vereinigten Staaten von Amerika von 1917 bis zur Gegenwart, Schöningh, Paderborn 1987, S. 73f.)

1. Erschließen Sie aus den gesetzlichen Regelungen Praktiken der Rassendiskriminierung.
2. Erörtern Sie die Frage, inwieweit Rassendiskriminierung in einer Gesellschaft durch Gesetze aufgehoben werden kann.

2.3 „Neue Grenzen" und alte Probleme: Auf dem Weg zur „Great Society"

John F. Kennedy

Mit John F. Kennedy zog im Januar 1961 der mit 43 Jahren jüngste gewählte Präsident und der erste Katholik in das Weiße Haus ein. In seinem Bericht über die Lage der Nation vom 30. Januar 1961 setzte er sich mit der Wirtschaftskrise vom Winter 1960/61 und ihren sozialen Folgen auseinander. Obwohl die Wirtschaftslage nicht bedrohlich war, richtete er angesichts der Rassenunruhen und der internationalen Spannungen von Berlin bis Vietnam nachdenkliche Worte an das Volk: „Bevor meine Amtszeit zu Ende geht, werden wir aufs neue zu prüfen haben, ob eine Nation, die so organisiert ist und regiert wird wie die unsrige, bestehen kann."

New Frontier

Schon bei seiner Nominierung zum Präsidentschaftskandidaten hatte er einen politischen Wandel angekündigt und dafür das Schlagwort von der „New Frontier", der „Neuen Grenze" geprägt, die es zu überschreiten gelte. Hinter ihr lägen „unerforschte Gebiete der Wissenschaft und des Weltraums, ungelöste Probleme des Friedens und des Krieges, unbewältigte Überreste der Unwissenheit und des Vorurteils, unbeantwortete Fragen der Armut und des Überflusses". Mit seiner Neubesinnung auf den American Dream wollte er ethnische und soziale Gegensätze in der Gesellschaft mildern, den technologischen Fortschritt fördern und internationale Spannungen abbauen. Mit seiner Metapher vom Aufbruch zu „New Frontiers" traf Kennedy den innersten Kern amerikanischer Identität, den Glauben an die historische Mission der amerikanischen Nation.

Anknüpfung an Roosevelt

Kennedy knüpfte an die Politik Roosevelts an. Weitreichende innen- und sozialpolitische Veränderungen konnte er jedoch in den rund 1000 Tagen bis zu seiner Ermordung im November 1963 nicht durchsetzen. Die reformfeindliche Mehrheit im Kongreß und die außenpolitischen Krisen um Berlin, in Vietnam und um Kuba hinderten ihn daran. Die Sozialreformen blieben bescheiden. Die Unterstützung für die rund vier Millionen Arbeitslosen (5,5 %) wurde erweitert, die Leistungen der Sozialversicherung verbessert und ein bescheidenes Wohnungsbau- und Slumsanierungsprogramm finanziert. Vorschläge für eine Erhöhung der Mindestlöhne, die Krankenvorsorge für Ältere oder Bundeshilfen im Bildungswesen kamen nicht über Ansätze hinaus. Staatliche Arbeitsbeschaffungsmaßnahmen konnten nicht verwirklicht werden, obwohl der Präsident die Arbeitslosigkeit als „Problem Nummer eins" der Wirtschaft bezeichnet hatte.

Rassenfrage

Die Rassenfrage blieb in seiner Regierungszeit das beherrschende innenpolitische Problem. Seit Mai 1961 eskalierte im Süden die rassistische Gewalt gegen Aktivisten der Bürgerrechtsbewegung. Kennedy, der mit den Stimmen der schwarzen Wähler Präsident geworden war, taktierte zunächst in der Bürgerrechtsfrage, um die Unterstützung der konservativen Demokraten der Südstaaten nicht zu verlieren. Im August 1962 verabschiedete der Kongreß den 24. Verfassungszusatz, der das Wahlrecht von Steuerzahlungen unabhängig machte. Es war der Monat, in dem die Kuba-Krise begann. Im Oktober, als die Krise um Kuba auf dem Höhepunkt stand und eine militärische Auseinandersetzung mit

Der Marsch nach Washington: Im August 1963 kamen ca. 250000 schwarze und weiße Amerikaner zu der Abschlußkundgebung im Regierungsviertel von Washington; Martin Luther King hielt seine berühmt gewordene Rede „I Have a Dream".

der Sowjetunion drohte, mußte Kennedy, Truppen nach Mississippi schicken, um die Rassentrennung an der Universität von Mississippi aufzuheben.

Gewaltlosigkeit und Gewalt

Ein Höhepunkt der Methode, auf Gewalt mit Gewaltlosigkeit zu antworten, wurde die Demonstration einer Viertelmillion schwarzer und weißer Amerikaner in Washington im August 1963. Martin Luther King führte den Marsch für die Gleichberechtigung der Rassen an, dem sich Gewerkschaften und der American Jewish Congress angeschlossen hatten. In seiner berühmt gewordenen Rede „I Have a Dream" rief King seine Zuhörer zur Bruderliebe, die die Rassenschranken überwinden sollte, auf. 1964 wurde unter Johnson das Bürgerrechtsgesetz verabschiedet (s. S. 40). Die durch Gesetz und Rechtsprechung angeordnete Integration kam aber kaum voran. Die Bürgerrechtsbewegung radikalisierte sich. Befürworter eines schwarzen Nationalismus und von „Black Power", Radikale wie „Malcolm X", die „Black Muslims" und die „Black Panthers" predigten ihrerseits Gewalt, Martin Luther King verlor an Einfluß.

Los Angeles

Im August 1965 brach im Farbigenviertel Watts in Los Angeles ein Aufstand aus, weil ein weißer Polizist einen Schwarzen wegen Trunkenheit am Steuer festgenommen hatte. 35 Menschen wurden getötet, fast 900 verletzt und 4000 festgenommen, der Sachschaden war enorm. Die blutigen Rassenunruhen Mitte der sechziger Jahre spielten sich überwiegend in den Ballungsräumen des Westens und Ostens ab. Dort gab es zwar keine formale Rassentrennung, doch um so wirksamere unsichtbare Rassenschranken und ein entwurzeltes Großstadtproletariat, das gegen eine trostlose soziale Realität rebellierte.

Kampf gegen die Armut

Präsident Johnson übernahm nach John F. Kennedys Ermordung das von diesem eingeleitete Programm und verkündete den „Kampf gegen die Armut" und das Ziel der „Großen Gesellschaft", in der es nach seiner Vision keine Armut und rassische Ungleichheit geben sollte. Ein Bündel von Reformgesetzen, unter anderem ein Wirtschaftsförderungsgesetz, wurden geschaffen, staatliche Hilfen für die medizinische Versorgung Älterer und Bedürftiger (Medicare und Medicaid, 1965–1966) eingeleitet, Maßnahmen zur Sanierung der Städte und des öffentlichen Nahverkehrs getroffen, Umwelt- und Verbraucherschutzgesetze verabschiedet. Die Zahl der unter der Armutsgrenze lebenden Amerikaner verringerte sich zwischen 1960 und 1970 von 22,4 % auf 12,6 %, der entsprechende Anteil unter den Schwarzen von 55,1 % auf 31 %. Der Kampf gegen die Armut war aber nicht erfolgreich genug, um weitere blutige Rassenunruhen zu verhindern. Die Ermordung Martin Luther Kings im April 1968 in Memphis (Tennessee) durch einen Weißen führte zu bürgerkriegsähnlichen Revolten.

Ermordung Martin Luther Kings

Vietnamkrieg

Johnsons Reformbemühungen wurden zunehmend durch das amerikanische Engagement in Vietnam in Frage gestellt. Am Ende seiner Amtszeit, im Januar 1969, standen über 500 000 Amerikaner in Vietnam. Der Materialeinsatz war ungeheuer, die Kriegskosten waren riesig. Das ehrgeizige Sozialprogramm und der Krieg, den Johnson führte, um (wie er meinte) „die Ordnung der Welt zu stärken", war ohne einen steilen Anstieg der Inflation und des Haushaltsdefizites nicht zu finanzieren. Johnson konnte den Zielkonflikt – Sozialreformen und Sieg in Vietnam – nicht auflösen.

Jugendprotest

Gegen den immer sinnloseren Krieg rebellierte besonders die studentische Jugend. Der Krieg betraf die jungen Männer durch die Einberufung zum Kriegsdienst persönlich. Viele Wehrpflichtige wollten sich ihm entziehen, sie verbrannten ihre Einberufungsbefehle oder entzogen sich dem Kriegsdienst durch Flucht ins Ausland. Der Jugendprotest wandte sich gegen den Krieg und den Rassismus, weil hier die Widersprüche zwischen den traditionellen amerikanischen Idealen und der Wirklichkeit besonders kraß sichtbar wurden.

Frauenbewegung

Auch die Frauenrechtsbewegung trat in jenen Jahren stärker in das Blickfeld der Öffentlichkeit. 1970 lebten sechs Millionen mehr Frauen als Männer in den USA. Im Erwerbsleben hatten sie seit Jahrzehnten eine ständig wachsende, aber unvermindert diskriminierte Rolle gespielt. Unter Kennedy gab es erste Ansätze im Kampf gegen die verbreitete Praxis ungleicher Bezahlung für gleiche Arbeit. Betty Friedan und Gloria Steinem sowie Organisationen wie die 1966 gegründete „National Organisation for Women" (NOW) kämpften für bessere Verhältnisse. Sie forderten die Gleichstellung von Mann und Frau in Politik und Gesellschaft, gleiche Berufschancen und die Änderung des Eherechts, das den Frauen die volle Geschäftsfähigkeit verweigerte. Sie erreichten 1972 die Verabschiedung des 27. Verfassungszusatzes durch den Kongreß, der die rechtliche Gleichstellung der Geschlechter festschreiben wollte. Dieses Equal Rights Amendment scheiterte jedoch am Widerstand einiger konservativer Einzelstaaten, die ihre Zustimmung verweigerten. Dennoch erreichte die Bewegung Erfolge, 1981 wurde die erste Richterin am Obersten Gericht ernannt und 1984 präsentierte die Demokratische Partei erstmals eine Frau für das Amt des Vizepräsidenten.

MATERIAL 10 Kennedys Vision einer „New Frontier“, 15. Juli 1960

Aus seiner Kandidaten-Rede auf dem Parteitag der Demokratischen Partei.

Viele sagen heute, daß alle Horizonte erforscht worden und alle Kämpfe siegreich beendet worden sind; daß es also keine amerikanische Grenze mehr gebe. [...]
Aber ich vertraue darauf, daß niemand in dieser großen Versammlung solche Ansichten teilt. Denn keineswegs sind alle Probleme gelöst oder alle Kämpfe bestanden; sondern wir stehen heute vor einer ‚Neuen Grenze‘, der Grenze der sechziger Jahre, einer Grenze voll unbekannter Chancen und Risiken, voll unerfüllter Hoffnungen und Bedrohungen. Woodrow Wilsons ‚Neue Freiheit‘ versprach unserer Nation einen neuen politischen und wirtschaftlichen Rahmen. Franklin Roosevelts ‚New Deal‘ versprach Sicherheit und Hilfe für die Notleidenden. Aber die ‚Neue Grenze‘, von der ich spreche, besteht nicht aus Versprechungen – vielmehr aus Herausforderungen. Sie läßt sich nicht in dem fassen, was ich dem amerikanischen Volk anzubieten beabsichtige, sondern in dem, was ich von ihm verlangen will. Sie appelliert an den Stolz der Amerikaner, nicht an ihr Scheckbuch – sie wirbt mit dem Versprechen größerer Opferbereitschaft statt mit mehr Sicherheit. [...] Hinter dieser Grenze liegen noch nicht kartographierte Gebiete der Wissenschaft und des Weltraums, ungelöste Probleme von Frieden und Krieg, unbezwungene Inseln von Unwissenheit und Vorurteil, unbeantwortete Fragen von Armut und Überfluß. Es wäre einfacher, sich von dieser Grenze fernzuhalten, die sichere Mittelmäßigkeit der Vergangenheit zu betrachten und sich von guten Vorsätzen und hehrer Rhetorik einlullen zu lassen – und diejenigen, die einen solchen Weg vorziehen, sollten mich, ganz unabhängig von Parteizugehörigkeit, nicht wählen.

Aber ich glaube, daß unsere Zeit Erfindungsaufgabe, Erneuerungswillen, Einbildungskraft und Entscheidungsfähigkeit verlangt. Ich fordere alle auf, neue Pioniere an der ‚Neuen Grenze‘ zu werden. [...] Wir stehen an einem Wendepunkt der Geschichte. Wir müssen wieder ganz von vorne beginnen und den Beweis erbringen, ob diese Nation. [...] noch lange überleben kann, ob unsere Gesellschaft mit ihrer Freiheit der Wahl, ihrer Breite der Chancen und ihrer Spannweite von Alternativen den Wettbewerb mit dem eindimensionalen Fortschreiten des kommunistischen Systems bestehen kann. [...]
Die ganze Menschheit wartet auf unsere Entscheidung. Eine ganze Welt sieht zu, was wir tun werden. Wir können ihr Vertrauen nicht enttäuschen, wir müssen den Versuch wagen.

(Aus: Hartmut Wasser, Die USA – der unbekannte Partner, Schöningh, Paderborn 1983, S. 95)

John F. Kennedy im Wahlkampf 1960

1. Mit dem Schlagwort der Grenze nimmt Kennedy einen traditionellen Begriff des amerikanischen Selbstverständnisses auf. Was bedeutet die Grenze für die Amerikaner?
2. Worin besteht nach Kennedy die Natur der „neuen Grenze“?
3. Versuchen Sie, die „noch nicht kartographierten Gebiete“ genauer zu bestimmen.

MATERIAL 11 Kennedys Inaugurationsrede (Antrittsrede) am 20. Januar 1961

In der langen Geschichte dieser Welt ist es nur wenigen Generationen vergönnt gewesen, die Rolle der Verteidigung der Freiheit in der Stunde ihrer höchsten Gefahr zu spielen. Ich schrecke vor dieser Aufgabe nicht zurück – ich begrüße sie. Ich glaube nicht, daß irgendeiner von uns mit irgendeinem Volk oder irgendeiner anderen Generation tauschen möchte. Die Energie, der Glaube und die Hingabe, die wir diesem Unterfangen entgegenbringen, wird unser Land und alle, die ihm dienen, entzünden und erstrahlen lassen – und der Glanz dieses Feuers kann wahrhaft die Welt erleuchten.
Und so, meine amerikanischen Mitbürger:
Fragt nicht, was euer Land für euch tun wird – fragt, was ihr für euer Land tun könnt.
Meine Mitbürger in der Welt:
Fragt nicht, was Amerika für euch tun wird, sondern fragt, was wir zusammen für die Freiheit des Menschen tun können.
Und schließlich, ob ihr Bürger Amerikas oder der Welt seid, verlangt von uns das gleiche hohe Maß an Stärke und Opferbereitschaft, das wir von euch verlangen werden. Mit einem guten Gewissen als einzigen sicheren Lohn, mit der Geschichte als dem letztlichen Richter unserer Taten laßt uns die Aufgabe in Angriff nehmen, das Land zu führen, das wir lieben, um seinen Segen und seine Hilfe bitten – in dem Wissen aber, daß hier auf Erden unser Werk wahrhaft Gottes Werk sein muß.

(Aus: Europa-Archiv, 3/1961, D 90)

MATERIAL 12 Karikatur von 1981

Jack Ohman, Chicago Tribune, 1981, New York News Syndicate

1. Erläutern Sie die Rolle, die Kennedy in Material 11 dem amerikanischen Volk und den „Mitbürgern in der Welt“ zuweist.
2. Erörtern Sie die geistige Tradition, in der Kennedy sich und das amerikanische Volk sieht.
3. Erläutern Sie die Aussage der Karikatur, die 20 Jahre nach Kennedys Rede erschien.

MATERIAL 13 Nach Martin Luther Kings Ermordung: Amerika in der Zerreißprobe

Der Anwalt der Gewaltlosigkeit, der den Namen des großen Protestanten trug – Martin Luther King –, ist tot. Ein Weißer ermordete den Schwarzen. Jetzt beherrschen die Anbeter von Gewalt das Feld, jetzt lodert der Haß wie ein Großfeuer über das Land, und niemand vermag sich vorzustellen, wie diese Feuersbrunst wieder gelöscht werden kann.
Was für ein Bild: Maschinengewehre auf den Stufen des Capitol, Rauchschwaden über der Kapitale und über 50 Großstädten des Landes. Während eine halbe Million amerikanischer Soldaten im fernen Asien kämpft[1], rotten sich zu Hause die Partisanen zusammen, hockt der Terror in den heimischen Straßen, nistet Haß sich in den Herzen der Bürger ein. Schwarz gegen Weiß, Weiß gegen Schwarz. Eine Eskalation unheilzeugender Emotionen: blinde Wut und alles betäubende Angst.
Noch nie wurde die Krise einer Weltmacht so deutlich. Mehr noch: Selten wurden die Fesseln so augenfällig, die das Menschengeschlecht an den dunklen Felsen seines Daseins schmieden. Da leuchtet die Wissenschaft in die verborgensten Bereiche, da jagt eine Entdeckung die andere, der technische Fortschritt stößt scheinbar unaufhaltsam ins Unendliche vor, und Futurologen rechnen aus, wie herrlich weit wir es bis zum Jahr 2000 gebracht haben werden – aber wie in grauer Vorzeit erschlägt Kain seinen Bruder Abel.
Und wie eh und je ist es nicht der andere Terrorist, dem der Terrorist nach dem Leben trachtet – der ihm wirklich im Wege steht, ist der Fürsprecher der Gewaltlosigkeit, der Anwalt von Maß und Besonnenheit. Immer waren es die Gandhis und Kennedys, die den Besessenen zum Opfer fielen. Die weißen Extremisten haßten Martin Luther King wegen seiner moralischen Souveränität. [...]

Die eigentliche Leistung Dr. Kings lag im Süden, wo es sich in erster Linie darum handelte, alte Gesetze abzuschaffen und neue einzuführen. Dort hat er präzise Vorarbeit geleistet und genausoviel Druck organisiert, wie notwendig war, um den Kongreß zur Einsicht zu bringen. Im Norden dagegen fand er eine ungleich schwierigere Aufgabe vor. Im Norden stellten die Gettos und Slums der Städte langfristige soziale Probleme dar, die soziologische Situation ist komplizierter, wirtschaftliche Rivalitäten zwischen Schwarzen und Weißen spielen eine Rolle, alle Probleme sind viel differenzierter. Darum hat die Black-Power-Bewegung auch sehr viel mehr Rückhalt im Norden der Vereinigten Staaten gefunden, und es mag wohl sein, daß der Anwalt der Gewaltlosigkeit bereits gescheitert war, als die Kugel des Mörders seinem Leben ein Ende setzte.

[1] Gemeint ist der Vietnamkrieg.

(Aus: Marion Gräfin Dönhoff, in: Die Zeit, April 1968; Ndr. in: dies., Amerikanische Wechselbäder, DVA, Stuttgart 1983, S. 125ff.)

1. Zeigen Sie die von der Autorin genannten gesellschaftlichen und politischen Folgen der Ermordung Kings auf und erörtern Sie diese.
2. Erläutern Sie die Ausprägung der Rassenfrage im Süden und im Norden der USA.

Black Power: Die amerikanischen Gold- und Silbermedaillengewinner im 200 m-Lauf während der Siegerehrung bei den Olympischen Spielen 1968 in Mexiko. Überlegen Sie, welche Reaktion dieses öffentliche Bekenntnis der Olympiasieger in den USA hervorrief.

Schwarzes Wohnviertel in Los Angeles: öffentliche Essensausgabe

MATERIAL 14 **Aus dem Bericht der Kommission zur Untersuchung der Rassenunruhen (Kerner Report), 1968**

Der Kerner Report untersuchte die Rassenunruhen, die im Farbigenviertel Watts in Los Angeles im August 1965 nach der Festnahme eines schwarzen Autofahrers wegen Geschwindigkeitsüberschreitung und Trunkenheit am Steuer ausbrachen.

Wir sind zu folgenden Schlußfolgerungen gekommen: Unsere Nation entwickelt sich auf zwei Gesellschaften hin – eine weiße, eine schwarze, getrennt und ungleich. Die Reaktion auf die Unruhen des vergangenen Sommers hat das Tempo dieser Entwicklung gesteigert und die Spaltung vertieft. Diskriminierungen und Rassentrennungen haben seit langem einen großen Teil des amerikanischen Lebens durchsetzt; diese bedrohen nunmehr die Zukunft eines jeden Amerikaners.
Diese Vertiefung der Rassentrennung ist keineswegs unvermeidbar. Diese auf Teilung abgestellte Entwicklung kann in ihr Gegenteil verkehrt werden. Die Entscheidung ist noch möglich. Unsere Hauptaufgabe ist es, diese Entscheidung zu definieren und auf eine nationale Lösung zu drängen. Wenn der gegenwärtige Kurs weiter verfolgt wird, dann bedeutet dies die anhaltende Polarisierung der amerikanischen Gemeinschaft und schließlich die Zerstörung unserer grundlegenden demokratischen Werte.

Die Alternative ist nicht blinde Unterdrückung oder die Kapitulation vor der Gesetzlosigkeit. Die Alternative ist vielmehr das Erkennen gemeinsamer Chancen und Möglichkeiten für alle in einer einheitlichen Gesellschaft. Diese Alternative erfordert die Verpflichtung für nationale Maßnahmen – mitfühlend, massiv und getragen von den Hilfsquellen der mächtigsten und reichsten Nation auf dieser Erde. Von jedem Amerikaner wird sie eine neue Einstellung, ein neues Verständnis und vor allem einen neuen Willen verlangen.

(Aus: Wolfgang Lautemann – Manfred Schlenke [Hrsg.], Geschichte in Quellen. Die Welt seit 1945, bsv, München 1980, S. 441)

1. Erläutern Sie die Schlußfolgerungen der Kommission und zeigen Sie auf, wo der „amerikanische Traum" gefährdet ist.
2. Erörtern Sie die für Politik und Gesellschaft genannten Alternativen.

2.4 Die USA heute – das Ende eines Mythos?

In seinem 1944 erschienen Buch „Das amerikanische Dilemma" wies der Schwede Gunnar Myrdal darauf hin, daß die Afro-Amerikaner eine mächtige Waffe hätten, nämlich die „glorreichen amerikanischen Ideale der Demokratie, Freiheit und Gleichheit, auf die Amerika nicht nur durch seine Verfassung verpflichtet ist." Das Bekenntnis zu diesen Idealen und zu Prinzipien einer demokratisch-republikanischen Ordnung macht die Menschen in den USA zu Amerikanern.

Multiethnischer Brandherd

Seit den 60er Jahren ist die Forderung nach Anerkennung einer afro-amerikanischen Identität in der amerikanischen Gesellschaft ein Zeichen ungelöster sozialer und wirtschaftlicher Probleme. Wo sich ethnische und soziale Konflikte überschneiden, da kann aus dem Schmelztiegel (melting pot) USA schnell ein multiethnischer Brandherd werden. Die Rassenunruhen in Los Angeles im Jahr 1992 offenbarten dies. Ihre Bilanz waren über 70 Tote, mehr als 1500 zum Teil schwer Verletzte und mehr als 2 Milliarden Dollar Sachschaden. Rund 4000 Brände verwüsteten ganze Stadtteile.

Underclass

Die USA sind ein reiches Land mit Widersprüchen. Die Wirtschaftsleistung je Einwohner war 1990 mit 21 000 Dollar die höchste aller großen Industriestaaten, Kanada folgte mir 20 140, Japan mit 16 900 und Deutschland (West) mit 16 110 Dollar. Es herrscht Massenwohlstand, doch die Nation ist sozial geteilt. In den 80er und 90er Jahren gibt es mehr Hoffnungslosigkeit als in der Zeit Kennedys und Johnsons. Eine „underclass", eine neue Unterklasse ist entstanden, die anders als die „lower class" nicht mit einer Besserung ihrer Lage rechnen kann. Diese „Kultur der Armut" ist gekennzeichnet durch die Konzentration von Afro-Amerikanern und Lateinamerikanern (Hispanics) in Ghettos, durch hohe Kriminalitätsraten, verbreiteten Drogenkonsum, hohe Aidsraten, durch verlassene Frauen mit Kindern, die der Verwahrlosung und dem Verbrechen ausgesetzt sind. Für sie ist es ein Leben ohne Zukunft; für die Verbesserung der Lage dieser Menschen ist bisher noch kein Reformmittel gefunden worden. Von 250 Millionen Amerikanern gehören rund 5 % dieser Unterklasse an.

80er Jahre

In den 80er Jahren, in der Ära der republikanischen Präsidenten Ronald Reagan (1981–1989) und George Bush (1989–1993) stieg die ungleiche Verteilung des Wohlstandes an. Nach der offiziellen Statistik lebten 1980 29,3 Millionen Amerikaner (13 %) unter der Armutsgrenze, 1984 waren es schon 33,7 Millionen (14,4 %). Andererseits begann 1982 ein lang anhaltendes Wirtschaftswachstum, ca. 16 Millionen neue Arbeitsplätze wurden geschaffen, die Arbeitslosenzahl ging von 9,6 % 1983 auf 7,5 % 1988 zurück. Die realen Einkommen der Mittelschicht stagnieren aber seit Mitte der 60er Jahre.

Afro-Amerikaner

Dieses widersprüchliche Bild wird noch verstärkt durch die unterschiedliche Entwicklung bei den Afro-Amerikanern. Sie läßt sich folgendermaßen kennzeichnen:

- Ihre Arbeitslosigkeit ist selbst bei guter Konjunktur sehr hoch, in einer Rezession steigt sie enorm an und erreicht fast das Dreifache der Weißen.
- Besonders hoch ist die Arbeitslosigkeit bei Jugendlichen. Sie betrug beispielsweise 1984 für die 16–19jährigen 34 %, für die 20–24jährigen 25 %.

- Da neben der High School kein Berufsbildungssystem besteht, erhalten vorzeitige Schulabgänger auch keine Berufsausbildung.
- Die Kriminalitätsrate ist vor allem in den Ghettos sehr hoch.
- Lange Zeit schien es, als ob in den Ghettos die Institution Familie zerbreche. „Das Verlassen von Müttern durch Väter" stieg alarmierend an. Diese Entwicklung scheint jetzt auf einem – wenn auch hohen – Niveau gestoppt zu sein.
- Drogen und Aids haben die soziale Randlage in den Ghettos zunehmend verschärft.
- Das Einkommen wächst, liegt aber noch deutlich niedriger als das fast aller anderen Bevölkerungsgruppen. In den Südstaaten hat sich schon früh eine schwarze Oberschicht entwickelt; heute gibt es selbst in den Städten mit verbreiteter Armut wie in Detroit eine wohlhabende klassenbewußte schwarze Oberschicht. Der politische Einfluß dieser Oberschicht nimmt zu. Auch eine schwarze Mittelschicht ist entstanden.

Schwarze Oberschicht

Heute wohnen 23 % der Afro-Amerikaner in den Vorstädten, 44 % sind Hausbesitzer. Die Zahl der schwarzen Collegestudenten stieg 1980 über die Millionengrenze und steigt weiter an.

Indianer

Und die Situation der Indianer? Ein großer Teil von den zwei Millionen (1990) gehört noch einem Stammesverband an und lebt in den autonomen Reservaten. Seit 1924 können sie amerikanische Staatsbürger werden. Mit der Annahme des Bürgerrechts verlieren sie aber die Rechte, die sie als Mitglieder eines Stammes besitzen, nämlich die Teilhabe an dessen Vermögen und an den vertraglich zugesicherten Hilfen des Staates.

Einwanderung

Die USA sind immer noch das größte Einwanderungsland der Erde. Nach der Volkszählung von 1990 waren 20 Millionen Amerikaner Einwanderer (8 % der Bevölkerung). Allein in den 80er Jahren kamen 8,7 Millionen, obwohl es keine allgemeine Einwanderungserlaubnis mehr gibt. 1991 erhielten fast zwei Millionen Immigranten eine Aufenthaltserlaubnis. Das Einwanderungsgesetz von 1990 ließ von 1992 bis 1994 jährlich 700 000, ab 1995 675 000 Einwanderer zu. Im letzten Jahrzehnt sind besonders Lateinamerikaner, in erster Linie aus Mexiko und Kuba, und Asiaten eingewandert. Die oft illegal aus Mittelamerika eingewanderten Hispanics bilden eigene Subkulturen, in denen häufig englisch weder verstanden noch gelernt wird. Auch sie leben vorwiegend in Ghettos.

Asiaten

Die Asiaten, es sind vor allem Japaner, Chinesen, Koreaner und Vietnamesen, machen heute rund 3 % der Bevölkerung aus. Viele sind wirtschaftlich erfolgreich, der junge „Asian-American" gilt in den Schulen und Hochschulen der USA als Überflieger (whiz kid oder superachiever). Über ein Viertel der Studenten an den Elitehochschulen sind inzwischen Asiaten. Diese wirtschaftlichen und gesellschaftlichen Erfolge der Asiaten erzeugen Neid bei Schwarzen und Weißen.

1950 stellten die Weißen noch 86 % der Bevölkerung, die Schwarzen 10 %, die Lateinamerikaner 2,7 % und die Asiaten 1,2 %. 1987 war der weiße Anteil auf 77 % gefallen, der Anteil der Schwarzen war auf 12 %, der Hispanics auf 8 % und der Asiaten auf 2 % gestiegen. Für das Jahr 2020 wird der Anteil der Weißen vermutlich auf 70 % gefallen sein, der der Afro-Amerikaner leicht auf 14 % wachsen, die Lateinamerikaner werden 11 % erreichen und die Asiaten 5 %. Der Veränderungsprozeß im ethnischen Gefüge wird die USA vor eine ge-

Illegale Einwanderer an der Grenze zu Mexiko

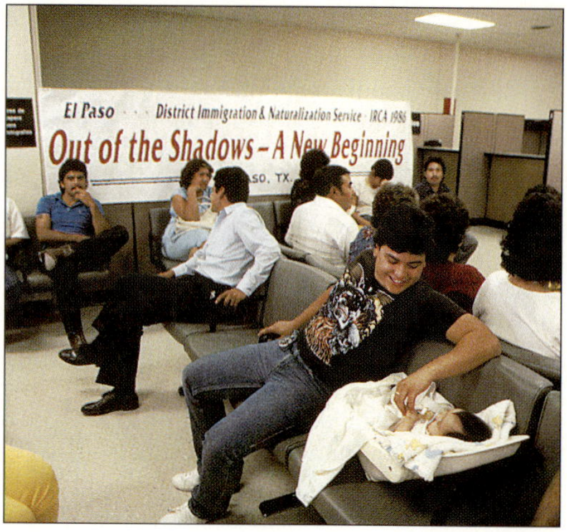

Einwanderungsbüro in der texanischen Stadt El Paso

waltige Herausforderung stellen. Der „Schmelztiegel" USA ist heute eine „Salatschüssel" (salad bowl) geworden. In der multikulturellen Gesellschaft scheint die anglo-amerikanische Kultur ihre Integrationskraft zu verlieren.

Nationalgefühl

Trotz aller Schwierigkeiten und Widersprüche in Wirtschaft und Gesellschaft besitzen die Amerikaner ein starkes Nationalgefühl. Über 90 % der Bevölkerung sollen nach Umfragen Anfang der 90er Jahre stolz auf ihre Nation sein. Kein anderes Land weist ähnlich hohe Identifikationswerte auf. Die wirtschaftliche und technologische Leistungsfähigkeit der USA ist immer noch groß. Ihre Anziehungskraft strahlt nicht nur auf Lateinamerika und Asien aus, auch in Europa, zumal in Deutschland ist sie noch spürbar, besonders im kulturellen Bereich. Nach der Jugendumfrage des „Spiegel" 1994 nannten von den 31 % der jungen Deutschen, die lieber im Ausland leben wollten, 24 % die USA als Ziel ihrer Träume, mit nur 10 % folgte Kanada an zweiter Stelle.

Mythos Amerika

Die USA sind nach dem Zerfall der Sowjetunion die einzige Supermacht geblieben, ihr Bruttosozialprodukt von über sechs Billionen Dollar ist weiterhin das größte der Welt. Zwar steht nach dem Pro Kopf-Einkommen 1994 Japan mit 28 190 Dollar noch vor den USA mit 23 240 Dollar, doch die Wirtschaft wächst in der Regierungszeit von Bill Clinton, der seit 1993 Präsident ist, weiter. Viele Amerikaner aber sind mit ihrer privaten wirtschaftlichen Lage nicht zufrieden und trauen dem Wirtschaftswachstum nicht. Ihr Vertrauen in die Politik und die Politiker ist in den letzten Jahren rapide gesunken: Vertrauten 1964 noch 76 % der Regierung Lyndon B. Johnsons, so 1994 nur noch 18 % der Regierung Bill Clintons. Seine Partei, die Demokraten, bekamen dies 1994 zu spüren, bei den Wahlen zum Repräsentantenhaus und Senat verloren sie ihre seit 40 Jahren behauptete Vorherrschaft im Kongreß. „Amerikas Republikanische Revolution" (Newsweek) drückte jedoch nicht nur Mißtrauen und Enttäuschung über die bisher führende Partei und ihren Präsidenten aus. Sie ist Ausdruck einer allgemeinen Politikverdrossenheit, von Zukunftsangst und Orientierungslosigkeit. Schwindet der „Mythos Amerika"?

MATERIAL 15 Die schwarzen Tage von Los Angeles, 1992

Bis zum 29. April 1992, dem Mittwoch der vergangenen Woche, galt Los Angeles als Modell einer multikulturellen Stadt, als Milchstraße des American dream, eine einzigartige Mischung aus Traum und Wirklichkeit: fünfzehn Millionen Menschen aus Europa und Afrika, Asien und Lateinamerika, neue und alte Amerikaner aus 146 Nationen leben in einer bunten Metropolis, sprechen 96 verschiedene Sprachen und verstehen sich doch (fast) alle auf englisch. Der Bürgermeister ist ein Schwarzer, der Rat der Stadt besteht aus zwei Latinos, drei Schwarzen, einem Asiaten und neun Angloamerikanern, darunter drei Juden. Alle kamen an die Ufer des Pazifischen Ozeans auf der Suche nach eine besseren Welt: Sonne und Reichtum, Sicherheit und Fortschritt, Freiheit und Schönheit hieß die Devise der „goldenen Stadt". [...]

1980 waren 48 Prozent der Bürger von Los Angeles weiß, 26 Prozent lateinamerikanischer Herkunft („Hispanics"), 17 Prozent schwarz, 7 Prozent asiatischer und 0,7 Prozent indianischer Herkunft. Zehn Jahre später sind nur noch 37,5 Prozent der Bürger weiß, Tendenz weiter fallend. Nach einer Hochrechnung werden es 1995 nur noch 34,6 Prozent sein. Die Gruppe der Latinos dagegen wächst; nach der letzten Erhebung aus dem Jahr 1990 sind es 35,8 Prozent, 1995 werden die Hispanics mit 38,1 Prozent die Mehrheit bilden. Auch der Anteil der jüngsten Einwanderungsgruppen, der Asiaten, wächst: 1990 sind es 12 Prozent, 1995 werden es 13,7 Prozent sein. Die Afroamerikaner, die 1990 mit 14,5 Prozent noch vor den Asiaten liegen, werden 1995 mit 13,6 Prozent die kleinste der Minderheiten bilden. [...]

Am Nachmittag des 29. April wird in Simi Valley, einer kleinen, hauptsächlich weißen und konservativen Vorstadt, das Urteil im Prozeß gegen die vier weißen Polizisten verkündet, die den arbeitslosen schwarzen Bauarbeiter Rodney King am 3. März 1991 wegen überhöhter Geschwindigkeit nach einer Verfolgungsjagd gestellt und dann halb totgeprügelt hatten. [...]
Das Urteil der Geschworenen lautet: „Nicht schuldig."

Einige Stunden lang scheint die Stadt wie gelähmt. Dem Schock folgt eine Explosion der Gewalt. In der Nacht zum 30. April brennt die Stadt der Engel. In South Central Los Angeles, im schwarzen Ghetto, im Herzen der Stadt, beginnt eine Rebellion, die den amerikanischen Traum unter Schutt und Asche begräbt. „Keine Gerechtigkeit, kein Friede", rufen Demonstranten. Einkaufszentren werden geplündert, dann in Brand gesteckt. Latinos, Weiße und Schwarze, Männer, Frauen und Kinder schleppen Autoreifen, Videorecorder, Babynahrung, Computer, Sofas oder Kleider ab. Ein weißer Autofahrer wird von einer Gruppe Farbiger aus dem Auto gezerrt, verprügelt und lebensgefährlich verletzt. [...]

Erst am Montag, fünf Tage nach Beginn der Unruhen, wird das nächtliche Ausgehverbot wieder aufgehoben. Es werden 58 Tote gemeldet, 2116 Verletzte (davon 211 lebensgefährlich), über 5000 Feuermeldungen, 7495 Verhaftungen, 5000 zerstörte Häuser und ein Schaden in Höhe von mehr als einer halben Milliarde Dollar. Die Armee bleibt aus Angst vor neuer Gewalt in der Stadt.

(Aus: Ulrich Schiller, Christian Tenbrock, Elisabeth Wehrmann, in: Die Zeit, 8.5.1992, S. 15f.)

1. Beschreiben Sie die ethnische Entwicklung von Los Angeles.
2. Der Freispruch für die Polizisten hat wie ein Funke gewirkt, der ein Pulverfaß explodieren läßt. Welche Rückschlüsse auf die wirtschaftlichen und sozialen Spannungen lassen die „schwarzen Tage" zu?

MATERIAL 16 Zwei Amerikas: Schwarz und weiß, getrennt und ungleich?

Aber die amerikanische Apartheid besteht fort, auch wenn kein Schwarzer mehr auf den hintersten Plätzen im Bus sitzen muß, weil die vorderen für die Weißen reserviert sind. Drei neue Studien belegen, daß

– bei schwarzen Amerikanern Anträge auf Hypothekenkredite doppelt so häufig abgelehnt werden wie bei weißen Amerikanern.
– Schwarze gegenüber gleich qualifizierten Weißen bei Vorstellungsgesprächen wesentlich häufiger schlechter behandelt werden und
– Afroamerikaner, die bei Maklern vorsprechen, geringere Chancen haben, einen Mietvertrag zu erhalten, als Weiße.

Bis heute hat es Amerikas Politik nicht vermocht, der gesamten schwarzen Bevölkerung die gleichen Chancen zu eröffnen wie früher den irischen oder italienischen, heute den chinesischen oder koreanischen Einwanderern. Die Schwarzen sind die einzige ethnische Gruppe, die das hochgelobte Land unfreiwillig und in Ketten betraten. Die späteren Einwanderer, die auf der Suche nach dem Lebensglück kamen, übersprangen die früheren Sklaven auf der sozialen Leiter. Mobilität und Aufstieg, selbst nur das schiere gesicherte Überleben, sind für viele Schwarze ein Fremdwort geblieben. Die Statistik bietet ein trübes Bild von Ausweglosigkeit und Verzweiflung:

– Fast zehn Millionen schwarze Amerikaner, mehr als dreißig Prozent der gesamten farbigen Bevölkerung, müssen mit Einkommen unterhalb der offiziellen Armutsgrenze leben. Unter den Weißen gilt „nur" etwa jeder zehnte als arm.
– Die Arbeitslosenquote für Schwarze ist doppelt so hoch wie die für Weiße. 1970 verfügte eine schwarze Familie über etwa sechzig Prozent des Einkommens einer weißen Familie, 1990 sind es nur noch 58 Prozent.
– Mehr als die Hälfte aller Mordopfer in den USA sind schwarz; Mord ist die häufigste Todesursache für einen jungen Afroamerikaner. In der Hauptstadt Washington saßen an jedem Tag des vergangenen Jahres 15 Prozent aller farbigen Männer im Alter zwischen 18 und 35 Jahren im Gefängnis. Weitere 21 Prozent waren auf Bewährung entlassen, 6 Prozent wurden von der Polizei gesucht. Fast 85 Prozent aller Schwarzen in Washington werden während ihres Lebens mindestens einmal verhaftet.
– Zweimal mehr schwarze als weiße Babys sterben schon kurz nach der Geburt. Die Kindersterblichkeit unter Amerikas Farbigen ist so hoch wie im Schwellenland Malaysia.
– Obwohl sie nur etwa 13 Prozent der Gesamtbevölkerung stellen, entfallen auf die Schwarzen in Amerika 28,8 Prozent der Aids-Fälle. 52 Prozent der aidskranken Frauen, 53 Prozent der aidskranken Kinder sind schwarz.

„Die Chance, auf der sozialen Stufenleiter aufzusteigen, wurde nur einem Teil der schwarzen Bevölkerung eröffnet", resümiert Sydney Verba, Soziologe an der Harvard-Universität. Längst ist die schwarze Gesellschaft Amerikas zu einer Ein-Drittel-Gesellschaft geworden. Anfang der sechziger Jahre konnte sich nur jeder zehnte Afroamerikaner zur Mittelklasse zählen, heute jeder dritte. Die Zahl der Farbigen mit einem College-Abschluß ist von 280 000 pro Jahr auf mehr als zwei Millionen gestiegen. Zu Zeiten von Martin Luther King gab es in den USA nur 300 Schwarze in einem Wahlamt, heute sind es 7370.

„Für den Rest verschlechterte sich die Lage", sagt Harvard-Soziologe Verba, „die schwarze Mittelklasse kehrte den Innenstädten den Rücken und ließ dort eine verarmte Unterklasse zurück." Allen Versuchen von Integration zum Trotz leben in den Ghettos der Großstädte neun Millionen schwarze Amerikaner in fast völliger Isolation. Daß Jugendliche dem weißen Amerikaner hier nur über den Fernsehschirm oder in Gestalt von Polizisten und Sozialhelfern begegnen, ist die Regel, nicht die Ausnahme.

(Aus: Ulrich Schiller, Christian Tenbrock, Elisabeth Wehrmann, in: Die Zeit, 8.5.1992, S. 16)

MATERIAL 17 Einkommensverhältnisse

Durchschnittliches Familieneinkommen der farbigen Amerikaner im Verhältnis zu dem durchschnittlichen Familieneinkommen der weißen Amerikaner, 1947–1992

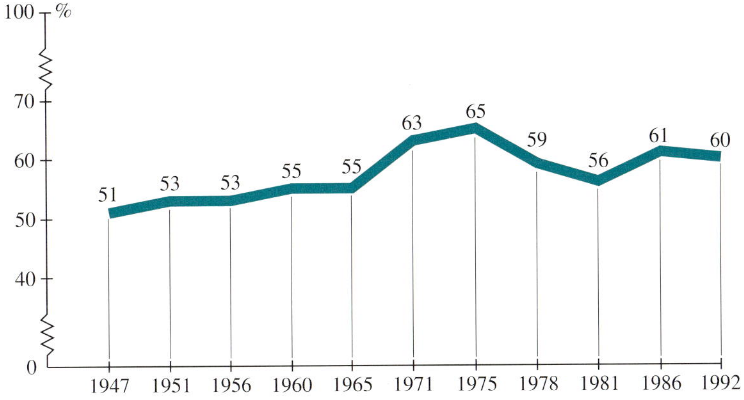

100 % = Durchschnittliches Einkommen der weißen Familien

Präsidenten seit 1945:

Truman:	1945–1953
Eisenhower:	1953–1961
Kennedy:	1961–1963
Johnson:	1963–1969
Nixon:	1969–1974
Ford:	1974–1977
Carter:	1977–1981
Reagan:	1981–1989
Bush:	1989–1993
Clinton:	seit 1993

(Nach: Erwin Helms; USA – Staat und Gesellschaft, 9. Auflage, Fackelträger-Verlag, Hannover, 1993, S. 232)

1. Nach dem Artikel (Material 16) besteht die „amerikanische Apartheid" fort. Welche Gründe für diesen Zustand werden angegeben?
2. Erörtern Sie, was der Aufstieg einer schwarzen Elite für die amerikanische Gesellschaft bedeuten kann.
3. Beschreiben Sie die Grafik (Material 17) unter Berücksichtigung der in Material 15 und 16 dargestellten Sachverhalte.

Anzeige in einer Tageszeitung von Los Angeles: Spendenaufruf für ein Obdachlosenasyl. Privates Engagement ist ein Teil der Sozialfürsorge der USA.

MATERIAL 18 Die USA nach den Kongreßwahlen 1994

Die Wahlen zum 104. Kongreß 1994 (der Demokrat Bill Clinton war 1992 zum Präsidenten gewählt worden) brachten das Ende der vierzigjährigen Vorherrschaft der Demokraten im Kongreß. Die Republikaner gewannen die Mehrheit der Sitze im Repräsentantenhaus und im Senat, auch bei den Gouverneurswahlen der Einzelstaaten erreichten sie die Mehrheit.

Der Wähler: ein Stimmungsbild vom November 1994

Die Botschaft der Wähler heißt: zur Hölle mit euch. Zur Hölle mit Clinton, mit dem Kongreß, zur Hölle mit Washington, der Big-Brother-Regierung, zur Hölle mit den Steuern, mit den linken Eliten, mit den Müttern, die von der Sozialhilfe leben und so weiter.

(Frank Luntz, politischer Berater der Republikaner, über die von ihm ausgemachte Stimmung in der Bevölkerung)

Der Wähler im Zorn

Es gibt viele Gründe für die Niederlage der Partei Franklin D. Roosevelts und John F. Kennedys. Nicht alle lassen sich mit dem nüchternen Verstand nachvollziehen. Zwar leuchtet auch diesmal wieder der Hang der Wähler ein, einer allzu großen Machtkonzentration in Washington den Riegel vorzuschieben. Gerade wenn das Weiße Haus und die Majorität auf dem Kapitolhügel unter dem Banner derselben Partei stehen, drängt es Amerikas Wähler besonders zum Gegenhalten.

Doch bei dieser Wahl scheint nicht die gesunde Skepsis, sondern ein blindwütiger Zorn gewaltet zu haben – auf die politische Klasse, auf die Demokraten, vor allem aber auf Bill Clinton. [...] Was macht die Amerikaner so zornig? Die ökonomischen Daten können es nicht sein, denn sie heben die Vereinigten Staaten wohltuend ab von den meisten anderen Industriestaaten: Wirtschaftswachstum 3,4 Prozent, Inflation 2,5 Prozent, Arbeitslosigkeit 5,9 Prozent. Der Miseren-Index liegt also niedriger als seit langem. Doch die Wurzeln der Wut lassen sich nicht mit erfreulichen Statistiken kappen. Zu tief macht sich Zukunftsangst in dem Land breit, das so lange als Hort des Optimismus galt. Sie hat vor allem den unteren Mittelstand ergriffen. Er leidet am stärksten unter den Auswirkungen des technologisch-industriellen Wandels und unter der zunehmenden Orientierungslosigkeit der Gesellschaft. Wer sich aber um den Job, die Chancen der Kinder und die persönliche Sicherheit ängstigen muß, der ist empfänglich für einfache Lösungen.

(Karikatur aus: Newsweek 46/1994, 14.11.1994, S. 9; Texte aus: Dieter Buhl, Die Zeit, 11.11.1994, S. 9)

1. Untersuchen und erörtern Sie die Stimmungslage unter den Gesichtspunkten Politikverdrossenheit, Feindbild und politischer sowie gesellschaftlicher Standort des Wählers. Inwieweit bestätigt die Karikatur dieses Stimmungsbild?
2. Zeigen Sie Gründe für den „Zorn der Wähler" auf. Erörtern Sie, ob dieser Zorn gerechtfertigt ist.

Das Sowjetsystem zwischen revolutionärem Umbruch und totalitärer Erstarrung

Das neue Staatswappen der russischen Föderation (u.) zeigt – wie schon das Wappen des Zarenreiches (o. l.) – einen Doppeladler mit drei Kronen sowie Reichsapfel und Zepter. Die drei Kronen werden unterschiedlich interpretiert: in der Tradition des 17. Jahrhunderts stehen sie für die Reiche Kasan, Astrachan und Sibirien; in einer anderen Bedeutung für die Symbole Glaube, Liebe und Hoffnung. Die offiziellen russischen Stellen interpretieren die Kronen als Sinnbilder für Gewaltenteilung im demokratischen Staat, Exekutive – Legislative – Judikative, und versuchen damit zu widerlegen, daß das Wappen monarchistische Züge trägt. Zepter und Reichsapfel stehen für den Schutz der Souveränität. Der Reiter in der Mitte, ehemals der Heilige Georg, der Drachentöter, besitzt keinen Heiligenschein mehr, sondern steht als Symbol für den Kampf des Guten mit dem Bösen.

Das Wappen der Russischen Sozialistischen Föderativen Sowjetrepublik, P. C. ф. C. P., (o. r.), hat eine deutlich andere Symbolik, es dominieren Hammer und Sichel sowie Ähren als Sinnbilder für den Arbeiter- und Bauernstaat.

Die Wappen des russischen Staates im 20. Jahrhundert
Links oben: Wappen des Zarenreiches (bis 1917); rechts oben: Wappen der Russischen Sozialistischen Föderativen Sowjetrepublik, die die größte der Sowjetrepubliken war (bis 1991, der Text der Aufschrift unten im Wappen lautet: „Proletarier aller Länder vereinigt euch!“); unten: Wappen der Russischen Föderation (ab 1992).

1. Die Errichtung der bolschewistischen Herrschaft

1.1 Wie Rußland revolutionieren? – Lenins Konzept

Mit der Oktoberrevolution 1917 übernahm erstmals in der Geschichte eine kommunistische Partei die Macht in einem Staat; die aus der Oktoberrevolution hervorgegangene Sowjetunion sah sich als der erste Arbeiter- und Bauernstaat der Welt. Nach der Lehre von Karl Marx hätte in dem kapitalistisch noch nicht ausgereiften zaristischen Rußland eine sozialistische Revolution eigentlich gar nicht ausbrechen können und dürfen. Es war Lenin, der in seiner Partei-, Imperialismus- und Revolutionstheorie die Lehre von Karl Marx umformte und damit die theoretische Begründung für eine proletarische Revolution im industriell rückständigen Rußland lieferte. Und vor allem: Lenin führte die Revolution durch, als die historischen Umstände günstig waren. Wer war dieser Mann, der Rußland und darüber hinaus die Welt veränderte, was besagt seine Theorie, seine „Anleitung zum Handeln"?

Lenin

Wladimir Iljitsch Lenin (Deckname für seinen Geburtsnamen Uljanow) wurde 1870 als Sohn eines höheren Beamten, der in den erblichen Adelsstand erhoben worden war, geboren. Bereits früh mit marxistischen Theoretikern bekannt, war er 1895 Mitbegründer der ersten russischen politischen Arbeiterorganisation, des illegalen „Kampfbundes zur Befreiung der Arbeiterklasse". Diese Organisation wurde bereits nach wenigen Monaten von der zaristischen Geheimpolizei ausgehoben. Lenin selbst wurde wegen revolutionärer Umtriebe 1896 bis 1898 für drei Jahre nach Sibirien verbannt. 1899 trat er der ein Jahr zuvor gegründeten „Sozialdemokratischen Arbeiterpartei Rußlands" (SDAPR) bei und emigrierte 1901 nach Westeuropa. Hier war er Redakteur der sozialdemokratischen Zeitschrift „Iskra" (Funke) und zugleich Leiter eines Agentennetzes, durch das die „Iskra" illegal in Rußland verteilt wurde.

„Was tun?"

In München verfaßte er zwischen Mai 1901 und Februar 1902 eine seiner bedeutendsten Schriften, „Was tun?". In dieser erläuterte er ausführlich seine Vorstellungen von einer revolutionären Partei, die er als eine Organisation von Berufsrevolutionären verstand. Die Frage, ob die SDAPR ein konspirativer Kampfbund von Berufsrevolutionären – eine Partei neues Typs im Sinne Lenins – oder eine politische Partei nach westeuropäischem Vorbild sein solle, führte auf einem Exilparteitag 1903 in Brüssel zur Spaltung der Partei. Lenins Anhänger erhielten in einer Abstimmung zu dieser Frage nur durch einen Zufall eine Mehrheit und nahmen daher den Begriff „Bolschewiki" (Mehrheitsgruppe) für sich in Anspruch; an der anderen Gruppe blieb der Name Menschewiki (Minderheitsgruppe) haften, obwohl sie in der Arbeiterschaft bis 1917 eine Mehrheit hinter sich hatte. Die Sozialdemokratische Partei insgesamt war wiederum gegenüber den aus den Narodniki hervorgegangenen sozialistischen, aber antimarxistischen Sozialrevolutionären, die ihre Basis auf dem Land besaßen, bis 1917 in der Minderheit.

Bolschewiki
Menschewiki

Im Oktober 1905 kehrte Lenin ins revolutionäre Rußland zurück und bemühte sich bis zu seiner erneuten Emigration im Dezember 1907 um den Aufbau einer revolutionären Untergrundbewegung. Seit April 1917 wieder in Rußland, drängte er auf die endgültige, die sozialistische Revolution. Nach der Oktoberrevolution regierte er als Vorsitzender des Rates der Volkskommissare und Vorsitzender des Zentralkomitees der bolschewistischen Partei Staat und Partei und bestimmte somit bis zu seiner schweren Krankheit im Januar 1923, die im Januar 1924 zum Tode führte, die Geschicke Rußlands.

Lenins Theorien

Lenin stellte sich als Politiker wie Theoretiker die grundsätzliche Frage, wieso in den kapitalistischen Ländern Westeuropas die sozialistische Revolution noch nicht ausgebrochen sei und wie die russische Entwicklung mit Marxens Lehre in Einklang zu bringen sei. Seine Antworten lassen sich wie folgt zusammenfassen:

Imperialimustheorie

- Die von Marx als Entwicklungsgesetz des Kapitalismus beobachtete Konzentration der Produktion und des Kapitals führt zum Monopolkapitalismus. Industrie- und Bankkapital verbinden sich zum industriebeherrschenden Finanzkapital. An die Stelle des Warenexports tritt zunehmend der Kapitalexport. Dies führt dazu, daß die wirtschaftlich und finanziell unterentwickelten Gebiete von den kapitalistischen Staaten abhängig werden. Auch die bis dahin noch nicht aufgeteilten Gebiete der Erde werden erobert und damit den Gesetzen des Kapitalismus unterworfen. Der internationale Konkurrenzkampf auf der Basis des Finanz- und Monopolkapitalismus führt notgedrungen zum Krieg zwischen den imperialistischen Staaten. In einer solchen Situation kann die „Kette des Weltkapitalismus" an dessen „schwächsten Glied", dem kapitalistisch am wenigsten entwickelten Land zerbrechen. Die proletarische Revolution muß deshalb nicht in den industriell fortgeschrittensten Staaten ausbrechen, sondern kann auch in wirtschaftlich rückständigen Ländern, z.B. in Rußland, als Fanal zum Ausbruch der Weltrevolution erfolgreich sein.

Parteitheorie

- Der Imperialismus führt durch die Ausbeutung der übrigen Welt und durch seine Ausformung als Monopolkapitalismus zu dem Kapitalismus wesenseigenen Krisen. Gleichzeitig ermöglicht er es der Kapitalistenklasse, das eigene Proletariat durch die zusätzlichen Monopolprofite zu bestechen. Dadurch wählt die Arbeiterklasse einen reformistischen und nationalistischen Weg und verliert ihre revolutionäre und internationalistische Zielsetzung aus den Augen. Aufgabe einer Partei neuen Typs ist es deshalb, dem Proletariat sein Klassenbewußtsein und seine revolutionäre Aufgabe wieder zu vermitteln. Träger dieser Partei sind diejenigen Teile der Intelligenz, die sich die Lehre des Sozialismus zu eigen machen. Diese haben den politischen Kampf des Proletariats und damit die Revolution anzuleiten. In der Partei, deren innerer Zirkel möglichst klein sein sollte, muß jeder Unterschied zwischen Intellektuellen und Arbeitern verschwinden. Die Partei muß aus Berufsrevolutionären gebildet, straff organisiert und auf Disziplin ausgerichtet sein. Die Organisation der Partei selbst muß wegen der politischen Verfolgung geheim sein.

Revolutionstheorie

- Entscheidend für den Sieg der Revolution ist die richtige revolutionäre Taktik. Für bestimmte und begrenzte Ziele muß sich das Proletariat mit denjenigen Klassen verbinden, die für den Augenblick gemeinsame Interessen mit dem

Proletariat haben. Dabei muß aber das Proletariat unter Führung seiner Partei die führende Rolle übernehmen.
Im Falle des halbagrarischen Rußland muß das relativ kleine Proletariat dieses Klassenbündnis mit den landlosen und landarmen Bauern eingehen. Nach dem Sieg der Revolution ist es sein Ziel, die Diktatur des Proletariats unter der Führung der Partei zu errichten. Diese Diktatur bedeutet zwar Demokratie für das Proletariat, aber Diktatur über die Bourgeoisie bzw. über alle der Durchführung der revolutionären Ziele im Wege stehenden Kräfte. Sicherung der sozialistischen Revolution durch die Diktatur des Proletariats bedeutet auch, daß die Bauern an den Sozialismus herangeführt werden müssen. Dies soll durch Modernisierung der Landwirtschaft und durch Vergesellschaftung des Bodens geschehen.

Getreu dem Leitwort von Karl Marx „Es kommt darauf an, die Welt zu verändern" waren diese Theorien nie Selbstzweck, sondern Basis für die Revolutionierung und Umgestaltung Rußlands.

MATERIAL 1 Trotzki über Lenin und die Partei

Es bleibt zu fragen, und es ist keine unwichtige Frage, obwohl sie leichter zu stellen als zu beantworten ist: Welche Entwicklung hätte die Revolution genommen, wenn Lenin im April 1917 Rußland nicht erreicht hätte?

Wenn unsere Darstellung überhaupt etwas beweist und nachweist, so ist es, hoffen wir, dies, daß Lenin nicht Schöpfer des revolutionären Prozesses war, sondern sich nur in die Kette der objektiven historischen Kräfte eingegliedert hat.

Doch war er in dieser Kette ein großes Glied. Die Diktatur des Proletariats ergab sich aus der ganzen Situation. Aber man mußte sie erst errichten. Sie war ohne die Partei nicht zu errichten. Die Partei jedoch konnte ihre Mission nur erfüllen, nachdem sie sie erkannt hatte. Dazu war eben Lenin notwendig. Die Rolle der Persönlichkeit tritt hier vor uns in wahrhaft gigantischem Maßstabe auf. Nur muß man diese Rolle richtig begreifen und die Persönlichkeit als ein Glied der historischen Kette betrachten.

Lenin war kein zufälliges Element der historischen Entwicklung, sondern Produkt der gesamten vergangenen russischen Geschichte. Er war tief in ihr verwurzelt. Gemeinsam mit den fortgeschrittenen Arbeitern hatte er während des vorangegangenen Vierteljahrhunderts ihren ganzen Kampf mitgemacht. „Zufall" war nicht sein Eingreifen in die Ereignisse, sondern eher jener Strohhalm, mit dem Lloyd George ihm den Weg zu sperren versucht hatte.
Lenin stand der Partei nicht von außen gegenüber, sondern er war ihr vollendetster Ausdruck. Indem er sie erzog, erzog er sich an ihr.

(Aus: Leo Trotzki, Geschichte der russischen Revolution [1931], Fischer, Frankfurt/Main 1960, S. 262f., Übers. Alexandra Ramm)

1. Inwiefern war Lenin nach Trotzki „das Produkt der gesamten vergangenen russischen Geschichte"?
2. Erläutern Sie Trotzkis Auffassung von „der Rolle der Persönlichkeit in der Geschichte" am Beispiel Lenins und setzen Sie sich damit auseinander.

MATERIAL 2 Lenins Parteilehre

Wir haben gesagt, daß die Arbeiter ein sozialdemokratisches Bewußtsein *gar nicht haben konnten.* Dieses konnte ihnen nur von außen gebracht werden. Die Geschichte aller Länder zeugt davon, daß die Arbeiterklasse ausschließlich aus eigener Kraft nur ein tradeunionistisches Bewußtsein hervorzubringen vermag, d.h. die Überzeugung von der Notwendigkeit, sich in Verbänden zusammenzuschließen, einen Kampf gegen die Unternehmer zu führen, der Regierung diese oder jene für die Arbeiter notwendigen Gesetze abzutrotzen u.a.m. Die Lehre des Sozialismus ist hingegen aus den philosophischen, historischen und ökonomischen Theorien hervorgegangen, die von den gebildeten Vertretern der besitzenden Klassen, der Intelligenz, ausgearbeitet wurden. Auch die Begründer des modernen wissenschaftlichen Sozialismus, Marx und Engels, gehörten ihrer sozialen Stellung nach der bürgerlichen Intelligenz an. Ebenso entstand auch in Rußland die theoretische Lehre der Sozialdemokratie ganz unabhängig von dem spontanen Anwachsen der Arbeiterbewegung. [...]

Lenin liest die Parteizeitung Prawda

Der politische Kampf der Sozialdemokratie ist viel umfassender und komplizierter als der ökonomische Kampf der Arbeiter gegen die Unternehmer und die Regierung. Genauso (und infolgedessen) muß die Organisation der revolutionären sozialdemokratischen Partei unvermeidlich *anderer Art* sein als die Organisation der Arbeiter für diesen Kampf. Die Organisation der Arbeiter muß erstens eine gewerkschaftliche sein; zweitens muß sie möglichst umfassend sein, drittens muß sie möglichst wenig konspirativ sein (ich spreche natürlich hier und weiter unten nur vom autokratischen Rußland). Die Organisation der Revolutionäre dagegen muß vor allem und hauptsächlich Leute erfassen, deren Beruf die revolutionäre Tätigkeit ist (darum spreche ich auch von der Organisation der *Revolutionäre,* wobei ich die revolutionären Sozialdemokraten im Auge habe). Hinter dieses allgemeine Merkmal der Mitglieder einer solchen Organisation *muß jeder Unterschied zwischen Arbeitern und Intellektuellen,* von den beruflichen Unterschieden der einen wie der anderen ganz zu schweigen, *völlig zurücktreten.* Diese Organisation muß notwendigerweise nicht sehr umfassend und möglichst konspirativ sein. [...]

Und nun behaupte ich: 1. Keine einzige revolutionäre Bewegung kann ohne eine stabile und die Kontinuität wahrende Führerorganisation Bestand haben; 2. je breiter die Masse ist, die spontan in den Kampf hineingezogen wird, die die Grundlage der Bewegung bildet und an ihr teilnimmt, um so dringender ist die Notwendigkeit einer solchen Organisation und um so fester muß diese Organisation sein; 3. eine solche Organisation muß hauptsächlich aus Leuten bestehen, die sich berufsmäßig mit revolutionärer Tätigkeit befassen; 4. je mehr wir die Mitgliedschaft einer solchen Organisation *einengen,* und zwar so weit, daß sich an der Organisation nur diejenigen Mitglieder beteiligen, die sich berufsmäßig mit revolutionärer Tätigkeit befassen und in der Kunst des Kampfes gegen die politische Polizei berufsmäßig geschult sind, um so schwieriger wird es in einem autokratischen Land sein, eine solche Organisation „zu schnappen", und 5. um so breiter wird der Kreis der Personen aus der Arbeiterklasse und aus den übrigen Klassen sein, die die Möglichkeit haben werden, an der Bewegung teilzunehmen und sich in ihr aktiv zu betätigen.

(Aus: W. I. Lenin, Was tun? [1902], Lenin Werke Bd. 5, Dietz, Berlin 1959, S. 385f., 468, 480f.)

MATERIAL 3 Soziale Schichtung in Rußland um 1913

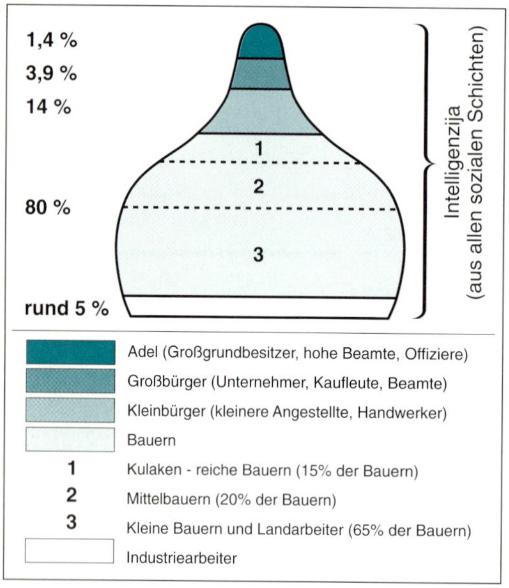

(Nach: Informationen zur politischen Bildung Nr. 178. Kommunistische Ideologie I, S. 21)

MATERIAL 4 Simplicissimus-Karikatur vom 11.2.1924

„Väterchen Lenin, nun sag endlich mal dem Großväterchen Marx: was ist denn eigentlich Marxismus?"

1. Erörtern Sie das Verhältnis von Arbeiterklasse und Intelligenz nach Lenin (Material 2).
2. Erklären Sie die gesellschaftlichen Rahmenbedingungen und den historischen Hintergrund von Lenins Parteitheorie (Material 1 bis 3).
3. Zeigen Sie das Spannungsverhältnis zwischen der Rolle der Partei und der „Diktatur des Proletariats" in Lenins Parteitheorie.
4. Betrachten Sie die Karikatur (Material 4): Erklären Sie, was Leninismus im Unterschied zu Marxismus ist.

MATERIAL 5 Lenin über die Ergebnisse der sozialistischen Revolution, 1920

Solange wir in einem kleinbäuerlichen Land leben, besteht für den Kapitalismus in Rußland eine festere ökonomische Basis als für den Kommunismus. Das darf man nicht vergessen. Jeder, der das Leben auf dem Lande aufmerksam beobachtet und es mit dem Leben in der Stadt verglichen hat, weiß, daß wir den Kapitalismus nicht mit der Wurzel ausgerottet und dem inneren Feind das Fundament, den Boden nicht entzogen haben. Dieser Feind behauptet sich dank dem Kleinbetrieb, und um ihm den Boden zu entziehen, gibt es nur ein Mittel: die Wirtschaft des Landes, auch die Landwirtschaft, auf eine neue technische Grundlage, auf die technische Grundlage der modernen Großproduktion, zu stellen. Eine solche Grundlage bildet nur die Elektrizität. *Kommunismus – das ist Sowjetmacht plus Elektrifizierung* des ganzen Landes. Sonst wird das Land ein kleinbäuerliches Land bleiben, und das müssen wir klar erkennen. Wir sind schwächer als der Kapitalismus, nicht nur im Weltmaßstab, sondern auch im Innern unseres Landes. Das ist allbekannt. Wir haben das erkannt, und wir werden es dahin bringen, daß die wirtschaftliche Grundlage aus einer kleinbäuerlichen zu einer großindustriellen wird. Erst dann, wenn das Land elektrifiziert ist, wenn die Industrie, die Landwirtschaft und das Verkehrswesen eine moderne großindustrielle technische Grundlage erhalten, erst dann werden wir endgültig gesiegt haben.

(Aus: W. I. Lenin, Bericht über die Tätigkeit des Rats der Volkskommissare auf dem VIII. Gesamtrussischen Sowjetkongreß 22.12.1920, Lenin Werke Bd. 31, Dietz, Berlin 1959, S. 513)

1. Erklären Sie Lenins Haltung gegenüber den Bauern.
2. Zeigen Sie, wie Lenin die einmal errungene Macht unumkehrbar machen will.

1.2 Der Weltkrieg als Geburtshelfer der Revolution – die Februarrevolution 1917

Anfang 1917 wurde ohne allzu nennenswerten Widerstand binnen weniger Tage die jahrhundertealte Herrschaft des Zaren beseitigt. Wie kam es zu diesem raschen Zusammenbruch des autokratischen Systems im Februar 1917?

Militärische Niederlagen

● Das militärische System versagte: Der Erste Weltkrieg überforderte die Kräfte Rußlands. Bedeutende militärische Niederlagen hatten, wie im russisch-japanischen Krieg von 1905, die Schwächen des Zarenreichs schonungslos offengelegt. Neu aber war Anfang 1917, daß niemand mehr das System für reformfähig hielt, daß der Zar und sein Hof völlig isoliert waren. Der Zarismus war nur noch eine Autokratie auf tönernen Füßen.

Politische Isolierung des Zaren

● Das politische System versagte: Die Revolutionsereignisse von 1905 hatten das Vertrauen des einfachen Volkes in den Zaren erschüttert; die Rücknahme der politischen Zugeständnisse, die eine konstitutionelle Monarchie in Aussicht gestellt hatten, entfremdeten ihn zudem dem Bürgertum. Sogar zwischen dem Zaren und den privilegierten Schichten, dem Adel und dem Großbürgertum, entstand eine wachsende Kluft. Diese Entwicklung läßt sich vor allem auf den Einfluß der Zarin und des Wunderheilers Rasputin auf Zar Nikolaus II., eine sehr schwache Persönlichkeit, zurückführen. Folgen dieses Einflusses waren eine verfehlte Personalpolitik und ein sich immer schneller drehendes Regierungskarussell mit unfähigen Ministern an der Spitze, Unverständnis gegenüber allen Reformvorschlägen und letztlich die moralische Diskreditierung der Staatsspitze.

● Die grundsätzlich vorhandene Bereitschaft der gehobenen Schichten, wegen ihrer Angst vor den revolutionären Massen mit der Regierung zusammenzuarbeiten, blieb damit ungenützt. Die militärischen Niederlagen während der ersten Monate des Jahres 1915 ermutigten bestimmte Gruppen der Gesellschaft, der Intelligenzia, des Bürgertums, ja sogar des Adels, ihre Unzufriedenheit lauter als bisher zu artikulieren. Hinzu kam, daß viele der vom Zarenreich

Das letzte Zarenpaar, Zar Nikolaus II und Zarin Alexandra Feodorowna, in altrussischer Tracht

Russische Karikatur über Rasputin und das Zarenpaar. Die Aufschrift lautet: Das russische Zarenhaus

Nationale Bestrebungen

im Laufe der Geschichte unterworfenen Völker immer stärker auf Selbstverwaltung drängten. Da diese verweigert wurde, radikalisierten sich die nationalen Bewegungen und arbeiteten auf eine völlige Trennung von Rußland hin.

Soziale Not

● Die Lage der städtischen Massen verschlechterte sich: Die Kriegsnot ließ die Unfähigkeit des Regimes offenkundig werden, insbesondere die Lebensmittelversorgung der Städte zu sichern. Die ab Mitte 1915 einsetzende Streikwelle zeigte deutlich, daß der Unmut über das alte Regime die gesamte städtische Bevölkerung ergriffen hatte. Der Krieg bürdete vor allem der Bevölkerung der großen Städte immer mehr Entbehrung auf; die steigende Inflation traf die unteren Schichten am meisten; die zuvor schon harten Lebens- und Arbeitsbedingungen verschlechterten sich im Laufe des Krieges noch mehr. Arbeiter, die durch den Militärdienst an der Front in den Betrieben fehlten, wurden durch Bauern ersetzt; zugleich stieg der Anteil der Frauen an der Fabrikarbeiterschaft enorm an. Diese in den industriellen Arbeitsprozeß neu eingespannten Arbeitskräfte bildeten ein explosives soziales Gemisch. Ihre Auflehnung gegen Teuerung und Hunger schlug sich zunehmend in spontanen politischen Aktionen – Streiks, Demonstrationen – nieder.

Kriegsmüdigkeit

● Die Unwilligkeit der neuausgehobenen Soldaten (Arbeiter und Bauern), in einen Krieg zu ziehen, der ihnen nichts bedeutete, wuchs: Warum sollten sie für ein Vaterland sterben, das ihnen ein menschenwürdiges Leben vorenthielt? Lag es nicht näher, die Waffen statt gegen den äußeren Feind gegen den verhaßten Zarismus einzusetzen?

Anfang 1917 brach die Lebensmittelversorgung Petrograds wie auch der meisten übrigen industriellen Zentren zusammen. Am 9.1.1917*, dem zwölften Jahrestag der Revolution von 1905, brachen Hungerrevolten aus. Im ganzen Land begannen regimefeindliche Streiks und Demonstrationen; Schwerpunkte dieser Unruhen waren Petrograd und Moskau. Höhepunkt dieser Massenbewegung waren der 22.2. mit einem Streik im bedeutendsten Rüstungsbetrieb Petrograds, den Putilow-Werken, und der 25.2. mit dem Generalstreik unter den zentralen Losungen „Brot" und „Frieden". Der revolutionäre Massenaufruhr der Arbeiterbevölkerung griff in wenigen Tagen auf das ganze Land über. Das Regime versuchte, die revolutionäre Lage durch militärischen Einsatz gegen die Demonstrationen, die Verhaftung linker Politiker und durch die Vertagung des Parlaments, der Duma, zu meistern. Aber diese Versuche scheiterten ebenso kläglich wie politische Reformen in letzter Minute, die beispielsweise in der Einsetzung einer dem Parlament verantwortlichen Regierung bestanden.

Demonstration vor dem Moskauer Rathaus (Februar 1917)

Februarrevolution

Entscheidend für den raschen Zusammenbruch des zaristischen Regimes war, daß es in dieser Phase kaum noch über Anhänger verfügte und daß die auf den Krieg konzentrierte militärische Führung auf die innere Auseinandersetzung mit Regimegegnern völlig unvorbereitet war. So standen in Petrograd keine verläßlichen Elitetruppen zur Verfügung, vielmehr befanden sich in der Hauptstadt hauptsächlich Ausbildungseinheiten mit neueingezogenen Rekruten. Als diese am 27.2. zur Erhebung der Arbeiter überliefen und diese bewaffneten, war das Schicksal der Zarendynastie besiegelt. Am gleichen Tag traten die nach dem Vorbild der Revolution von 1905 gebildeten Arbeiter- und Soldatenräte (Sowjets) erstmals in Petrograd zusammen. Die Meuterei blieb nicht auf die Garnisonstruppen Petrograds beschränkt, schnell erfaßte der Geist des Aufruhrs auch einen großen Teil der Fronttruppen.

Arbeiter- und Soldatenräte

Provisorische Regierung

Aus der Duma heraus bildete sich am 1.3. eine Provisorische Regierung unter Fürst Lwow, die vom Bürgertum und dem reformbereiten Adel getragen wurde. Auf Druck des Petrograder Sowjets wie auch der Provisorischen Regierung mußte Zar Nikolaus II. am 2.3. abdanken und sich in die Internierung begeben. Die russische Republik war geboren, die Revolution hatte gesiegt.

Republik

* In Rußland galt bis Februar 1918 der Julianische Kalender, der im 20. Jahrhundert 13 Tage hinter unserem Gregorianischen Kalender zurückgeblieben war. Der 9. Januar russischer Zeitrechnung entspricht also dem 22. Januar unserer Zeitrechnung. Im folgenden werden sämtliche Daten nach dem russischen Kalender angegeben.

MATERIAL 6 Auszug aus dem Roman „Doktor Schiwago" von Boris Pasternak

Der Held des Romans, Doktor Schiwago, in einem Gespräch im Frühjahr 1917:

Überlegen Sie einmal, was für eine Zeit das ist, in der Sie und ich leben. Nur einmal in der ganzen Ewigkeit kann sich etwas so Unerhörtes ereignen. [...] Ganz Rußland hat wie durch einen gewaltigen Sturm das Dach überm Kopf verloren, und wir stehen nun mit dem ganzen Volke unter dem offenen Himmel im Freien. Niemand überwacht uns mehr. Freiheit! Die echte Freiheit, nicht die der Worte und Forderungen, sondern eine, die gegen alle Erwartungen vom Himmel gefallen ist. Eine Freiheit, die man uns gleichsam aus Versehen, aus einem Mißverständnis gegeben hat! [...]
Der Krieg war eine künstliche Unterbrechung des Lebens. Als könne man die Existenz eine Zeitlang hinausschieben – welch ein fabelhafter Unsinn! Die Revolution hat sich gegen unseren Willen durchgerungen, wie ein Atemzug, der zu lange zurückgehalten wurde. Jedermann lebte auf, wurde wiedergeboren! Überall Verwandlungen, Umwälzungen! Man könnte sagen, daß jeder zwei Revolutionen mitgemacht hat – eine persönliche und die allen gemeinsame. Der Sozialismus kommt mir vor wie ein Meer, in das sich all die individuellen Revolutionen gleich Sturzbächen ergießen, ein Ozean des Lebens, der Freiheit, ein Meer jenes schöpferisch bereicherten, vom Genie inspirierten Lebens, das sich uns in Bildern offenbart. Jetzt haben die Menschen beschlossen, dies Leben nicht mehr aus den Büchern zu erfahren, sondern aus sich selber, nicht in der Abstraktion, sondern in der Wirklichkeit.

(Aus: Boris Pasternak, Doktor Schiwago, Fischer, Frankfurt/Main 1964, S. 166f., Übers. M. Hayward, M. Harari)

1. Welche Revolutionsstimmung kommt in dem Romanauszug zum Ausdruck?
2. Inwiefern ist Revolution für Doktor Schiwago mehr als nur ein Umsturz des politischen Systems?

MATERIAL 7 Die Februarrevolution aus der Sicht des Präsidenten der Duma Rodsjanko

Telegramm an den Zaren, 26.2.1917:
Die Lage ist ernst. In der Hauptstadt ist Anarchie. Die Regierung ist gelähmt. Verkehr, Versorgung und Heizung sind in voller Verwirrung. Die allgemeine Unzufriedenheit wächst. Auf den Straßen wird ordnungslos geschossen. Truppenteile beschießen sich gegenseitig. Es ist unumgänglich nötig, sofort einer Persönlichkeit, die das Vertrauen des Landes genießt, die Bildung einer neuen Regierung anzuvertrauen. Eine Verzögerung ist unmöglich. Jedes Zaudern wäre der Tod. Ich bete zu Gott, daß in dieser Stunde keine Verantwortlichkeit auf den Träger der Krone falle.

(*Nikolaus II. nach dem Erhalt des Telegramms in einem Gespräch mit seinem Hofminister:* Der dicke Rodsjanko hat wieder mal solchen Blödsinn telegraphiert, daß ich gar nicht antworte.)

Telegramm an den Zaren, 27.2.1917:
Die Sitzungen der Reichsduma sind auf Anordnung Euer Majestät bis zum April unterbrochen worden. Das letzte Bollwerk der Ordnung ist beseitigt. Die Regierung ist völlig machtlos und kann der Unordnung nicht Herr werden. Die Truppen der Garnison sind unzuverlässig. Die Reservebataillone der Garderegimenter sind vom Geist der Revolte angesteckt. Sie töten ihre Offiziere. Sie schließen sich dem Pöbel und der Volksbewegung an und marschieren auf das Gebäude des Innenministeriums und der Reichsduma. Der Bürger-

krieg hat begonnen und flammt auf. Geben Sie sofort Anweisung, eine neue Regierung auf der Basis einzuberufen, wie ich sie gestern in meinem Telegramm an Eure Majestät skizziert habe. Geben Sie den Befehl zum Widerruf Ihres Befehls, und berufen Sie die gesetzgebenden Kammern wieder ein. Verkünden Sie diese Maßnahmen sogleich durch ein Allerhöchstes Manifest. Zögern Sie nicht, Majestät. Wenn die Bewegung auf die Armee übergreift, triumphiert der Deutsche, und der Fall Rußlands und damit der Dynastie wird unvermeidlich. Ich beschwöre Eure Majestät im Namen Rußlands, diese Vorschläge zu verwirklichen. Die Stunde, die Ihr Schicksal und das des Vaterlandes entscheiden wird, hat geschlagen. Morgen kann es bereits zu spät sein.

Telegramm an General Alexejew, 1.3.1917:
Das Provisorische Komitee von Mitgliedern der Reichsduma teilt Euer Exzellenz mit, daß der gesamte ehemalige Ministerrat abgesetzt und die Regierungsgewalt zur Zeit auf das Provisorische Komitee der Reichsduma übergegangen ist.

(Aus: Manfred Hellmann [Hrsg.], Die russische Revolution 1917, dtv, München 1964, S. 119–124)

MATERIAL 8 Aufruf des Arbeitersowjets an die Bevölkerung vom 28.2.1917

Das alte Regime hat das Land ruiniert und der Bevölkerung die Hungersnot gebracht. Es war unmöglich, dies länger zu ertragen, und die Bewohner von Petrograd gingen auf die Straße, um ihrem Unwillen Ausdruck zu geben. Sie wurden mit Gewehrsalven empfangen. [...]
Aber die Soldaten wollten nicht gegen das Volk handeln und wandten sich gegen die Regierung. Zusammen mit dem Volk nahmen sie Waffen, Arsenale und die wichtigsten Regierungsgebäude in Besitz.

Der Kampf hat begonnen und muß bis zum Ende durchgekämpft werden. Das alte Regime muß bis zum Ende vollständig beseitigt und der Weg für eine Volksregierung frei gemacht werden. Das ist die Rettung für Rußland. Um in diesem Kampf um die Demokratie erfolgreich zu sein, muß das Volk sein eigenes Regierungsorgan wählen. Gestern, am 27. Februar, wurde in der Hauptstadt ein Sowjet der Arbeiter-Deputierten gebildet, der aus Vertretern der Fabriken, der Werkstätten, der meuternden Truppen und aus demokratischen und sozialistischen Parteien und Gruppen besteht. Der Sowjet, der seinen Sitz in der Duma hat, hat sich selbst zur Aufgabe gemacht, die Volkskräfte zu organisieren und für die Sicherstellung der politischen Freiheit und eine Volksregierung zu kämpfen.

Der Sowjet hat Kommissare ernannt, um die Autorität des Volkes durchzusetzen. Wir fordern die gesamte Bevölkerung der Hauptstadt auf, sich um den Sowjet zu scharen, Lokalkomitees in ihren Bezirken zu organisieren und die Verwaltung der lokalen Angelegenheiten in die eigene Hand zu nehmen. Alle zusammen wollen wir vereint mit unseren Truppen die alte Regierung vollständig vernichten und eine Konstituierende Versammlung auf der Grundlage allgemeiner, gleicher, direkter und geheimer Wahlen einberufen.

(Aus: Manfred Hellmann [Hrsg.], Die russische Revolution 1917, dtv, München 1964, S. 128)

1. Nennen Sie die Ereignisse der Februarrevolution und schließen Sie auf ihre Ursachen. Zeigen sie dabei den Unterschied zwischen Ursache und Anlaß auf.
2. Vergleichen Sie die Zielsetzung des Dumapräsidenten und des Arbeitersowjet.
3. Erörtern Sie, ob es ohne den Ersten Weltkrieg eine Revolution in Rußland gegeben hätte.

1.3 Die Doppelherrschaft – bürgerliche oder sozialistische Revolution?

Die Februarrevolution war das Werk der kriegsmüden und hungernden Massen. Ihre Repräsentanten saßen im Petrograder Sowjet, nicht in der Provisorischen Regierung. Wer sollte die Geschicke des Landes nun bestimmen – die Provisorische Regierung, die eine bürgerliche Demokratie verwirklichen wollte, oder die Sowjets mit ihren letztlich sozialistischen Zielsetzungen?

Petrograder Sowjet

Die Soldaten und Matrosen standen fast einheitlich hinter den Sowjets. Die deswegen durchaus mögliche sofortige Übernahme der Macht durch den Petrograder Sowjet blieb jedoch aus, weil die Arbeitervertreter im Sowjet noch von den Vorstellungen von Karl Marx ausgingen. Man war davon überzeugt, daß die Voraussetzung für den Übergang zum Sozialismus ein ausgereifter Kapitalismus sein müsse. Das gesellschaftlich und wirtschaftlich rückständige Rußland sei deshalb für eine sozialistische Revolution noch nicht reif, der Autokratie müsse eine bürgerlich-demokratische Regierung folgen. Der Sowjet gab sich deshalb damit zufrieden, die aus Bourgeoisie und Intelligenz gebildete Provisorische Regierung zu kontrollieren.

Doppelherrschaft

So unterstellte der Befehl Nr. 1 des Petrograder Sowjets vom 1.3.1917 die Truppen seiner politischen Kontrolle und legte fest, daß die Befehle der Provisorischen Regierung nur dann auszuführen seien, wenn sie zu den Befehlen der Arbeiter- und Soldatensowjets nicht in Widerspruch stünden. Damit war der Anspruch auf eine mit der Provisorischen Regierung konkurrierende Gewalt zum Ausdruck gebracht. Der zaristischen Autokratie folgte die Doppelherrschaft von Provisorischer Regierung und Sowjets. Doppelherrschaft hieß aber nicht Verdoppelung der Macht, sondern Machtverlust der Rußland regierenden Gewalten; die Regierungsautorität wurde permanent in Frage gestellt.

Reformen

Nach der Abdankung des Zaren einigten sich die Provisorische Regierung und die Sowjets vorläufig auf folgende Punkte: sofortige Freilassung aller politisch Verfolgten, Garantierung der bürgerlichen Grundrechte (Redefreiheit, Pressefreiheit, Versammlungsfreiheit und Recht auf politische Betätigung), Abschaffung der Ständeprivilegien und die Vorbereitung einer konstituierenden (verfassungsgebenden) Versammlung, die den endgültigen Charakter des neuen Staates festlegen sollte.

Ausgeklammert blieben in diesen Vereinbarungen die zentralen und umstrittenen Fragen nach der Fortsetzung oder Beendigung des Krieges, nach der Verteilung des Bodens, nach sozialen Verbesserungen für die Arbeiter (Lohnerhöhungen, Einführung des 8-Stundentags), nach der Produktionskontrolle durch die Arbeiter sowie nach der Umgestaltung Rußlands von einem zentral gelenkten in einen föderativen Staat.

Die wichtigsten Reformen wurden von der Provisorischen Regierung nicht in Angriff genommen, weil man die Entscheidung demokratisch gewählter Zentralorgane nicht vorwegnehmen wollte und zudem erst danach trachtete, den Krieg siegreich zu beenden. Rußland war somit nach der Februarrevolution zwar schnell ein Land der fast grenzenlosen politischen Freiheit geworden, aber es besaß in der Phase der Doppelherrschaft keine vom gesamten Volk legitimierten voll handlungsfähigen demokratischen Institutionen. Zudem war nach der Zerschlagung der zaristischen zentralen Verwaltung der Neuaufbau einer die Beschlüsse der Provisorischen Regierung vollziehenden Gewalt (Exekutive) nur schwer möglich; auch der durch seine Unterdrückungsmaßnahmen diskreditierte zaristische Justizapparat brach zusammen, ohne daß eine demokratisch legitimierte Justiz an seine Stelle trat. Die Tatsache, daß die im ganzen Land entstehenden Arbeiter- und Bauernsowjets die Anordnungen der Provisorischen Regierung bewußt mißachteten, führte zu einem weiteren Machtverlust der öffentlichen Gewalt.

Machtverlust der Provisorischen Regierung

Land

Da der Gutsbesitz nicht unverzüglich aufgeteilt wurde, wie es sich die Bauern von der neuen Ordnung erhofft hatten, regelte eine rasch zunehmende Zahl von Bauern die ländlichen Besitzverhältnisse auf eigene Faust. Diese wilde Landnahme, die von der Regierung nicht gebilligt wurde, aber mangels Durchsetzungsmöglichkeiten geduldet werden mußte, löste unter den Soldaten an der Front eine wahre Massenflucht aus, da sie bei der Landaufteilung nicht zu kurz kommen wollten. Die von der Regierung nicht steuerbare Entwicklung auf dem Land hatte daher einen zunehmenden Verfall der Armee zur Folge.

Wilde Landverteilung

Stadt

Die Geschicke Gesamtrußlands wurden aber nicht auf dem Land, sondern in den Städten, vornehmlich in der Hauptstadt Petrograd, entschieden. Dort verlagerten sich die politischen Gewichte von März bis Oktober 1917 immer mehr zugunsten der Interessenvertretungen der Arbeiter. Es erfolgte ein rascher Aufschwung der Gewerkschaften, die gegen Ende 1917 bereits 2 Millionen Mitglieder besaßen, sowie von Fabrikkomitees, die die einzelnen Betriebe kontrollierten. Die Gewerkschaften erkämpften durch Streiks den 8-Stundentag und Lohnerhöhungen, die aber durch die Inflation schnell wieder zunichte gemacht wurden. Die Fabrikkomitees setzten sich die Mitbestimmung über die Produktion als Ziel. Zugleich verschob sich das Parteienspektrum nach links, was zunehmend zu einer Ausschaltung von Konservativen und Liberalen aus dem politischen Kräftespiel führte.

Gewerkschaften, Fabrikkomitees

Angesichts dieser Entwicklung wurde im April die Provisorische Regierung umgebildet. In dem neuen Kabinett waren neben den bürgerlichen konstitutionellen Demokraten (Kadetten) nun auch Vertreter der Sozialrevolutionäre und der Menschewiki, des reformerischen Flügels der Sozialdemokraten, vertreten. Mit der Übernahme des Kriegs-, Landwirtschafts- und Arbeitsministeriums waren nun Vertreter linker Parteien für die Fortführung des Krieges, das Ausbleiben der Bodenreform und die ebenfalls ausbleibende Verbesserung der Lebens- und Arbeitsbedingungen direkt politisch verantwortlich. Solchermaßen als Handlanger der Bourgeoisie angeprangert, verloren Sozialrevolutionäre und Menschewiki politisch an Boden. Nutznießer dieses Prozesses waren die Bolschewiki, der revolutionäre Flügel der russischen Sozialdemokratie.

Lenins Aprilthesen

Auftrieb erhielten die Bolschewiki vor allem durch die Rückkehr Lenins aus dem schweizerischen Exil. Mit seinen „Aprilthesen" formulierte Lenin ein radikales Gegenkonzept sowohl zur bisherigen Politik der Provisorischen Regierung als auch zur Haltung der die Regierungspolitik kontrollierenden Sowjets.

Lenin forderte die Fortführung der Revolution statt der Fortführung des Krieges, sofortige soziale Reformen in Stadt und Land statt weiteren Reformaufschubs, also Verstaatlichung des Bodens und Kontrolle der Industrie durch die Arbeiter. Der wichtigste Punkt war die Forderung, die bisherige Doppelherrschaft von Provisorischer Regierung und Sowjets (Räte) durch die ausschließliche Herrschaft der Räte zu ersetzen. Mit dem Schlagwort „Alle Macht den Räten" sollte die Unterstützung der Provisorischen Regierung beendet werden. Die Aprilthesen Lenins wurden durch eine intensive bolschewistische Agitation rasch verbreitet.

„Alle Macht den Räten"

Der neue Kriegsminister Kerenski setzte unterdessen den Krieg fort. Einerseits wollte er der Allianz demokratischer Mächte gegen das reaktionäre Deutschland nicht in den Rücken fallen, andererseits schien der Sieg nach dem Kriegseintritt der USA nur noch eine Frage der Zeit zu sein. Eine am 19.6.1917 einsetzende russische Offensive scheiterte aber rasch und legte die Unfähigkeit und die Unwilligkeit der Armee offen zu Tage. Die schwere Niederlage führte im Juli 1917 zu einem bewaffneten Aufstand in Petrograd, an dessen Spitze nach anfänglichem Zögern die Bolschewiki standen. Lenins Ansicht, daß dieser Aufstand zu früh kam, erwies sich als richtig. Im Petrograder Sowjet besaßen gemäßigte Sozialrevolutionäre und Menschewiki die Mehrheit, vergeblich forderte die Arbeiterschaft den Sowjet auf, die Macht zu übernehmen. Der Aufstand wurde niedergeschlagen, viele Bolschewiki wurden verhaftet, Lenin selbst mußte in ein Versteck nach Finnland fliehen. Kerenski löste Fürst Lwow als Ministerpräsident ab.

Julikrise

MATERIAL 9 **Karikatur**

Zeitgenössische russische Karikatur:
„Vorwärts, in die Offensive!"

MATERIAL 10 **An der Front**

Verbrüderung zwischen einem österreichischen und einem russischen Soldaten

1. Wie läßt sich der Widerstand der Soldaten gegen die Fortsetzung des Krieges erklären?

MATERIAL 11 Manifest der Provisorischen Regierung vom 3.3.1917

Mitbürger! [...] Die Regierung glaubt, daß der Geist hoher Vaterlandsliebe, den das Volk im Kampf gegen die alte Regierungsform bewies, auch die tapferen Soldaten auf den Schlachtfeldern beseelen wird. Die Regierung ihrerseits wird ihr möglichstes tun, um der Armee alles Notwendige zu sichern, damit sie den Krieg zu einem siegreichen Ende führen kann. Die Regierung wird alle uns mit den anderen Mächten verbindenen Bündnisse treu bewahren. Indem die Regierung die unumgänglich notwendigen Maßregeln für die Verteidigung des Landes gegen den auswärtigen Feind ergriff, sah sie es als erste Pflicht an, dem Volke den Ausdruck des Willens hinsichtlich der politischen Regierungsform in jeder Weise zu erleichtern. Sie wird baldmöglichst eine konstituierende Versammlung auf Grund des allgemeinen Wahlrechts berufen, wobei sie den tapferen Vaterlandsverteidigern einen Anteil an den Parlamentswahlen sichern wird. Die Konstituierende Versammlung wird auch ein Grundgesetz veröffentlichen, welches dem Lande die unantastbaren Rechte der Freiheit und Gleichheit sichern wird. [...] Indem die Provisorische Regierung an der Lösung dieser Frage arbeitet, glaubt sie, daß sie den Willen des Volkes ausführt.

(Aus: Manfred Hellmann [Hrsg.], Die russische Revolution 1917, dtv, München 1964, S. 153f.)

MATERIAL 12 Lenins Aprilthesen

1. In unserer Stellung zum Krieg, der von seiten Rußlands auch unter der neuen Regierung Lwow und Co. – infolge des kapitalistischen Charakters dieser Regierung – ein räuberischer imperialistischer Krieg bleibt, sind auch die geringsten Zugeständnisse an die „revolutionäre Vaterlandsverteidigung" unzulässig. Einem revolutionären Krieg, der die revolutionäre Vaterlandsverteidigung wirklich rechtfertigen würde, kann das klassenbewußte Proletariat nur unter folgenden Bedingungen zustimmen: a) Übergang der Macht in die Hände des Proletariats und der sich ihm anschließenden ärmsten Teile der Bauernschaft; b) Verzicht auf alle Annexionen in der Tat und nicht nur in Worten; c) tatsächlicher und völliger Bruch mit allen Interessen des Kapitals. [...]

2. Die Eigenart der gegenwärtigen Lage in Rußland besteht im *Übergang* von der ersten Etappe der Revolution, die infolge des ungenügend entwickelten Klassenbewußtseins und der ungenügenden Organisiertheit des Proletariats der Bourgeoisie die Macht gab, zur zweiten Etappe der Revolution, die die Macht in die Hände des Proletariats und der ärmsten Schichten der Bauernschaft legen muß. [...]

3. Keinerlei Unterstützung der Provisorischen Regierung, Aufdeckung der ganzen Verlogenheit aller ihrer Versprechungen, insbesondere hinsichtlich des Verzichts auf Annexionen. Entlarvung der Provisorischen Regierung statt der unzulässigen, Illusionen erweckenden „Forderung", *diese* Regierung, die Regierung der Kapitalisten, solle *aufhören,* imperialistisch zu sein.

4. [...] Aufklärung der Massen darüber, daß die Sowjets der Arbeiterdeputierten die einzig mögliche Form der revolutionären Regierung sind und daß daher unsere Aufgabe, solange sich diese Regierung von der Bourgeoisie beeinflussen läßt, nur in geduldiger, systematischer, beharrlicher, besonders den praktischen Bedürfnissen der Massen angepaßten *Aufklärung* über die Fehler ihrer Taktik bestehen kann.

5. Keine parlamentarische Republik – von den Sowjets der Arbeiterdeputierten zu dieser zurückzukehren wäre ein Schritt rückwärts –, sondern eine Republik der Sowjets der Arbeiter-, Landarbeiter- und Bauerndeputierten im ganzen Lande, von unten bis oben. [...]

6. Im Agrarprogramm Verlegung des Schwergewichts auf die Sowjets der Landarbeiterdeputierten.
Konfiskation aller Gutsbesitzländereien. Nationalisierung des gesamten Bodens im Lande; die Verfügungsgewalt über den Boden liegt in den Händen der örtlichen Sowjets der Landarbeiter- und Bauerndeputierten. Bildung besonderer Sowjets von Deputierten der armen Bauern. Errichtung von Musterwirtschaften auf öffentliche Kosten. [...]

7. Sofortige Verschmelzung aller Banken des Landes zu einer Nationalbank und Errichtung der Kontrolle über die Nationalbank durch den Sowjet der Arbeiterdeputierten.

8. Nicht „Einführung" des Sozialismus als unsere unmittelbare Aufgabe, sondern augenblicklich nur Übergang zur Kontrolle über die gesellschaftliche Produktion und die Verteilung der Erzeugnisse durch den Sowjet der Arbeiterdeputierten. [...]

(Aus: W. I. Lenin, Werke, Bd. 24, Dietz, Berlin 1959, S. 3ff.)

1. Inwiefern verkennt die Provisorische Regierung die Stimmung im Volk (Material 11)?
2. Skizzieren Sie die von Lenin angestrebte politische, gesellschaftliche und wirtschaftliche Ordnung.
3. Erörtern Sie die zweite These Lenins auf dem Hintergrund seiner Parteitheorie; ziehen Sie zur Beantwortung auch Material 2 heran.
4. Vergleichen Sie Lenins Aprilthesen mit den Forderungen der provisorischen Regierung.

MATERIAL 13 Aus der Resolution des Kongresses der Völker Rußlands (6.–15.9.1917)

Ein grundlegender Mangel der staatlichen Ordnung Rußlands, sowohl unter dem alten Regime wie nach der Revolution, besteht in der übermäßigen Zentralisation der gesetzgebenden und ausführenden Gewalt. Der auf diesem Grundsatz beruhende staatliche Mechanismus kann nicht normal arbeiten und behindert die Entwicklung des Staates. Angesichts der großen wirtschaftlichen Verschiedenheit der Gebiete und Völker Rußlands wirkt der staatliche Zentralismus hemmend auf die Entfaltung der wirtschaftlichen Selbständigkeit der Bevölkerung und führt zu einer Ausbeutung der Randgebiete. [...]
Um den Staat von der drohenden Katastrophe zu retten, muß man ihn auf völlig neuen Grundlagen reorganisieren, die eine Zentralisation ausschließen. [...] Eine breite Teilnahme der Bürger am staatlichen Leben – ein Grundsatz der gegenwärtigen Demokratie – ist nur bei einem föderativen Staatsaufbau möglich. [...] Angesichts der zahlreichen, ihrer Eigenart mehr oder weniger bewußten Völker, mit einer verschiedenen Volkskultur, einer historischen Vergangenheit und einer eigenen wirtschaftlichen Entwicklung [...] kann die Föderation nur auf nationaler Grundlage errichtet werden. [...] Über das ganze Reich verstreute Völker ohne eigenes festes Territorium, wie etwa die Juden, erhalten das Recht auf eine exterritorial-personelle Autonomie. [...]
Der Kongreß beschließt einstimmig: Rußland soll eine Föderative Demokratische Republik sein.

(Aus: Oskar Anweiler, Die Russische Revolution 1905–1921, Klett, Stuttgart 1971, S. 33)

1. Mit welchen Argumenten begründet der Kongreß seine Forderung nach einem föderativen Staatsaufbau?

1.4 Die Große Sozialistische Oktoberrevolution – mehr als nur ein Staatsstreich?

Wendepunkt der Weltgeschichte?

„Die Sache, von der zu reden ist, trägt viele Namen, und keiner dieser Namen deckt sie ganz: Coup d'état, Aufstand, Umsturz oder ‚Große Sozialistische Oktoberrevolution'; Verschwörung einer Minderheit oder ‚Zehn Tage, die die Welt erschütterten'; action directe einer Handvoll entschlossener Täter oder ‚der Rote Oktober – ein Wendepunkt der Weltgeschichte'. Die Differenzen sind groß." (Der Historiker Dietrich Geyer)

Im Herbst 1917 stellte sich zunehmend die Frage, wie lange das brüchige Gleichgewicht zwischen der reformunwilligen oder -unfähigen Provisorischen Regierung und der immer stärker werdenden, aber vor der Machtübernahme zaudernden Sowjets noch aufrechterhalten werden konnte. War der Einfluß der Bolschewiki durch den Juli-Putsch wirklich gebrochen?

Machtzuwachs der Bolschewiki

Als Folge der politischen Unentschlossenheit der Menschewiki und der Sozialrevolutionäre kam es im August und September zu einer Polarisierung in den Arbeiter- und Soldatenräten und zu einem Linksrutsch. Die Bolschewiki beherrschten nun die wichtigsten Sowjets in Petrograd und Moskau. Außerdem wurden ihre Parteigänger zum Schutz des bestehenden Staates gegen befürchtete konterrevolutionäre Putschversuche legal bewaffnet. „Auf diese Weise wurden Männer zu Feuerwehrleuten gemacht, die gestern noch Brandstifter gewesen waren", so der amerikanische Historiker Richard Pipes. Die Politikverdrossenheit weiter Teile der Bevölkerung stärkte zudem diejenigen Kräfte, die zielstrebig an die Macht drängten.

Leo Trotzki

Leo Trotzki, erst Mitte 1917 zu den Bolschewiki gestoßen, wurde am 22.9.1917 Vorsitzender des Petrograder Sowjets und nahm damit eine Funktion ein, die er bereits in der Revolution von 1905 besessen hatte. Ihm fiel nun die Aufgabe zu, den Griff nach der Macht zu organisieren. Erst im Oktober kehrte Lenin wieder nach Petrograd zurück. Er drängte seine Partei, den Mut zur alleinigen, totalen Regierungsmacht zu haben, die schwache Position der Regierung auszunutzen und den Umsturz zu wagen. Den immer noch zögernden, vom Erfolg und der Durchsetzungskraft ihrer Partei nicht ganz überzeugten Parteigenossen hielt er entgegen, daß, wenn der Zar mit 150 000 Beamten Rußland hätte regieren können, die Bolschewiki mit ihren nunmehr 250 000 Mitgliedern dies auch könnten.

Oktoberrevolution

Am 22.10.1917 (nach dem gregorianischen Kalender am 4.11.) übernahm das „Militärrevolutionäre Komitee" des Petrograder Sowjets unter der Führung Trotzkis die Befehlsgewalt über die Garnison der Hauptstadt. Deren Soldaten entschieden nun wie im Februar das Schicksal des Landes. In der Nacht vom 24. zum 25.10.1917 nahmen Truppenteile, die sich dem Sowjet unterstellten, sowie „Rote Garden", also bewaffnete Arbeiter, die wichtigsten strategischen Punkte der Stadt ein. Sie stürmten den nur schwach verteidigten Regierungssitz, das Winterpalais. Tags darauf wurden die Mitglieder der Regierung verhaftet. Lediglich Ministerpräsident Kerenski konnte fliehen. Die Machtübernahme durch die Bolschewiki, die Oktoberrevolution, erfolgte so reibungslos, daß die

Rote Garden

Das bekannte Bild, das Lenin auf der Rednertribüne in Moskau zeigt, wurde in sowjetischen Veröffentlichungen unvollständig wiedergegeben; die Figur Trotzkis (rechts neben der Rednertribüne, 1929 exiliert, 1940 ermordet) fehlte.

meisten Bürger Petrograds erst aus den Zeitungen von dem Umsturz erfuhren. Der 2. Allrussische Sowjetkongreß, in dem die Bolschewiki zusammen mit den ihnen verbundenen linken Sozialrevolutionären die Mehrheit hatten, bestätigte noch am Abend des 25. Oktober die Machtübernahme. Menschewiki und rechte Sozialrevolutionäre, die nicht bereit waren, den bolschewistischen Staatsstreich anzuerkennen, verließen den Kongreß.

Rat der Volkskommissare

Die neue Regierung nannte sich „Rat der Volkskommissare". Lenin lehnte eine Teilung der Macht mit anderen politischen Kräften ab. Er selbst übernahm den Vorsitz in der nur aus Bolschewiki gebildeten Regierung, Trotzki das Ressort für Außenpolitik, Stalin wurde zuständig für Nationalitätenfragen.

„Dekret über den Frieden"

Die Eroberung der Macht durch die Bolschewiki war relativ leicht vor sich gegangen. Die Erhaltung der Macht und die revolutionäre Umgestaltung des Landes erwies sich als die weitaus schwierigere Aufgabe. Die größte Hoffnung Lenins, daß die bolschewistische Machtübernahme in Rußland der Auftakt zur Weltrevolution sein würde, erfüllte sich nicht. Das noch am 26.10.1917 verkündete „Dekret über den Frieden" bot allen kriegführenden Ländern sofortige Verhandlungen über einen gerechten Frieden an; es fand aber weder bei den Regierungen noch den Völkern ein nennenswertes Echo. Besonders die von Lenin erwartete Revolution in Deutschland blieb aus, der Krieg ging weiter. Der „revolutionäre Krieg" des neuen Systems scheiterte an der mangelnden Kampfbereitschaft der russischen Soldaten. Lenin war daraufhin, früher als die meisten anderen führenden Bolschewiki, bereit, weite Teile des Landes den Deutschen zu opfern. Sein Hauptziel war eine Atempause, um die einmal errungene Macht zu behaupten; aus diesem Grund akzeptierte er am 3.3.1918 den Diktatfrieden von Brest-Litowsk. In diesem mußte Rußland unter anderem auf die Ukraine, das Baltikum, Finnland und Georgien verzichten und sich zu hohen Reparationsleistungen verpflichten.

Frieden von Brest-Litowsk

Mit diesem Frieden hatte Lenin, wenn auch verspätet, einen der Hauptpunkte seiner April-Thesen, Beendigung des Krieges, erfüllt. Nicht eingelöst wurde hingegen das wichtigste Schlagwort der April-Thesen: „Alle Macht den Räten". Die Lenkung des neuen Staates wurde nicht den Räten, sondern der Führung der bolschewistischen Partei übertragen. Die Räteidee, eine sozialistische Politik ohne Festlegung auf eine bestimmte Parteilinie zu verfolgen, wurde fallengelassen, das bolschewistische Machtmonopol rigoros durchgesetzt.

Bolschewistisches Machtmonopol

Lenin erlaubte noch, daß am 11.11.1917 die bereits am 8.8.1917 angesetzten Wahlen zur Verfassunggebenden Versammlung (Konstituante) stattfanden. Diese ersten und für über siebzig Jahren zugleich letzten freien, allgemeinen und gleichen Wahlen des russischen Volkes ergaben für die Bolschewiki nur 25 %, dagegen für alle anderen sozialistischen Parteien 62 % und für die bürgerlichen Parteien 13 % der Stimmen. Von 715 Abgeordneten waren lediglich 183 Bolschewiki. Lenin sprach daraufhin von einem Mißverhältnis zwischen dem Resultat der Wahlen zur Verfassunggebenden Versammlung und dem inzwischen fortgeschrittenen Volkswillen und ließ die am 5.1.1918 in Petrograd zusammengetretene Konstituante mit Waffengewalt auflösen. Als die Abgeordneten nach Hause zurückkehrten, blieb der Aufstand der getäuschten Wähler aus. Dies erklärt sich aus den ersten für die Massen positiven Reformmaßnahmen, die die Bolschewiki erließen, und aus den nun bereits einsetzenden rigorosen Kampfmaßnahmen gegen die politische Opposition.

Wahlen zur Verfassunggebenden Versammlung

„Umsturzdekrete" sollten noch im Jahr 1917 die Macht festigen. Mit dem „Dekret über den Grund und Boden" vom 26.10.1917 ging der private Grundbesitz entschädigungslos in die Verwaltung von Dorfagrarkomitees und Kreisbauernsowjets über. Jeder Landbewohner hatte das Recht auf einen Anteil am Boden. Es entstanden kleine Privatwirtschaften, der Landhunger der Bauern war damit befriedigt.
Mit dem „Dekret über die Arbeiterkontrolle" vom 14.11.1917 wurde keine sofortige Verstaatlichung der Industriebetriebe angestrebt, sondern lediglich eine Kontrolle der Unternehmen durch die Arbeiter. Dadurch sollten diese von den Kapitalisten lernen, wie man eine moderne Industrie organisiert und leitet. Da die Zusammenarbeit zwischen Unternehmern und Arbeitern aber nicht funktionierte, wurde die Industrie zunehmend verstaatlicht. Dieser Prozeß war bereits Mitte 1918 abgeschlossen.

Umsturzdekrete

Am 7.12.1917 wurde die „Außerordentliche Kommission für den Kampf gegen die Konterrevolutionäre und Sabotage" (Abkürzung: Tscheka) gegründet, die mit zunehmender Brutalität die politische Opposition ausschaltete. Die Tscheka bildete den bewaffneten Arm der neuen Machthaber nach innen. Die Bolschewiki, die auch nach der „Oktoberrevolution" nur schwach in den Dörfern vertreten waren, drängten mit ihrer Hilfe die dominierenden Sozialrevolutionäre und Menschewiki systematisch aus den Sowjets heraus. So errangen sie mit Gewalt überall das Machtmonopol. Die von Trotzki geschaffene Rote Armee bildete den bewaffneten Arm nach außen. Sie war politisch auf das neue Regime verpflichtet und ersetzte die aufgelöste alte Armee.

Tscheka

Rote Armee

Das Jahr 1917 hatte Rußland radikal verändert. War Rußland Anfang 1917 noch ganz von der Autokratie des Zaren geprägt gewesen mit veralteten, verkruste-

Das Jahr 1917

ten politischen und gesellschaftlichen Strukturen, so hatte es sich bis Mitte 1917 zu einem der freiheitlichsten Länder der Welt entwickelt. Allerdings war es noch ohne feste demokratische Institutionen und suchte nach neuen politischen und gesellschaftlichen Strukturen. Ende 1917 hatten sich bereits die Bolschewiki etabliert; nach ihrem Selbstverständnis nahm die Sowjetmacht die Vorreiterrolle für die gesamte Welt ein, wo sich über kurz oder lang die politischen und gesellschaftlichen Strukturen wie in Rußland verändern würden.

MATERIAL 14 **Lenins Brief an die Mitglieder des Zentralkomitees der bolschewistischen Partei vom 24.10.1917**

Genossen! Ich schreibe diese Zeilen am 24. abends. Die Lage ist über alle Maßen kritisch. Es ist sonnenklar, daß jetzt eine Verzögerung des Aufstands schon wahrhaftig den Tod bedeutet. Unter Aufbietung aller Kräfte bemühe ich mich, die Genossen zu überzeugen, daß jetzt alles an einem Haar hängt, daß auf der Tagesordnung Fragen stehen, die nicht durch Konferenzen, nicht durch Kongresse (selbst nicht durch Sowjetkongresse) entschieden werden, sondern ausschließlich durch die Völker, durch die Masse, durch den bewaffneten Kampf der bewaffneten Massen. [...]

Man muß um jeden Preis heute abend, heute nacht die Regierung verhaften, nachdem man die Offiziersschüler entwaffnet hat (sie besiegt hat, wenn sie Widerstand leisten) usw.

Man darf nicht warten!!
Man kann alles verlieren!! [...]

Eine Verzögerung wird die Geschichte den Revolutionären nicht verzeihen, die heute siegen können (und heute bestimmt siegen werden), während sie morgen Gefahr laufen, vieles, ja alles zu verlieren. [...]

Die Regierung wankt. Man muß ihr *den Rest geben,* koste es, was es wolle!

Eine Verzögerung der Aktion bedeutet den Tod.

(Aus: W. I. Lenin, Werke Bd. 26, Dietz, Berlin 1961, S. 223f.)

MATERIAL 15 **Der amerikanische Kommunist John Reed berichtet über die Sitzung des II. Allrussischen Sowjetkongresses am 26.10.1917 während des Aufstandes der Bolschewiki**

Es war genau 8 Uhr 40, als ein Ausbruch jubelnder Begeisterung den Eintritt des Präsidiums, mit Lenin – dem großen Lenin – in seiner Mitte, ankündigte. Eine untersetzte Gestalt mit großem, auf stämmigem Hals sitzendem Kopf, ziemlich kahl. Kleine bewegliche Augen, großer sympathischer Mund und kräftiges Kinn; jetzt rasiert, der bekannte Bart jedoch, den er fortan wieder tragen würde, schon wieder sprossend. In abgetragenem Anzug, mit Hosen, viel zu lang für ihn. Zu unauffällig, um das Idol eines Mobs zu sein, aber doch geliebt und verehrt wie selten ein Führer in der Geschichte. Ein Volksführer eigner Art – Führer nur dank der Überlegenheit seines Intellekts; nüchtern, kompromißlos und über den Dingen stehend, ohne Effekthascherei – aber mit der Fähigkeit, tiefe Gedanken in einfachste Worte zu kleiden und konkrete Situationen zu analysieren. Sein Scharfsinn ist verbunden mit der größten Kühnheit des Denkens.

Kamenew gab den Bericht über die Aktionen des Revolutionären Militärkomitees: Abschaffung der Todesstrafe in der Armee, Wiederherstellung der Propagandafreiheit, Freilassung der wegen politischer Vergehen verhaftet gewesenen Offiziere und Soldaten, Erlaß eines

Haftbefehls gegen Kerenski, Beschlagnahme der Lebensmittelvorräte in den privaten Warenhäusern. [...] Ungeheurer Beifall.

Noch einmal ein Vertreter vom „Bund" (jüdische Sozialdemokratische Partei): „Die unnachgiebige Haltung der Bolschewiki wird den Zusammenbruch der Revolution zur Folge haben. Die Delegierten des Bundes sehen sich daher gezwungen, aus dem Kongreß auszuscheiden." Zurufe aus der Versammlung: „Wir meinten, ihr seiet schon gestern gegangen. Wie oft gedenkt ihr uns noch zu verlassen?" [...]

Und nun stand Lenin vorn, die Hände fest an den Rand des Rednerpultes gekrampft, seine kleinen blinzelnden Augen über die Menge schweifen lassend, wartend, bis der minutenlange, ihm offensichtlich gleichgültige Beifallssturm sich gelegt haben würde. Als er endlich beginnen konnte, sagte er einfach: „Wir werden jetzt mit dem Aufbau der sozialistischen Ordnung beginnen." Und wieder raste wilder Begeisterungssturm durch den Saal. [...]

Lenin verlas das Dekret über den Grund und Boden:

„1. Das Eigentum der Gutsbesitzer an Grund und Boden wird unverzüglich ohne jede Entschädigung aufgehoben.

2. Die Güter der Gutsbesitzer sowie alle Kron-, Kloster- und Kirchenländereien mit ihrem gesamten lebenden und toten Inventar, ihren Wirtschaftsgebäuden und allem Zubehör gehen bis zur Konstitutierenden Versammlung in die Verfügungsgewalt der Bezirksbodenkomitees und der Kreissowjets der Bauerndeputierten über.

3. Jegliche Beschädigung des beschlagnahmten Besitzes, der von nun an dem ganzen Volke gehört, wird als schweres Verbrechen erachtet, das vom Revolutionsgericht zu ahnden ist. Die Kreissowjets der Bauerndeputierten ergreifen alle erforderlichen Maßnahmen zur Wahrung der strengsten Ordnung bei der Beschlagnahme der Güter der Gutsbesitzer, zur Feststellung, welche Grundstücke und Grundstücke welchen Umfangs der Beschlagnahme unterliegen, zur Aufstellung eines genauen Verzeichnisses des gesamten der Beschlagnahme unterliegenden Besitzes und zur strengsten revolutionären Bewachung der ganzen ins Eigentum des Volkes übergehenden Wirtschaft mit allen Baulichkeiten, Geräten, Vieh, Lebensmittelvorräten und so weiter. [...]

5. Der Boden der einfachen Bauern und einfachen Kosaken unterliegt nicht der Beschlagnahme.

Das ist nicht", erklärte Lenin, „das Projekt des ehemaligen Ministers Tschernow, der sich auf Reformen von oben beschränkte. Die Fragen der Aufteilung des Landes werden vielmehr von unten, an Ort und Stelle entschieden werden. Die Menge von Land, die jeder Bauer erhält, wird entsprechend den örtlichen Bedingungen verschieden sein ..."

Punkt zwei Uhr erfolgte die Abstimmung über das Landdekret. Nur eine Stimme war dagegen. [...] Die Bauerndelegierten waren außer sich vor Freude. So stürmten die Bolschewiki vorwärts, unwiderstehlich, ohne Zögern, alle Opposition niederwerfend; die einzigen in Rußland, die ein klar umrissenes Aktionsprogramm besaßen, während die anderen Parteien acht Monate hindurch nur geredet hatten.

(Aus: John Reed, Zehn Tage die die Welt erschütterten, Rowohlt, Reinbek 1967, S. 180ff., Übers. Will Schulz)

1. Untersuchen Sie anhand der Materialien 14 und 15 die Wesensmerkmale der Oktoberrevolution und vergleichen Sie diese mit denjenigen der Februarrevolution.
2. Welche Bedeutung hatten das Friedensdekret und das Landdekret für das Gelingen der Revolution?

MATERIAL 16 Unterschiedliche Urteile über die Oktoberrevolution

Der deutsche Historiker Dietrich Geyer, 1968:

Zweifellos war der Sturz Kerenskis ein glänzender Erfolg der von Trotzki entwickelten Technik der Machteroberung. Aber gerade die Leichtigkeit, mit der dies geschah, weist über das bloße Technische hinaus. Die Garnisonsregimenter, die den bolschewistischen Parolen folgten, waren kein Potential, das militärische Belastungen auszuhalten fähig gewesen wäre. Auch an der Kampffähigkeit der Arbeitermiliz und der Roten Garden mochte sich zweifeln lassen. Es zeigte sich, daß der Grund des Erfolgs nicht in den militärischen Mitteln lag, die das Revolutionäre Militärkomitee zur Verfügung hatte.

Der Machtwechsel in Petrograd war vielmehr Ergebnis eines Sieges, den die Bolschewiki zuvor auf *politischem* Feld errungen hatten, auf dem Boden jener Rätedemokratie, deren Prinzipien sie negierten und deren Apparat sie nicht entbehren konnten. Erst die Eroberung des Petrograder Sowjets hatte die Organisation des Coup d'état möglich gemacht. Der Gegner konnte entwaffnet werden, weil er politisch schon entwaffnet war.

Umgekehrt ließ sich die Macht nicht behaupten, wenn sie sich politisch nicht sichern ließ. Die Kunst des Aufstands war das Produkt politischer Kunst, das Resultat einer Politik, deren plebiszitärer Grundzug schwerlich angefochten werden kann. [...] Waffenstillstand und Landaufteilung: Gegenüber diesem Sofortprogramm gab es im Oktober keine politische Alternative mehr, die glaubwürdig hätte werden können. In dieser Tatsache lag eine zwingende Gewalt. Nicht nur die Provisorische Regierung, auch die Rätedemokratie ist an ihr zugrunde gegangen.

Der Generalsekretär der KPdSU Michail Gorbatschow, 1987:

Sieben Jahrzehnte trennen uns von den unvergeßlichen Tagen des Oktober 1917. Von jenen legendären Tagen, die eine neue Epoche des gesellschaftlichen Fortschritts, der wahren Geschichte der Menschheit eingeleitet haben. Die Oktoberrevolution war in der Tat eine Sternstunde der Menschheit, ihre Morgenröte. Bei der Oktoberrevolution handelte es sich um eine Revolution des Volkes und für das Volk, für den Menschen, für seine Befreiung und Entwicklung.

Das Jahr 1917 hat gezeigt, daß die Wahl zwischen Sozialismus und Kapitalismus die soziale Alternative unserer Epoche ist und daß es im 20. Jahrhundert kein Vorwärts gibt, wenn man nicht einer höheren Form der sozialen Organisation, dem Sozialismus, entgegengeht. [...] Der Februar war die wichtigste historische Etappe auf dem Wege zum Oktober.

In den komplizierten Auseinandersetzungen der Klassen, die an der Februarrevolution beteiligt waren, erkannte Lenin in genialer Weise die sich eröffnenden Möglichkeiten für den Sieg einer sozialistischen Revolution. Die Aprilthesen waren wissenschaftliche Voraussicht und das Musterbeispiel für ein revolutionäres Aktionsprogramm unter diesen historischen Bedingungen. Lenin zeigte nicht nur die Logik des Hinüberwachsens der bürgerlich-demokratischen Revolution in die sozialistische, sondern auch die Form auf, in der sich dieser Prozeß vollziehen sollte – über die Sowjets und ihre Bolschewisierung, die darauf hinauslief, dem Volk, den Massen zu helfen, den Sinn ihres eigenen Kampfes zu begreifen und die Revolution in ihrem eigenen Interesse bewußt zu vollbringen. [...]

Die Oktoberrevolution war ein machtvolles Aufbegehren von Millionen Menschen, in dem die grundlegenden Interessen der Arbeiterklasse, die in Jahrhunderten gehegten Hoffnungen und Wünsche der Bauernschaft, der Friedenswille der Soldaten und Matrosen und die unbezwingbare Sehnsucht der Völker des multinationalen Rußland nach Freiheit und Licht zu einer Einheit verschmolzen.

Der russische Publizist Wladimir Miljutenko, 1992:

Nein, der Rote Oktober war kein Zufall oder Fehler der Geschichte. Im Jahre 1917 hatte das zur Verzweiflung getriebene Volk zum Sturm auf die Festen des despotischen Systems geblasen. Es war begeistert von der Hoffnung auf ein besseres Leben und von der einfachen und verständlichen Losung der Bolschewiki: Frieden, Freiheit, Gerechtigkeit und Brüderlichkeit.

Doch die Entwicklung hat einen anderen Weg eingeschlagen. Im Lande fehlte es an kompetenten, gebildeten und sozial verantwortlichen Kräften, die die Macht im Namen eines ruhigen Lebens für das Volk und des sozialen Fortschritts hätten ergreifen können. Die sich gerade erst entwickelnde russische Bourgeoisie wollte sie nicht. [...] Doch die frühere Machtlosigkeit verstärkte das Machtstreben derjenigen, die sie besser nicht errungen hätten.

Befürworter des sozialistischen Experiments: Bolschewiki, Menschewiki und Sozialrevolutionäre. Den Weg und sein letztendliches Ziel sahen sie unterschiedlich, doch die Richtung der Bewegung – der Sozialismus – war unumstritten. Die Geschichte hat ihnen das Los bestimmt, sich in einen tödlichen Kampf um revolutionäre Gerechtigkeit, Reinheit und Dogmen, einfach gesagt, um die Macht zu verstricken. [...]

Aber das wichtigste Ergebnis ist, daß das sozialistische Experiment nicht glückte. [...] Für eine Demokratie fehlten die Grundlagen, die in diesem Land weder im Feudalismus noch im Frühkapitalismus geschweige denn in der sie ablehnenden Revolution gelegt worden waren. [...] Gewalt wurde zur Hauptmethode, alle Widersprüche und Probleme zu lösen.

Die Behauptung, daß der Bolschewismus unser Land in eine Sackgasse geführt hat, ist keine Übertreibung. Unter den konkreten Bedingungen Rußlands verflochten sich Autoritarismus, die Neigung zu Utopien, eine spekulative politische Theorie, Sklavenmentalität sowie ein Gewirr verschiedener kultureller Epochen und ökonomischer Strukturen.

(Aus: Dietrich Geyer, Die Russische Revolution, Vandenhoeck & Ruprecht, Göttingen 1980, S. 106; Michail Gorbatschow, Die Oktoberrevolution und der Umgestaltungsprozeß: Die Revolution geht weiter, in: Neue Zeit, 45, Verlag der Zeitung Trud, Moskau 1987, S. 2ff.; Wladimir Miljutenko, Wohin haben uns die Lokomotiven des Fortschritts gezogen, in: Wostok 5, Wostok Verlagsgesellschaft, Köln 1992, S. 3, Übers. Britta Wollenweber)

1. Diskutieren Sie die verschiedenen Darstellungen und erörtern Sie, welche Gründe für den Erfolg der Oktoberrevolution angegeben werden.
2. Vergleichen Sie die wertenden Aussagen Gorbatschows und Miljutenkos!

Feier zum 70. Jahrestag der Oktoberrevolution auf dem Roten Platz in Moskau

1.5 Kriegskommunismus, Neue Ökonomische Politik und Roter Terror

Die Eroberung der Macht war den Bolschewiki im Handstreich gelungen. Aber als sehr viel schwieriger erwies es sich, diese Macht zu halten und sie politisch zur Errichtung einer neuen Gesellschaft umzusetzen.
Der Sitz der Regierung wurde am 12.3.1918 von Petrograd, das nach dem Frieden von Brest-Litowsk in eine bedrohliche Randlage geraten war, in das Zentrum des neuen kommunistischen Staates, nach Moskau, verlegt. Vier Tage zuvor hatte die bolschewistische Partei den neuen Namen „Kommunistische Partei Rußlands (Bolschewiki)" angenommen. Die Bolschewiki strebten den Sozialismus und die Alleinherrschaft an. Der Widerstand gegen diese Politik weitete sich zum Bürgerkrieg aus, der bis Mai 1918 ganz Rußland erfaßte. Konnte angesichts dieses breiten Widerstands der Aufbau einer neuen, der sozialistischen Gesellschaftsordnung, überhaupt gelingen? Konnte überhaupt eine Diktatur des Proletariats entstehen, mußte sie nicht sofort zur Diktatur der Partei entarten?

Bürgerkrieg

Im Frühjahr 1918 entschied sich die Kommunistische Partei für die Vorwärtsstrategie, d.h. für eine revolutionäre Strategie der Neugestaltung der Wirtschafts- und Gesellschaftsstruktur. Man wollte die neue Gesellschaftsordnung direkt erreichen und kapitalistische Entwicklungsstufen überspringen. Alle Maßnahmen sollten sich an dem eigentlichen Ziel, der Einführung des Sozialismus, orientieren. Diese Strategie währte bis März 1921; da in die gleiche Zeit der Bürgerkrieg fiel, wurde diese Phase später „Kriegskommunismus" genannt. Die Partei wollte in dieser Phase beispielsweise bereits versuchen, die Bedeutung des Geldes zurückzudrängen: Sie strebte den Übergang zum Naturaltausch und zur Naturalentlohnung an. Der private Handel wurde verboten und durch einen staatlichen Versorgungsapparat ersetzt. Maßnahmen, wie die unentgeltliche Essensausgabe in öffentlichen Speisehallen, sollten eine kommunistische Lebensform vorbereiten. Ziel war es, das Wirtschaftsgeschehen zentral zu planen und zu steuern. Der Aufbau der Industrie sollte vor allem über die Abschöpfung des in der Landwirtschaft erzielten Mehrwertes erfolgen.

Kriegskommunismus

Mißerfolge

Diese von revolutionärem Elan getragene Strategie konnte jedoch nicht einmal ansatzweise verwirklicht werden. Ursache für den Mißerfolg war zum einen der Bürgerkrieg, in den auch das Ausland intervenierte. Hinzu kam, daß sowohl in der Führung der einzelnen verstaatlichten Industriebetriebe als auch in der Lenkung der Gesamtwirtschaft Fachleute fehlten; diese mangelnde Erfahrung führte immer wieder zu Planungsfehlern und Pannen. Ausschlaggebend für den Mißerfolg waren nicht zuletzt der Widerstand der Bauern gegen die strenge Abgabepflicht von Agrarerzeugnissen und die Beschränkung des freien Handels.

Mit Ausnahme Finnlands wurden alle ehemaligen Teile des russischen Reiches in den Bürgerkrieg hineingerissen. Dabei verfuhren die Bolschewiki entsprechend dem 1923 von Stalin nachträglich formulierten Grundsatz: „Es gibt Fälle, in denen das Selbstbestimmungsrecht der Völker in Konflikt gerät mit einem anderen höheren Prinzip, nämlich dem Recht der Arbeiterklasse, ihre Herr-

Provisorische Gedenkstätte für die ermordete Zarenfamilie in Jekaterinenburg, 1994. Hier wurde die Zarenfamilie 1918 erschossen.

schaft zu stärken, wenn sie einmal die Macht ergriffen hat. In einem solchen Fall kann und darf das Selbstbestimmungsrecht nicht als Hindernis dem Recht der arbeitenden Klasse auf ihre Diktatur in den Weg treten."

Roter Terror

Der von allen Seiten unerbittlich geführte Bürgerkrieg führte zu Zerstörungen größten Ausmaßes. Gefangene wurden in der Regel nicht gemacht. Am 17.7.1918 wurde in Jekaterinenburg, im östlichen Ural, als deutlichstes Fanal des „roten Terrors" die Zarenfamilie von der Tscheka erschossen. Zugunsten der Gegner des neuen Systems, deren politisches Spektrum von der extremen Rechten bis zu den Sozialrevolutionären reichte, griffen fast alle bedeutenden kapitalistischen Staaten in den Bürgerkrieg ein. Auf ein kleines Kerngebiet zurückgedrängt, stand der sowjetische Staat mehrmals am Rande einer vollständigen Niederlage. Vor allem die Uneinigkeit seiner Gegner führte aber dazu, daß er sich Ende 1920 militärisch doch durchsetzte und im Laufe des Jahres 1922 der letzte Widerstand bis auf einige Partisanengebiete im Kaukasus und in Zentralasien gebrochen war.

Gründung der UdSSR, 1922

Nachdem durch den Sieg im Bürgerkrieg das Herrschaftsgebiet des sowjetischen Staates über das russische Kerngebiet hinaus wieder beträchtlich ausgeweitet worden war, wurde am 30.12.1922 die Gründung der Union der Sozialistischen Sowjetrepubliken (UdSSR) vollzogen.

Der im Laufe des Bürgerkriegs sich verschärfende Terror gegen politisch Andersdenkende sowie die allgemeine Erschöpfung der ländlichen wie städtischen Bevölkerung führte Anfang 1921 noch einmal zu einem Aufstand von Bevölkerungskreisen, die im Bürgerkrieg selbst auf der Seite des neuen Staates gestanden hatten: Unter dem Schlagwort „Für die Sowjets – gegen die Kommunisten" erhoben sich die Bauern; nachdem sich die Versorgungslage in den Städten verschlechtert hatte, demonstrierten und streikten Arbeiter, vor allem in Petrograd. Höhepunkt dieser Proteste war der Kronstädter Aufstand der Ma-

Der Aufstand der Matrosen in Kronstadt, 1921

trosen der Baltischen Flotte am 3.3.1921: Die Matrosen von Kronstadt, die 1905 wie 1917 an der Spitze der Revolution gestanden hatten, sahen in der bolschewistischen Alleinherrschaft einen Verrat ihrer sozialistischen Ideale. Sie wollten die Diktatur der kommunistischen Partei brechen, eine „wahre" Rätedemokratie herstellen und statt eines „mechanischen regierungsmäßigen kommunistischen Aufbaus" einen neuen sozialistischen Aufbau auf breiter Grundlage in Angriff nehmen. Unter dem Vorwurf der Konterrevolution wurden der Kronstädter Aufstand ebenso wie die Bauernerhebungen blutig niedergeschlagen.

Neue Ökonomische Politik (NEP)

Vor dem Hintergrund dieser Aufstände, welche die tiefe politische wie wirtschaftliche Krise Sowjetrußlands aufzeigten, wurde eine Wende der Wirtschaftspolitik eingeleitet, „Neue Ökonomische Politik" (russische Abkürzung: NEP) genannt. Der direkte Weg zum Sozialismus wurde verlassen, ein Umweg eingeschlagen. Der Privatkapitalismus wurde für weite Bereiche der Wirtschaft, vor allem im Handelssektor, wieder zugelassen. Lediglich die Großindustrie, das Transportwesen und der Außenhandel blieben in der Hand des Staates. Die bewußt geförderte private Landwirtschaft sollte der Konsum- und Investitionsgüterindustrie entscheidende Wachstumsimpulse vermitteln. Zum Wirtschaftswachstum sollten auch innerbetriebliche Reformen beitragen, die die „unternehmerische" Kompetenz der Betriebsführung erweiterten und eine größere Leistungsdifferenzierung bei der Entlohnung vorsahen. Ausländische Investitionen, durch die nicht nur Kapital, sondern vor allem technisches Wissen importiert werden sollten, wurden wieder zugelassen, erreichten aber nie mehr als 1 % aller Investitionen im Industriebereich.

Elektrifizierung

Die „Neue Ökonomische Politik" hatte Erfolg, die Wirtschaft erholte sich relativ rasch. Nach der entsetzlichen Hungersnot von 1921, der mehrere Millionen Menschen zum Opfer fielen, erreichte die Landwirtschaft im Jahr 1925 den Vorkriegsstand, die Industrie erreichte dieses Ziel 1926. Die Versorgung der Städte war weitgehend gesichert, die Elektrifizierung der Dörfer wurde forciert, sie hatte vornehmlich den wirtschaftlichen, aber auch den zivilisatorischen Fortschritt auf dem Lande zum Ziel.

„Demokratischer Zentralismus"

Die Liberalisierung der Wirtschaft fand jedoch auf politischem Gebiet keine Entsprechung. Im Gegenteil, alle politischen Parteien außer der Kommunistischen Partei wurden ausgeschaltet; der im März 1921 abgehaltene X. Parteitag bekräftigte nochmals die Rolle der Kommunistischen Partei: Sie sollte alle gesellschaftlichen Bereiche kontrollieren; innerhalb der Partei wurde das Prinzip des „demokratischen Zentralismus" eingeführt. Es verbot innerparteiliche Fraktionsbildung, betonte die Parteidisziplin und stärkte die Macht der höheren Parteiorgane, indem deren Beschlüsse für die unteren Parteigremien absolut verbindlich wurden. Damit nahmen die antidemokratischen Tendenzen in Rußland weiter zu, die in der Phase des Kriegskommunismus zu einer innerparteilichen Straffung und zu einer Säuberung von „unzuverlässigen" Elementen geführt hatten.

Tod Lenins

Mit dieser Entwicklung verbunden war der politische Aufstieg Stalins, der 1922 Generalsekretär der Partei geworden war und nach den Schlaganfällen Lenins immer selbstherrlicher den Parteiapparat leitete. Nach dem Tod Lenins am 21.1.1924 verdrängten Parteifunktionäre, „Apparatschiks" genannt, die Revolutionäre des Jahres 1917 von den Schalthebeln der Macht: Der Parteiapparat regierte die Partei, die Partei regierte Rußland.

MATERIAL 17 Rosa Luxemburgs Urteil über die russische Revolution (1918)

Gewiß, jede demokratische Institution hat ihre Schranken und Mängel, was sie wohl mit sämtlichen menschlichen Institutionen teilt. Nur ist das Heilmittel, das Trotzki und Lenin gefunden: die Beseitigung der Demokratie überhaupt, noch schlimmer als das Übel, dem es steuern soll: es verschüttet nämlich den lebendigen Quell selbst, aus dem heraus alle angeborenen Unzulänglichkeiten der sozialen Institutionen allein korrigiert werden können. Das aktive, ungehemmte, energische politische Leben der breitesten Volksmassen. [...]

Freiheit nur für Anhänger der Regierung, nur für Mitglieder einer Partei – mögen sie noch so zahlreich sein – ist keine Freiheit. Freiheit ist immer nur Freiheit des anders Denkenden. [...]

Die Praxis des Sozialismus erfordert eine ganze geistige Umwälzung in den durch Jahrhunderte der bürgerlichen Klassenherrschaft degradierten Massen. Soziale Instinkte anstelle egoistischer, Masseninitiative anstelle von Trägheit, Idealismus, der über alle Leiden hinweg trägt usw. usw. Niemand weiß das besser, schildert das eindringlicher, wiederholt das hartnäckiger als Lenin. Nur vergreift er sich völlig im Mittel. Dekret, diktatorische Gewalt der Fabrikaufseher, drakonische Strafen, Schreckensherrschaft, das sind alles Palliative[1]. Der einzige Weg zur Wiedergeburt ist die Schule des öffentlichen Lebens selbst, uneingeschränkte breiteste Demokratie, öffentliche Meinung. Gerade die Schreckensherrschaft demoralisiert.

Fällt das alles weg, was bleibt in Wirklichkeit? Lenin und Trotzki haben an Stelle der aus allgemeinen Volkswahlen hervorgegangenen Vertretungskörperschaften die Sowjets als die einzig wahre Vertretung der arbeitenden Massen hingestellt. Aber mit dem Erdrücken des politischen Lebens im ganzen Lande muß auch das Leben in den Sowjets immer mehr erlahmen. Ohne allgemeine Wahlen, ungehemmte Presse- und Versammlungsfreiheit, freien Meinungskampf, erstirbt das Leben in jeder öffentlichen Institution, wird zum Scheinleben, in der die Bürokratie allein das tätige Element bleibt.

Das öffentliche Leben schläft allmählich ein, einige Dutzend Parteiführer von unerschöpflicher Energie und grenzenlosem Idealismus dirigieren und regieren, unter ihnen leitet in Wirklichkeit ein Dutzend hervorragender Köpfe, und eine Elite der Arbeiterschaft wird von Zeit zu Zeit zu Versammlungen aufgeboten, um den Reden der Führer Beifall zu klatschen, vorgelegten Resolutionen einstimmig zuzustimmen, im Grunde also eine Cliquenwirtschaft – eine Diktatur allerdings, aber nicht die Diktatur des Proletariats, sondern die Diktatur einer Handvoll Politiker, d. h. Diktatur im bürgerlichen Sinne. [...]

[1] Hilfsmittel, die die wahren Probleme nur verdecken (von lat. pallium = Mantel).
(Aus: Rosa Luxemburg, Die Russische Revolution, hrsg. von Bernhard Krauß, Nienmeyer Verlag, Hameln o. J., S. 72ff.)

MATERIAL 18 Das politische Programm der Kronstädter Kommune (März 1921)

Als die Arbeiterklasse die Revolution machte, hoffte sie, ihre Befreiung zu erlangen. Das Resultat war aber eine noch größere Versklavung der menschlichen Persönlichkeit.

Die Macht der Polizeimonarchie ging in die Hände der Usurpatoren über, der Kommunisten, die, statt dem Volk die Freiheit zu lassen, ihm die Angst der Tscheka-Kerker brachten, deren Greuel die Methoden der zaristischen Gendarmerie vielfach übertreffen.

[...] Die kommunistische Macht hat das glorreiche Abzeichen der Werktätigen, Hammer und Sichel, durch Bajonett und Kerkergitter ersetzt, wodurch die neue Bürokratie, die kommunistischen Kommissare und Beamten, sich ein ruhiges und sorgloses Leben sichern.

Die geistige Versklavung, die von den Kommunisten errichtet wurde, ist aber am meisten verabscheuungswürdig und verbrecherisch: Sie legten Hand auch an den Gedanken, das moralische Leben der Werktätigen, und zwangen jeden, ausschließlich nach ihrer Vorschrift zu leben. Mit Hilfe der verstaatlichten Gewerkschaft fesselten sie die Arbeiter an die Maschinen und verwandelten die Arbeit, statt sie anziehend zu gestalten, in eine neue Sklaverei. Auf die Proteste der Bauern, die bis zu spontanen Revolten gingen, auf die Forderungen der Arbeiter, die durch die Lebensbedingungen zu Streiks gezwungen waren, antworteten sie mit Massenerschießungen und mit einer Brutalität, die die zaristischen Generäle beneidet hätten. Das Arbeiterrußland, welches als erste die Rote Fahne der Befreiung der Arbeit erhoben hat, wird im Blut der Märtyrer, zum höheren Ruhm der kommunistischen Herrschaft, verleugnet. Die Kommunisten ersäufen in diesem Meer von Blut alle großen und schönen Versprechen und Möglichkeiten der proletarischen Revolution.

[...] Nein, es gibt kein Stehenbleiben auf halbem Wege! Das rote Kronstadt, der Schrecken der Konterrevolutionäre von links und rechts, hat das Beispiel gegeben. Hier wurde der große Vorstoß der Revolution zur Tat. [...]

Hier in Kronstadt wurde der Grundstein zur Dritten Revolution gelegt, die die letzten Ketten des Arbeiters zerbrechen und ihm den neuen und breiten Weg des sozialistischen Aufbaues eröffnen wird.

„Hoch lebe die Avantgarde der Revolution, die Rote Flotte“ (Plakat von 1920)

(Aus: Der Sowjetkommunismus – Dokumente, Bd. 1: Die politisch-ideologischen Konzeptionen, hrsg. von Hans-Joachim Lieber/Karl-Heinz Ruffmann, Kiepenheuer & Witsch, Köln/Berlin 1963, S. 160ff.)

1. Vergleichen Sie die Kritik Rosa Luxemburgs mit den von den Kronstädter Matrosen erhobenen Vorwürfe.
2. Erörtern Sie, inwieweit die hier angeprangerten Maßnahmen bereits in Lenins Parteitheorie angelegt sind.

MATERIAL 19 Das Ultimatum der sowjetischen Regierung vom 5. 3. 1921

Die Regierung der Arbeiter und Bauern hat angeordnet, daß sich Kronstadt und die aufständischen Schiffe unverzüglich der Autorität der Sowjetrepublik zu unterwerfen haben. Ich befehle daher allen, die ihre Hand gegen das Sozialistische Vaterland erhoben haben, sofort ihre Waffen niederzulegen. Wer sich widersetzt, ist zu entwaffnen und den Behörden zu übergeben. Die verhafteten Kommissare und andere Regierungsvertreter sind sofort auf freien Fuß zu setzen. Nur wer sich bedingungslos ergibt, kann auf die Gnade der Sowjetrepublik zählen. Ich erlasse gleichzeitig Befehle, nach denen die Meuterei zu ersticken ist. Die Meuterer werden mit Waffengewalt niedergeworfen werden. Die Verantwortung für die Härten, welche die friedliche Bevölkerung dabei zu erdulden haben wird, fällt gänzlich auf die meuternden Konterrevolutionäre zurück.
Dies ist die letzte Warnung.

Trotzki, Vorsitzender des Revolutionären Militärsowjets
Kamenew, Oberkommandierender

(Aus: Kursbuch 9, Rotbuch, Frankfurt 1967, S. 22f.)

1. Setzen Sie sich mit dem Vorwurf Trotzkis auseinander, daß die Kronstädter Matrosen „ihre Hand gegen das sozialistische Vaterland erheben“. Beachten Sie auch Material 17.
2. Erörtern Sie, wie Sozialismus nach Auffassung der Aufständischen gestaltet sein sollte.

MATERIAL 20 Die Hungersnot 1921

Hungernde Familie, 1921

„Hilf“ – Russisches Plakat von D. S. Moor, 1921

MATERIAL 21 Die wirtschaftliche Lage in Sowjetrußland

Produktion einiger Industriezweige 1913 und 1920 in Mio. Pud (1 Pud = 16,38 kg)	1913	1920	1920 in Prozent von 1913 (= 100)
Förderung von Steinkohle	1738	467	26,9
Förderung von Erdöl	564	234	41,5
Förderung von Eisenerz	597	10,1	1,7
Walzwerkerzeugnisse	214,2	12,2	5,7
Erzeugung von Baumwollgarnen	16	0,8	5

(Aus: Handbuch der Geschichte Rußlands, Bd. 3, Hrsg. G. Schramm, Hiersemann Verlag, Stuttgart 1983, S. 709)

Zahlenmäßige Entwicklung der Industriearbeiterschaft 1913 –1922			
Jahr	in 1000	in % zu 1913	in % zu 1917
1913	2598,6	100,0	85,9
1917	3024,3	116,3	100,0
1918	2486,0	95,7	82,2
1920	1585,3	61,2	52,4
1921/22	1243,4	47,9	41,1

(Aus: Gernot Erler, Walter Süß [Hrsg.], Stalinismus, Campus Verlag, Frankfurt/Main/New York 1982, S. 90)

MATERIAL 22 Ein Historiker zu den Grundsätzen der NEP (1979)

Es war eine bedeutende staatsmännische Tat Lenins, den Abgrund zu erkennen, vor den die Bolschewiki durch die direkten, revolutionären Methoden des Kriegskommunismus geraten waren, und das Steuer rechtzeitig herumzureißen. Als Quintessenz seiner Lagebeurteilung können die im März 1921 gesprochenen Worte gelten: „Entweder wir müssen das mittlere Bauerntum wirtschaftlich zufriedenstellen und uns zur Freiheit des Umsatzes verstehen, oder es ist bei dem langsamen Tempo der internationalen Revolution unmöglich, die Macht des Proletariats aufrechtzuerhalten." Freiheit des Umsatzes, das hieß zunächst und vor allem Wiederherstellung des Kleinhandels als des einzigen effektiven Bindegliedes zwischen den Nahrungsmitteln und industrielle Rohstoffe liefernden bäuerlichen Wirtschaften einerseits und den Arbeitern im Bergbau, Industrie und im Transportwesen andererseits. Man hatte den Handel liquidiert, um, marxistisch gedacht, „mit dem Warenfetisch den Fetischismus auf allen Gebieten des gesellschaftlichen Lebens zu vernichten", sah aber schließlich ein, daß der Versuch, den Handel völlig zu verbieten, bei dem „Vorhandensein von Millionen von Kleinproduzenten [...] eine Dummheit und Selbstmord der Partei bedeuten müßte." Die Wiederzulassung des Handels wurde von Lenin als taktische Maßnahme auf dem Wege zum Sozialismus begründet. Gleichzeitig sollte der zentralistische „Bürokratismus" der Sowjets, der sich auf der Grundlage der Zersplitterung von Millionen unverbundener Produzenten eingerichtet hatte, beseitigt werden und an seiner Stelle der wiederbelebte Handel die produktiven Kräfte wecken und „in das Bett des Staatskapitalismus leiten".

(Aus: Hans Raupach, Wirtschaft und Gesellschaft Sowjetrußlands 1917-1977, Franz Steiner Verlag, Wiesbaden 1979, S. 34f.)

1. Charakterisieren Sie anhand der Materialien 20 und 21 die wirtschaftliche Lage 1921.
2. Was bedeutet die Losung „Diktatur des Proletariats" angesichts der Entwicklung der Industriearbeiterschaft? Berücksichtigen Sie auch Material 3 auf S. 60.
3. Wie beurteilte die Parteiführung in Sowjetrußland die Rolle des Handels vor und nach der Einführung der NEP (Material 22)?
4. Erläutern Sie, worin nach Ansicht des Autors (Material 22) die „bedeutende staatsmännische Tat Lenins" im März 1921 bestand.

2. Stalins „Revolution von oben" als bürokratische Schreckensherrschaft

2.1 Industrialisierung und Kollektivierung

In der Oktoberrevolution hatten die Bolschewisten die Macht erobert, im darauf folgenden Bürgerkrieg und in der sich diesem anschließenden Phase der Neuen Ökonomischen Politik wurde die Macht konsolidiert. Mitte der 20er Jahre hatte die Sowjetunion wieder den wirtschaftlichen Stand des vorrevolutionären Rußlands erreicht, aber war damit bereits der Sozialismus gefestigt? – Erst ab 1928/29 nutzte der Parteiapparat seine Macht, um das wirtschaftlich-gesellschaftliche Gefüge der UdSSR radikal zu verändern; das Ziel war eine industrielle, sozialistische Gesellschaftsstruktur. Mittels einer „Revolution von oben", also von Partei und Staat gelenkt, sollte die Industrialisierung massiv vorangetrieben und die Landwirtschaft auf eine sozialistische Grundlage gestellt werden. Außen- wie innenpolitische Überlegungen bestimmten diese von Stalin durchgesetzte „Offensive des Sozialismus".

Revolution von oben

Unter internationalem Aspekt ging es um den Aufbau einer Industrie, die in ihrer Entwicklungsdynamik und schließlich auch in ihrer Gesamtleistung die kapitalistischen Führungsmächte überholen sollte. Ziel war es, ein Bollwerk gegen Bedrohungen durch die kapitalistische Umwelt zu errichten. Die Industrialisierung sollte die UdSSR darüber hinaus in den Rang einer Weltmacht erheben. Das angestrebte Modell des „Sozialismus in einem Lande" war gleichzeitig der Abgesang auf die erhoffte Weltrevolution. Die Konzeption, daß revolutionäre Entwicklungen in den wichtigsten kapitalistischen Staaten den endgültigen Sieg der bolschewistischen Revolution sichern sollten, wurde durch die Vorstellung ersetzt, daß eine der kapitalistischen Umwelt überlegene sozialistische Sowjetunion die Basis für weitere weltrevolutionäre Entwicklungen bilden sollte.

Sozialismus in einem Land

Innenpolitisch ging die sowjetische Analyse Ende der 20er Jahre davon aus, daß die UdSSR in zwei sich feindlich gegenüberstehende Wirtschaftswelten und Klassen zerfalle: Auf der einen Seite eine sozialistische Industrie mit einer Arbeiterschaft, die nur die Minderheit der Bevölkerung stellte; auf der anderen Seite eine kapitalistisch orientierte Landwirtschaft mit einer die Bevölkerungsmehrheit bildenden Bauernschaft. Der individualwirtschaftliche Egoismus der Bauern führe immer wieder zu Versorgungskrisen in den kollektivwirtschaftlich organisierten Industriezentren. Es komme darauf an, den Widerstand der Bauern gegen die sozialistische Gesellschaftsordnung ein für allemal zu brechen und der bolschewistischen Herrschaft einen hinreichend festen und breiten sozialen Sockel zu verschaffen.

Innenpolitische Lage

Von diesen Zielvorstellungen ausgehend, wurden Industrialisierung und Kollektivierung der Landwirtschaft in atemberaubendem Tempo vorangepeitscht. Ab 1928 wurden auf Druck Stalins immer ehrgeizigere Ziele formuliert: Zentrale Fünfjahrpläne verordneten die Fortentwicklung der gesamten Volkswirt-

Industrialisierung

schaft. Vor allem die Schwerindustrie als Leitsektor der gesamten Wirtschaft wurde durch den Bau zahlreicher Neuanlagen verstärkt vorangetrieben. So stieg (nach sowjetischen Angaben) die Stahlerzeugung zwischen 1928 und 1934 von 4,3 auf 9,7 Millionen Tonnen. Erreicht wurde dies durch die Errichtung riesiger Stahlwerke im Ural (Magnitogorsk). Im Donez-Becken, dem wichtigsten Steinkohlerevier, wurden neue Kohlezechen erschlossen, gleichzeitig wurde die Mechanisierung des Bergbaus in Angriff genommen. Die Produktion im Maschinenbau war 1932 zehnmal so hoch wie 1923. Eine Automobilindustrie wurde praktisch aus dem Boden gestampft: Waren 1929 erst 1400 Kraftfahrzeuge gebaut worden, so stieg die Produktion bis 1938 auf 180 000 LKW und 20 000 PKW. Überdurchschnittlich vorangetrieben wurde die Entwicklung der Wirtschaftsgebiete östlich des Urals. Diese trugen im Jahr 1940 bereits 30 % zur Gesamtindustrieproduktion bei. Gewaltige neue Staudammanlagen produzierten 1934 viermal mehr Kilowattstunden Strom als 1928.

Ermöglicht wurde dieser enorme Industrialisierungsschub dadurch, daß große Teile des Volkseinkommens (1932: ca. 50 %) für Investitionen verwendet wurden. Gleichzeitig wurden die Arbeiter durch den „sozialistischen Wettbewerb" zu erhöhter Leistung angetrieben.

Stachanow-Bewegung

Die „Stachanow-Bewegung", benannt nach einem Bergarbeiter, der die geforderte Schichtproduktion angeblich um das 14fache überboten hatte, wurde mit allen Mitteln der Propaganda landesweit verbreitet. Bald gab es in allen Industriebetrieben Stachanow-Arbeiter. Diese Vorbilder der Arbeiter erhielten zwölfmal mehr Lohn als die Normalarbeiter. Lob und Tadel hingen in allen Fabriken öffentlich aus.

Sowjetpatriotismus

Zur Steigerung der Produktion sollte auch der neu propagierte „Sowjetpatriotismus" beitragen, der ideologisch mehr und mehr an die Stelle eines weltrevolutionären Internationalismus trat.

Ergebnisse

Obwohl der Gesamtzuwachs der Industrie hinter den Plänen Stalins zurückblieb, waren die Erfolge gewaltig. Die Sowjetunion überholte England und Deutschland in der Industrieproduktion und belegte 1936 bereits den zweiten Platz hinter den USA. Mit der Industrialisierung verbunden war der Aufbau der Rüstungsindustrie und ein gewaltiger Rüstungsschub. Der Anteil des Wehretats am Gesamthaushalt stieg so von 3,4 % im Jahr 1933 auf 33 % im Jahr 1940.

Verordneter Konsumverzicht

Erkauft wurden die Industrialisierungserfolge durch eine übermäßige Gewinnabschöpfung und ein schrumpfendes Marktangebot. Die Konsumgüterproduktion wurde zugunsten der Produktionsmittelindustrie eingeschränkt. Die Preise stiegen, der Lebensstandard wurde drastisch vermindert. So war das Pro-Kopf-Einkommen der Gesamtbevölkerung 1940 gegenüber 1928 um 25 % gesunken.

Kollektivierung

Erforderte der Industrialisierungskurs schon harte Zwangsmaßnahmen gegenüber der Arbeiterschaft, so schritt Stalin bei der Kollektivierung der Landwirtschaft zum offenen Terror. 1928 gab es noch 25 Millionen Einzelhöfe, lediglich 2,1 % der Bauern waren kollektiv organisiert. 1932, nur vier Jahre später, lebten bereits 60 %, 1937 93 % aller Bauern in Kolchosen. Ziel der Kollektivierung war es, die Landwirtschaft in den Sozialismus einzubinden, sie der gleichen staatlichen Planung, wie sie im industriellen Sektor praktiziert wurde, zu unterwerfen. Nicht mehr Millionen autonomer Produzenten, sondern allein Staat und Partei sollten über Produktion und Vermarktung entscheiden. Gleichzeitig sollte die staatliche Wertabschöpfung im Agrarbereich den Aufbau des

Liquidation der Kulaken: Deportation von Kulakenfrauen in den Gulag

Hungertote in einem ukrainischen Dorf: Das Sterben wurde Teil des Alltags

industriellen Sektors mitfinanzieren. Außerdem fesselte die Kollektivierung die Bevölkerung der nichtrussischen Gebiete, beispielsweise der Ukraine oder Zentralasiens, noch enger an die Moskauer Machtzentrale.

Widerstand

Die Kollektivierung von oben erfolgte gegen den Widerstand fast der gesamten Bauernschaft. Die kommunistische Partei, die mit ihrem Kurs die Bauern aus ihrer traditionellen Einbindung herausreißen wollte, versuchte allerdings, die Kollektivierung als das Ergebnis eines verschärften Klassenkampfes auf dem Dorf darzustellen. In der Propaganda wurde die „Liquidation der Kulaken als Klasse“ herausgestellt, wobei in der Realität die Kulaken lediglich die etwas wohlhabenderen Bauern waren.

Liquidation der Kulaken

Die Taktik der Partei, die die breite Mehrheit von ärmeren Bauern gegen die Minderheit von angeblich reichen Ausbeutern mobilisieren wollte, schlug fehl.

Terror

Die Bauern schlachteten ihr Vieh in Massen ab, um es nicht an die Kolchosen abgeben zu müssen; ihr Arbeitseinsatz ging zurück, die Getreideproduktion sank. Doch die Bauern wurden durch den rücksichtslosen Terror gegen die Kulaken eingeschüchtert, die größtenteils in Straf- und Arbeitslager deportiert wurden; die Rote Armee wurde auf dem Land zur Sicherstellung der vorgeschriebenen Getreideablieferungen eingesetzt; die Schlüsselstellen in den Kolchosen und Dorfsowjets wurden mit aus den Städten kommenden und der Partei ergebenen Arbeitern besetzt: All diese Maßnahmen verhinderten in den meisten Landesteilen ein offenes Aufbegehren der Bauern.

Hungersnot

Passiver Widerstand der Bauern sowie organisatorisches Unvermögen der Kolchoseleitungen führten allerdings zu einem drastischen Sinken der Agrarproduktion. Dies hatte 1932 eine große Hungersnot mit Millionen Toten zur Folge, die ihrerseits zu einer schweren Krise in der Industrie führte. Die Partei reagierte auf diese Krise mit einer Steigerung der Kollektivierung, zusätzlich forcierte sie die Industrialisierungspolitik und senkte den Lebensstandard der Landbevölkerung durch geringe Lebensmittelzuteilungen und Herabsetzen des Arbeitslohns drastisch. So lag das Pro-Kopf-Einkommen der Bauern noch 1940 um 40 % unter dem des Jahres 1928. Eine beispiellose Steigerung des Terrors, eine Verhaftungs- und Deportationswelle, die Millionen Menschen erfaßte, begleiteten diese Maßnahmen. Die Agrarkrise war so gravierend, daß die Regierung ihr Ziel, durch die Kollektivierung der Landwirtschaft die Industrialisierung mitzufinanzieren, zumindest bis 1935 nicht erreichen konnte.

Kolchosen

Stalin-Reform

Nach Abschluß der Kollektivierung waren durchschnittlich 76 Bauernhöfe in einer Kolchose zusammengefaßt. Die Maschinen- und Traktorstationen (MTS) waren in staatlichem Besitz; ihren Einsatz mußten die Kolchosen mit Naturalien bezahlen. Zu festen, relativ niedrigen Preisen mußten die Kolchosen ihre Produkte an die Industriezentren abliefern. Mit Hilfe der sogenannten „Stalin-Reform", die 1935 jeder Bauernfamilie das Recht auf die Eigennutzung von $\frac{1}{4}$ bis $\frac{1}{2}$ Hektar Ackerland zugestand, konnte zwar die existentielle Not der Bauern überwunden werden, sie brachte aber noch keineswegs die materielle Gleichstellung der Bauern mit den ebenfalls noch zum Konsumverzicht gezwungenen Arbeitern.

Urbanisierung

Die Kollektivierung der Landwirtschaft führte nicht nur zu einer sozialistischen Umgestaltung der Besitzverhältnisse, der Produktionsabläufe und des Vertriebs, sondern auch zu einer Änderung der gesamten Sozialstruktur. Ca. 20 Millionen Menschen wanderten, spontan wie gelenkt, aus den Dörfern in die Städte und neuen Industriezentren. So stieg allein die Zahl der Großstädte mit mehr als 100 000 Einwohnern zwischen 1926 und 1939 von 31 auf 82. Die Folge war eine riesige Wohnungsnot. In Moskau standen beispielsweise im Jahr 1939 pro Einwohner durchschnittlich nur 4,2 m^2 Wohnraum zur Verfügung. Die Massen von neuen Arbeitern ersetzten auf den industriellen Großbaustellen die fehlenden Maschinen; gleichzeitig aber wirkte sich ihre geringe Qualifikation negativ auf die Arbeitsproduktion pro Person aus, so daß diese nach einigen Anfangserfolgen unter das Ausgangsniveau von 1928 absank.
Insgesamt jedoch hatte Stalin nach zehn Jahren der „Revolution von oben" sein Ziel erreicht, die UdSSR von einem ländlich geprägten Agrarstaat in einen städtisch geprägten Industriestaat umzuwandeln.

MATERIAL 1 Rohstoff- und Industrieproduktion im Vergleich

Jahr	UdSSR	GB	USA
Kohlenförderung in Mio. to			
1929	41,8	262,0	552,3
1938	232,9	230,7	355,3
Roheisenerzeugung in Mio. to			
1929	4,3	7,6	42,6
1938	14,7	6,9	19,5
Index der gesamten Industrie-Produktion			
1929	100	100	100
1938	413,0	115,5	80,0

(Aus: Hans Raupach, Wirtschaft und Gesellschaft Sowjetrußlands 1917-1977, Franz Steiner Verlag, Wiesbaden 1979, S. 77)

MATERIAL 2 Sowjetische Karikatur aus dem Jahr 1930

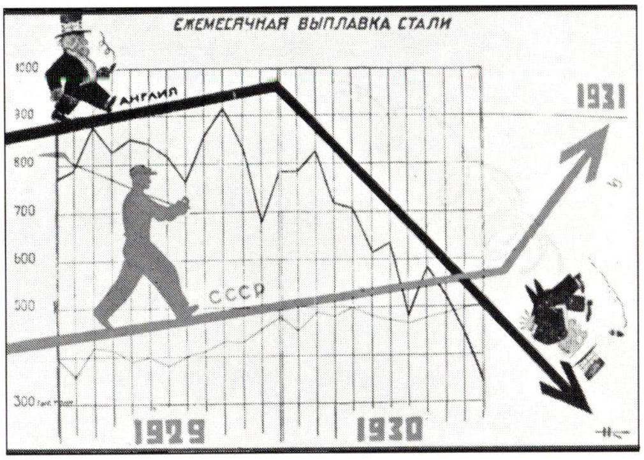

„Die monatliche Stahlproduktion“
Die Fortschritte des Fünfjahrplans, die Sowjetunion steigt auf, England stürzt in den Abgrund.

MATERIAL 3 Stalin über den Industrialisierungskurs, Rede vom 4.2.1931

Das Tempo verlangsamen, das bedeutet zurückbleiben. Und Rückständige werden geschlagen. Wir aber wollen nicht die Geschlagenen sein. Nein, das wollen wir nicht! Die Geschichte des alten Rußlands bestand unter anderem darin, daß es wegen seiner Rückständigkeit fortwährend geschlagen wurde. Es wurde geschlagen von den mongolischen Khans. Es wurde geschlagen von den schwedischen Feudalen. [...] Es wurde geschlagen von den englisch-französischen Kapitalisten. Es wurde geschlagen von den japanischen Baronen. Es wurde von allen geschlagen wegen seiner Rückständigkeit. Wegen seiner militärischen Rückständigkeit, seiner kulturellen Rückständigkeit, seiner staatlichen Rückständigkeit, seiner industriellen Rückständigkeit, seiner landwirtschaftlichen Rückständigkeit. Es wurde geschlagen, weil das einträglich war und ungestraft blieb. [...]

Das ist nun einmal das Gesetz der Ausbeuter – die Rückständigen und Schwachen werden geschlagen. Das ist das Wolfsgesetz des Kapitalismus. Du bist rückständig, du bist schwach – also bist du im Unrecht, also kann man dich schlagen und unterjochen. Du bist mächtig – also hast du recht, also muß man sich vor dir hüten. Das ist der Grund, warum wir nicht länger zurückbleiben dürfen.

In der Vergangenheit hatten wir kein Vaterland und konnten keins haben. Jetzt aber, da wir den Kapitalismus gestürzt haben und die Macht uns, dem Volke, gehört, haben wir ein Vaterland und werden seine Unabhängigkeit verteidigen. Wollen Sie, daß unser sozialistisches Vaterland geschlagen wird und seine Unabhängigkeit verliert? Wenn Sie das nicht wollen, dann müssen Sie in kürzester Frist seine Rückständigkeit beseitigen und ein wirkliches bolschewistisches Tempo im Aufbau seiner sozialistischen Wirtschaft entwickeln. Andere Wege gibt es nicht. Darum sagte Lenin am Vorabend des Oktober: „Entweder Tod oder die fortgeschrittenen kapitalistischen Länder einholen und überholen.“ Wir sind hinter den fortgeschrittenen Ländern um 50 bis 100 Jahre zurückgeblieben. Wir müssen diese Distanz in zehn Jahren durchlaufen. Entweder bringen wir das zuwege, oder wir werden zermalmt.

(Aus: J.W. Stalin, Über die Aufgaben der Wirtschaftler, in: Werke Bd. 13, Dietz Verlag, Berlin 1955, S. 35f.)

1. Beschreiben Sie vergleichend die Wirtschaftsentwicklung der einzelnen Staaten zwischen 1929 und 1938 (Material 1).
2. Erörtern Sie, ob das sich in der Karikatur niederschlagende sowjetische Selbstverständnis durch die weitere Wirtschaftsentwicklung gerechtfertigt wurde (Material 2).
3. Erörtern Sie, welche Argumente Stalin für die forcierte Industrialisierung anführt und ob diese als „marxistisch" bezeichnet werden können. Inwiefern deutet sich hier eine Wende zu einem neuen Nationalismus an? (Material 3)

MATERIAL 4 Der Schriftsteller Klaus Mehnert als Augenzeuge der Kollektivierung

Meine Freunde in den frühen 30er Jahren, Studenten, junge Leute in meinem Alter, die großenteils Bauernjungen waren, nahmen mich mit aufs Land. Und da sah ich dann diesen Prozeß der Kollektivierung, der ja nicht mit einem Schlag aufhörte, sondern sich über lange Zeit hinzog. Es war immer dasselbe Bild bei den Versammlungen, die ständig abgehalten wurden. An einem Tisch saß der Parteimann und saß der Kolchosvorsitzende und die beiden kämpften verzweifelt gegen eine Mauer von Bauern, die nicht wollten, was von ihnen verlangt wurde. Sie hatten ja das Land bekommen, jetzt wurde es ihnen wieder weggenommen. Und vor allen Dingen sollten sie die Produkte ihrer Arbeit zu niedrigen, vom Staat festgesetzten Preisen in die Stadt liefern ohne das, was ihnen die Stadt als Gegenleistung versprochen hatte, zu bekommen, nämlich Konsumwaren. Die große Mehrheit der Bauern war damals gegen die Kollektivierung. Wenn sie trotzdem sich schließlich überall im Lande bereitfanden, sie mitzumachen, so spielte dabei mit die Erinnerung an das, was den sogenannten Großbauern, was man so in Rußland damals Großbauern nannte, widerfahren war, von denen Millionen in Sibirien verschwunden waren.

(Mehnert in dem ARD-Fernsehfilm vom 21.12.1979 „Stalin – der bittere Sieg der Revolution" von Willy Reschl)

MATERIAL 5 Sowjetisches Plakat zur Kollektivierung, 1930

Die Aufschrift des Plakates lautet: „Getreidebeschaffung – die Front des Klassenkampfes" (oben) „Rote Wagenzüge – über die Kulaken hinweg" (unten)

MATERIAL 6 **Der Ablauf der Kollektivierung**

Anteil der kollektivierten Haushalte in Prozent			
1929 (1.7.)	3,9	1932	61,5
1929 (1.10.)	7,6	1933	64,4
1930 (1.3.)	55,0	1934	71,4
1930 (1.6.)	23,6	1935	83,2
1931	52,7		

1. Vergleichen Sie Anspruch und Wirklichkeit der Kollektivierung.
2. Erörtern Sie anhand von Material 7 die Reaktion der Bauern auf die Kollektivierung.

MATERIAL 7 **Landwirtschaftliche Bruttoproduktion**

Jahr	Landwirtschaft insges.	Ackerbau	Viehzucht
1927	121	113	134
1928	124	117	137
1929	121	116	129
1930	117	126	100
1931	114	126	93
1932	107	125	75
1933	101	121	65
1934	106	125	72
1935	119	138	86
1936	109	118	96
1937	134	150	109
1938	120	120	120
1939	121	125	119
1940	141	155	114

Index: 1923 = 100

2.2 Stalinismus als totalitäres System

Ist der Stalinismus in der Tradition oder in Widerspruch zu der von Lenin geprägten Phase des neuen Sowjetstaates zu sehen? Liegt die „Revolution von oben“, die Industrialisierung und Kollektivierung, in der Kontinuität bolschewistischer Politik, war nicht auch die Oktoberrevolution eine „Revolution von oben“? Führt von der Auflösung der Verfassunggebenden Versammlung und der Niederschlagung des Kronstädter Aufstandes eine gerade Linie zur Alleinherrschaft und zum Terror Stalins?
Die Industrialisierung und die Kollektivierung, der Aufbau des „Sozialismus in einem Land“, sind untrennbar verbunden mit der rasch voranschreitenden Machtkonzentration auf einen einzigen Mann, Josef Stalin, und dem Terror, mit dem dieser die gesamte Gesellschaft einschließlich der kommunistischen Partei überzog.

Stalin

Der Georgier Josef Wissarionowitsch Dschugaschwili, 1879 geboren, der 1913 den russischen Kampfnamen Stalin angenommen hatte, war seit 1922 Generalsekretär des Zentralkomitees. Von dieser entscheidenden Steuerungsstelle des gesamten Parteiapparats aus erreichte er bereits 1927, daß sein bedeutendster innerparteilicher Opponent, Leo Trotzki, wegen „linker Abweichungen“ aus der Partei ausgeschlossen wurde. Der Wille Stalins wurde immer mehr der Wille der Partei und damit des Staates. Die Meinungsfreiheit selbst innerhalb der Parteispitze wurde aufgehoben, die Öffentlichkeit total entmündigt. Die Sowjetunion wurde eine totalitäre Diktatur. Stalins 50. Geburtstag im Jahr 1929 machte deutlich, daß Stalin nun der uneingeschränkte und unumstrittene Alleinherrscher war. Überschwengliche Lobeshymnen auf den großen weisen

Sowjetische Lobeshymne auf Stalin

In den weiten wunderschönen Landen
Aus der freien Arbeit frohbeschwingt
Ist der Freiheit hellstes Lied entstanden
Das vom großen Freund der Menschen singt
Stalin führte uns zu Glück und Frieden
Unbeirrbar wie der Sonne Flut
Langes Leben sei dir noch beschieden
Stalin, Freund, Genosse, treu und gut

Heimatland der Freiheit hier auf Erden
Wurdest du geliebtes Sowjetland
Immer reicher unsere Ernten werden
Wohlstand spendet jede fleißge Hand
Stalin führte uns zu Glück und Frieden
Unbeirrbar wie der Sonne Flut
Langes Leben sei dir noch beschieden
Stalin, Freund, Genosse, treu und gut
Langes Leben sei dir noch beschieden
Stalin, Freund, Genosse, treu und gut

Personenkult

Führer und Lehrer der Partei und des Volkes leiteten einen sich permanent steigernden Personenkult ein. Das Machtmonopol, das Stalin besaß, befreite ihn von jeder wirklichen Kontrolle. Partei- wie Staatsapparat standen deshalb geschlossen hinter seiner Industrialisierungs- wie Kollektivierungspolitik.

Terrorwellen

Den Auftakt zu der die Industrialisierung begleitenden Terrorwelle bildete 1928 der Schachty-Prozeß. Dem Leitungspersonal der Kohlegruben von Schachty im Donezbecken war vorgeworfen worden, den sozialistischen Aufbau im Auftrag von Emigranten und Kapitalisten durch Sabotage zu hintertreiben. Den in diesem Prozeß verhängten und dann vollzogenen Todesurteilen folgten zahlreiche weitere Prozesse, in denen die alte vorrevolutionäre Elite der „Spezialisten" der Verschwörung gegen den Sozialismus angeklagt und letztlich liquidiert wurde. Dem gleichen für sie verhängnisvollen Vorwurf der Verschwörung mit dem Klassenfeind sahen sich auch ehemalige Menschewiki sowie Wirtschaftsfachleute ausgesetzt. Letztere hatten es gewagt, an den überzogenen Zielen des Fünfjahrplanes Kritik zu üben.

Die nächste Terrorwelle setzte mit der Kollektivierung der Landwirtschaft ein. Die Kulaken, denen bereits 1927 das Wahlrecht entzogen worden war, wurden 1929/30 zu Schädlingen deklariert und bewußt von der Kollektivierung ausgeschlossen. Die „Liquidation der Klasse der Kulaken" führte zur Liquidation der Menschen, die deportiert und getötet oder in den Tod getrieben wurden (s. auch S. 87). Stalin selbst schilderte in den Kriegsjahren gegenüber Churchill die Kollektivierung als einen vierjährigen Kampf mit zehn Millionen Toten, worin er allerdings die Opfer der von ihm verschuldeten Hungerkatastrophe von 1932 miteinschloß. Das Millionenheer der Häftlinge und Deportierten wurde als Zwangsarbeiter vornehmlich in den unwirtlichen Gegenden Nordrußlands und Sibiriens eingesetzt, um dort als Sklavenbrigaden einen Beitrag zum Aufbau des Sozialismus zu leisten. Ein Netz von Arbeitslagern – Gulag genannt – überzog das ganze Land.

Gulag

„Säuberung" der Partei

1934 wurde der Terror auf die Partei ausgeweitet. Stalin benutzte die von ihm selbst inszenierte Ermordung des als Rivalen empfundenen Leningrader Parteichefs Kirow dazu, um die gesamte Partei einschließlich des Politbüros von denjenigen zu „säubern", die nicht als seine absolut verläßlichen Gefolgsleute galten. Die Zahl der Geheimprozesse gegen sogenannte „Volksfeinde" wuchs

Abtransport des gefesselten Trotzki in die Verbannung nach Kasachstan

Schauprozesse

ständig an. Ihren Höhepunkt fand die „Säuberungswelle“ in drei großen Schauprozessen (1934–1938), in denen den Angeklagten – führenden Männern der Oktoberrevolution – die Ermordung von Kirow oder eine von Deutschland und Japan ausgehende (in Wirklichkeit nie existierende) Verschwörung gegen Stalin angelastet wurde. Fast alle Angeklagten der Schauprozesse wurden zum Tode verurteilt und hingerichtet. 1937 griff die Terrorwelle auf Führungskader des Staates, der Wirtschaft und der Streitkräfte über. Insgesamt wurden in der Phase des „großen Terrors“, wie die Jahre 1937 und 1938 genannt werden, zwischen 700 000 und 800 000 Menschen erschossen.
Von den 29 Mitgliedern und Kandidaten des Zentralkomitees vom Oktober 1917 lebten vor der „Säuberungswelle“ noch 21; fünfzehn von diesen wurden von Stalin liquidiert, drei begingen Selbstmord, zwei fielen in Ungnade. Übrig blieb ein Mitglied – Stalin. Von den 139 Mitgliedern, die auf dem 1934 abgehaltenen XVII. Parteitag in das Zentralkomitee der Partei gewählt worden waren, wurden 98 liquidiert, von den 1866 Delegierten dieses Parteitages 1108. Drei der fünf Marschälle, 13 von 15 Armeebefehlshabern und 110 von 195 Divisionskommandeuren fielen der „Säuberung“ zum Opfer.

Alle Teile des Landes, alle Organisationen, alle Betriebe waren angeblich mit Schädlingen durchsetzt, denen nun die „untrügliche“ Führung Stalins auf die Schliche kam. Auch führende Vertreter von kommunistischen Parteien des Auslands, die in der UdSSR vor politischer Verfolgung Zuflucht gesucht hatten, wurden umgebracht. Ebenso verloren große Autoren wie Isaak Babel und Osip Mandelstam ihr Leben. Selbstmord begingen die Dichter Wladimir Majakowski und Maria Zwetajewa. 1940 ermordete ein russischer Geheimagent in Mexiko City den 1929 aus der UdSSR ausgewiesenen Trotzki, nachdem die meisten seiner Angehörigen aus dem Weg geräumt worden waren.

Ermordung Trotzkis

Massendeportationen

Während des Zweiten Weltkrieges gerieten vor allem die Eliten der neu unterworfenen Gebiete sowie ganze Völker, denen eine angebliche Zusammenarbeit mit den deutschen Invasoren zur Last gelegt wurde, in die Verfolgungsmaschine Stalins. Die Wolgadeutschen, die Krimtartaren, die Kalmücken und viele andere, vor allem kaukasische Völker wurden nach Sibirien und Zentralasien deportiert. Russen, die die deutschen Kriegsgefangenenlager überlebt hatten, verschwanden nach ihrer Befreiung 1945 erneut in sowjetischen Straflagern; ihr Überleben in den deutschen Lagern galt als Beweis für ihre Kollaboration mit den Faschisten.

Mit der Terrorwelle verknüpft war der Ausbau der Sicherheitsorgane zu einem riesigen und mächtigen Apparat, der parallel zur regulären Justiz agierte. Die politische Polizei war an keine Verfahrensregeln gebunden. 1934 wurde die Todesstrafe für Zwölfjährige zugelassen. 1937 wurde die Todesstrafe auf vage Tätertypen wie „Schädlinge" und „Volksfeinde" ausgeweitet, Berufungsmöglichkeiten wurden abgeschafft.

Bilanz des Terrors

Russische Wissenschaftler gehen heute davon aus, daß von 1928 bis 1953 zwischen 35 Millionen und 40 Millionen Menschen Opfer des stalinistischen Terrors wurden; ca. 15 Millionen bis 20 Millionen Menschen fanden dabei den Tod. Stalin selbst skizzierte rückblickend diese Ära lediglich mit der knappen Feststellung: „Es war schlimm, aber notwendig."

MATERIAL 8 „In Erinnerung an den XVII. Kongreß der Kommunistischen Partei"

Plakat von Alexander Waganow, 1988.
Eine berühmte Dokumentarfilmszene dient dem Plakat als Vorbild. Stalin, dem auf dem XVII. Parteitag ein Jagdgewehr geschenkt wurde, zielte mit diesem Gewehr unter dem Beifall der Delegierten „zum Spaß" auf dieselben.

1. Erläutern Sie die Darstellungsabsicht des 1988 erschienen Plakates.

MATERIAL 9 **Lenins sogenanntes Testament in Gestalt eine Briefes an den Parteikongreß vom 24.12.1922**

Genosse Stalin hat, nachdem er Generalsekretär geworden ist, eine unermeßliche Macht in seinen Händen konzentriert, und ich bin nicht überzeugt, daß er es immer verstehen wird, von dieser Macht vorsichtig Gebrauch zu machen. [...]

Ergänzungen vom 4.1.1923:
Stalin ist zu grob, und dieser Mangel, der in unserer Mitte und im Verkehr zwischen uns Kommunisten durchaus erträglich ist, kann in der Funktion des Generalsekretärs nicht geduldet werden. Deshalb schlage ich den Genossen vor, sich zu überlegen, wie man Stalin ablösen könnte, um jemand anderen an diese Stelle zu setzen, der sich in jeder Hinsicht von Gen. Stalin nur durch einen Vorzug unterscheidet, nämlich dadurch, daß er toleranter, loyaler, höflicher und den Genossen gegenüber aufmerksamer, weniger launenhaft usw. ist. Es könnte so scheinen, als sei dieser Umstand eine winzige Kleinigkeit. Ich glaube jedoch, unter dem Gesichtspunkt der Vermeidung einer Spaltung und unter dem Gesichtspunkt der von mir oben geschilderten Beziehungen zwischen Stalin und Trotzki ist das keine Kleinigkeit, oder eine solche Kleinigkeit, die entscheidende Bedeutung erlangen kann.

(Aus: W.I. Lenin, Ausgewählte Werke in drei Bänden, Bd. III, Dietz Verlag, Berlin 1963, S. 838ff.)

1. Überprüfen Sie, ob Lenins Vorwürfe gegen Stalin angesichts seiner eigenen Politik gerechtfertigt waren.

MATERIAL 10 **Der Publizist Wolfgang Leonhard über seine Schulzeit in der Sowjetunion**

Die Verhaftungen machten auch vor der deutschen Karl-Liebknecht-Schule nicht halt. [...] Einmal, als wir gerade Unterricht in Verfassungskunde hatten und der Lehrer, so begeistert wie es nur ging, über den demokratischen Charakter der Verfassung und über die moralisch-politische Einheit des Sowjetvolkes sprach, wollte er seine Darlegungen mit dem bekannten Stalin-Ausspruch krönen: „Denjenigen aber, die versuchen sollten, unser Land zu überfallen, wird eine vernichtende Abfuhr zuteil werden, damit ihnen in Zukunft die Lust vergehe, ihre Schweineschnauze in unseren Sowjetgarten zu stecken!“ Ausgerechnet bei diesem Satz versprach er sich und rief uns schallend zu: „...damit ihnen in Zukunft die Lust vergehe, ihre Sowjetschnauze in unseren Schweinegarten zu stecken!“

Einige Schüler prusteten heraus, andere [...] saßen wie gelähmt. Was würde jetzt passieren? Wenige Sekunden später hatte der Lehrer seinen Fehler bemerkt, wurde kreideweiß und zitterte am ganzen Körper. [...] Uns allen tat er schrecklich leid. Wir wußten, daß dies sein Ende bedeutete, denn es war klar, daß er diesen Vorfall bei der Partei melden mußte. Einige Tage später verschwand er. Wir sahen ihn niemals wieder und hörten auch nichts mehr von ihm. [...]

(Aus: Wolfgang Leonhard, Die Revolution entläßt ihre Kinder, Kiepenheuer & Witsch, Köln/Berlin 1955, S. 23ff.)

1. Untersuchen Sie anhand des Berichts von Leonhard das allgemeine Klima während der Zeit der großen Säuberungen.

MATERIAL 11 Aus dem Schauprozeß gegen Bucharin, 1938

Gerichtskommandant: Das Gericht erscheint, bitte sich von den Plätzen zu erheben.
Vorsitzender: Bitte sich zu setzen. Angeklagter Bucharin, es wird ihnen das letzte Wort erteilt.
Bucharin: Bürger Vorsitzender und Bürger Richter, ich bin mit dem Bürger Staatsanwalt vollständig einverstanden bezüglich der Bedeutung des Prozesses, auf dem unsere ruchlosen Verbrechen aufgedeckt wurden, die der „Block der Rechten und Trotzkisten" verübte, einer dessen Führer ich war und für dessen ganze Tätigkeit ich die Verantwortung trage. [...]
Ich wiederhole noch einmal, ich bekenne mich schuldig des Verrats an der sozialistischen Heimat, des schwersten Verbrechens, das überhaupt möglich ist, der Organisierung von Kulakenaufständen, der Vorbereitung terroristischer Akte, der Zugehörigkeit zu einer illegalen sowjetfeindlichen Organisation. [...]
Ich werde hier von mir selbst sprechen, von den Ursachen meiner Reue. Natürlich muß man sagen, daß auch die Beweisstücke eine sehr große Rolle spielen. Ich habe ungefähr drei Monate geleugnet. Dann begann ich Aussagen zu machen. Warum? Die Ursache lag darin, daß ich im Gefängnis meine ganze Vergangenheit umgewertet habe. Denn, wenn man sich fragt: Wenn du stirbst, wofür stirbst du? – dann ergibt sich plötzlich mit erschütternder Deutlichkeit eine absolut schwarze Leere. Es gibt nichts, wofür man sterben müßte, wenn man sterben wollte, ohne bereut zu haben. Und umgekehrt, nimmt all das Positive, das in der Sowjetunion leuchtet, nimmt all dies im Bewußtsein des Menschen andere Ausmaße an. Dies hat mich letzten Endes endgültig entwaffnet, dazu getrieben, meine Knie vor der Partei und dem Lande zu beugen. Und wenn man sich fragt: Nun gut, du stirbst nicht, wenn du durch irgendein Wunder leben bleibst, dann wieder wofür? Isoliert von allen, ein Feind des Volkes in einer nicht menschlichen Lage, in voller Isolierung von allem, was das Wesen des Lebens ausmacht. [...] Die Weltgeschichte ist das Weltgericht. [...]
Alle sehen die weise Führung des Landes, die durch Stalin gesichert wird.
Mit diesem Bewußtsein erwarte ich das Urteil. Es geht nicht um die persönlichen Erlebnisse eines Feindes, der bereut hat, sondern um die Blüte der UdSSR, um ihre internationale Bedeutung.

Bucharin (1888–1938), bekannter marxistischer Parteitheoretiker, mit Lenin Herausgeber der „Prawda", seit 1918 Mitglied des Zentralkomitees, 1924–29 Mitglied des Politbüros, 1926–29 Vorsitzender der Komintern, 1938 erschossen.
(Aus: Theo Pirker [Hrsg.], Die Moskauer Schauprozesse 1936–1938, dtv, München 1963, S. 226ff.)

MATERIAL 12 Der Historiker Walter Süß zur Funktion des stalinistischen Terrors

Der Terror wurde zum „Instrument" im Alltagsleben, dort nämlich, wo es galt, Interessengegensätze auszufechten. Ob einer den Zimmernachbarn denunzierte, um noch einen Raum in einer überfüllten Gemeinschaftswohnung frei zu bekommen, oder den Kollegen oder Vorgesetzten, um seine berufliche Karriere abzusichern, ob ein ganzes Gebietsparteikomitee erschossen wurde, um Platz für die „eigenen Leute" zu machen, oder ob der Kaderstamm einer ganzen Institution (wie des Volkskommissariats für Schwerindustrie oder der Roten Armee) liquidiert wurde, um potentielle Konkurrenten [...] im Kampf um die politische Macht zu eliminieren: der Terror hatte die Stelle politisch vermittelten Interessenausgleichs eingenommen. Entsprechend wurden durch diesen Kommunikations- und Selektionsmechanismus gerade jene Individuen gefördert, die eher zum „Dienen" und zur Intrige als zum offenen politischen Argumentieren und Handeln prädestiniert waren.

(Aus: Gernot Erler, Walter Süß [Hrsg.], Stalinismus, Campus, Frankfurt/Main/New York 1982, S. 644f.)

1. Erklären Sie das Geständnis Bucharins (Material 11).
2. Erörtern Sie die These, daß „der Terror die Stelle politisch vermittelten Interessenausgleichs eingenommen" hat (Material 12).

MATERIAL 13 Der Historiker Roy Medwedjew über die Wurzeln des Stalinismus, 1988

Bei der Analyse der Wurzeln des Stalinismus müssen wir von den fehlenden demokratischen Traditionen im zaristischen Rußland, von der niedrigen Kultur und der direkten Unwissenheit bedeutender Bevölkerungsschichten des Landes sprechen, was unausbleiblich zur Primitivierung der kommunistischen Losungen, zur Dogmatisierung des Marxismus und zum Sieg des Fanatismus, zur moralischen Entartung eines Teils der Parteispitzen in einen bürokratischen Unterdrückungs- und Gewaltapparat führen mußte.
Dabei muß auch von den Folgen des harten Bürgerkrieges und davon gesprochen werden, daß die von den Bolschewiki unterstützte Losung der Rede- und Pressefreiheit, der Demokratisierung und Glasnost in den Jahren dieser schweren inneren Auseinandersetzung beiseite gelegt werden mußte, und daß Stalin nach dem Tode Lenins diese Knebelung der Presse, die 1917-1918 lediglich als zeitweilige Maßnahme gedacht war, nur noch zementierte. Wir müssen davon sprechen, daß die Zentralisierung und strenge Disziplin, auf die die Partei der Bolschewiki so stolz war, und die ihr den Sieg über die politischen Gegner eintrug, auch negative Auswirkungen hatte, da sie die innerparteiliche Demokratie und die Kontrollmöglichkeiten der einfachen Kommunisten über das Verhalten und die Politik des Politbüros minderte. [...]
Als zynischer und amoralischer Mensch machte sich Stalin jeglichen Zwist in den Parteireihen, persönliche Animositäten zwischen anderen Parteiführern und dann die Verständnislosigkeit, Verwirrung und Angst, die die Parteireihen nach der Ermordung Kirows und dem Einsetzen des Massenterrors ergriffen, raffiniert zunutze. Stalin verstand es, schon in den brutalen Terrorfeldzügen der 20er und der ersten Hälfte der 30er Jahre einen Teil der Parteikader zu entzweien und sie zu unterwerfen, und danach den einen Teil der Partei zur Ausrottung des anderen Teils zu mißbrauchen, wobei er die Geschlossenheit der Parteireihen aufbrach und die kommunistische Ideologie der Bolschewiki und aller sowjetischen Bürger durch einen Führerkult ersetzte, und zwar den uneingeschränkten Kult seiner selbst.

(Aus: Roy Medwedjew, Stalin und Stalinismus: Die Wurzeln der Erscheinung, Moskau News Nr. 9/1988)

1. Welche historischen Wurzeln hat nach Auffassung des Autors der Stalinismus?
2. Welche Erscheinungen in der kommunistischen Partei macht sich Stalin für den Ausbau seiner Alleinherrschaft zunutze?
3. Erörtern Sie die Reichweite der Kritik Medwedjews am Stalinismus. Was nennt er nicht?

Demontage eines Stalindenkmals, Ungarn 1956

3. Krise und Ende der Sowjetmacht

3.1 Die Sowjetunion zwischen Machtbehauptung und Modernisierung

Zweiter Weltkrieg

Die Sowjetunion und die USA gingen aus dem Zweiten Weltkrieg als die entscheidenden Sieger hervor. Aber dieser Sieg war für die Sowjetunion teuer erkauft. Millionen von Soldaten waren gefallen, über drei Millionen in deutsche Kriegsgefangenschaft geraten; nur der geringste Teil davon überlebte. Ungeheuer groß waren auch die Verluste unter der Zivilbevölkerung. Insgesamt beklagte die Sowjetunion am Ende des Krieges über 20 Millionen Tote. Die nationalsozialistische „Politik der verbrannten Erde" in Sowjetrußland hatte ein weitgehend zerstörtes Land hinterlassen. Dörfer wie Städte waren als Folge der erbitterten Kampfhandlungen wie auch als Folge planmäßiger Zerstörung in großer Zahl verwüstet.

Expansion

Andererseits war die Sowjetunion aus diesem „Großen Vaterländischen Krieg" auch gestärkt hervorgegangen. Die baltischen Staaten, die nach der Oktoberrevolution ihre Unabhängigkeit errungen hatten, waren nun sowjetische Republiken. Der territoriale Zugewinn reichte vom nördlichen Eismeer, über Karelien, das Baltikum, das nördliche Ostpreußen, Teile Vorkriegspolens und der Tschechoslowakei bis zum Schwarzen Meer, wo Rumänien Teile der Bukowina und Bessarabien verlor. So wurden auch Gebiete, die noch nie russisch gewesen waren, der UdSSR einverleibt. Vor allem aber die Tatsache, daß die Staaten Ost- und Südosteuropas nach der Befreiung und Eroberung durch die Rote Armee von kommunistischen Parteien regiert wurden, machte die Rolle der Sowjetunion als Sieger des Zweiten Weltkrieges deutlich. Dadurch erstreckte sich der sowjetische Machtbereich über Warschau, Prag und Budapest bis nach Bukarest und Sofia, hinzu kam der östliche Teil Deutschlands. Ein „Eiserner Vorhang" (Winston Churchill) trennte West- und Osteuropa.

Eiserner Vorhang

Weltmacht

Aber die Sowjetunion war nach 1945 nicht nur eine europäische Großmacht, sie war nun Weltmacht. Spätestens 1949, nach der Zündung der ersten sowjetischen Atombombe, wurde dies der Weltöffentlichkeit bewußt. Im gleichen Jahr siegten die Kommunisten unter Mao Tse-tung im chinesischen Bürgerkrieg und riefen die chinesische Volksrepublik aus, die sich ein Jahrzehnt ebenfalls an der Sowjetunion orientierte.

Industrialisierung

Dem internationalen Machtzuwachs folgte nach 1945 die innere Konsolidierung. Die Kriegsschäden wurden beseitigt, die Industrialisierung weiter vorangetrieben. Wie bereits in den 30er Jahren wurde vor allem die Schwer- und Rüstungsindustrie zu Lasten der Konsumgüterindustrie gefördert. In den neu hinzugewonnenen Gebieten wurde das sowjetische Wirtschaftsmodell durchgesetzt: zentrale Planwirtschaft, Verstaatlichung der Industrie, des Handwerks und des Handels, Kollektivierung der Landwirtschaft. Die Verfolgung vermeintlich politisch Andersdenkender hörte auch nach 1945 nicht auf und nahm besonders scharfe Züge in den neuen sowjetischen Gebieten an. Die Straflager füllten sich erneut.

Tod Stalins

Am 5. März 1953 starb Stalin; sein einbalsamierter Leichnam wurde neben demjenigen Lenins in dessen Mausoleum vor dem Kreml aufgebahrt. Das Politbüro, das oberste Organ der Kommunistischen Partei der Sowjetunion (KPdSU), wollte nun durch eine kollektive Führung eine Alleinherrschaft nach dem Vorbild Stalins verhindern. Doch dies war nicht durchsetzbar: Aus dem folgenden, weitgehend unblutigen Machtkampf ging Nikita Chruschtschow als Sieger hervor, die kollektive Parteiführung war somit nur eine Episode. Allein Chruschtschow gestaltete nun die sowjetische Politik.

Nikita Chruschtschow

Tauwetter-Periode

1956 fand der XX. Parteitag der KPdSU statt. Chruschtschow enthüllte in einer Geheimrede vor den Delegierten die Verbrechen Stalins. Diese Rede wurde im Westen sehr bald bekannt, in der Sowjetunion wurde sie aber erst Ende der 80er Jahre unter Gorbatschow veröffentlicht. Der Massenterror der Stalin-Zeit fand nun ein Ende, man sprach von „Tauwetter" in der Sowjetunion. Nach Amnestieerlassen kamen zahlreiche Lagerhäftlinge frei, Hingerichtete wurden rehabilitiert, 1961 wurde der Leichnam Stalins aus dem Mausoleum entfernt. Die Verfolgung politisch Andersdenkender und „antisozialer, parasitärer Elemente" ging aber trotzdem weiter. Eine wirkliche Aufarbeitung des Stalinismus wurde nicht vorgenommen. Gleichzeitig blieben die stalinistischen Strukturen im politischen, wirtschaftlichen und gesellschaftlichen Bereich im Kern bestehen. Das politische Monopol der KPdSU mit einer extremen Machtkonzentration an der politischen Spitze, vor allem aber die Allmacht der Bürokratie verhinderten eine offene Gesellschaft. Der politische Konsens wurde erzwungen, nicht demokratisch erzielt.

Erfolg im Weltraum

Wirtschaftlich wurde unter Chruschtschow ein Modernisierungskurs eingeschlagen, der zunächst auch große Erfolge zeitigte. Besonders spektakulär waren die Ergebnisse der sowjetischen Raumfahrt- und Rüstungsindustrie. 1957 hörte man aus dem Weltall die ersten Signale eines künstlichen Erdsatelliten, des „Sputnik". Am 12. April 1961 umkreiste als erster Mensch der sowjetische Kosmonaut Jurij Gagarin die Erde in einer Raumkapsel. Sowjetische Interkontinentalraketen konnten direkt die USA bedrohen.

Neulandprogramm

Eindrucksvoll waren auch die anfänglichen Erfolge Chruschtschows in der Landwirtschaftspolitik. Ab 1954 wurde ein Neulandprogramm durchgeführt, das die Steppengebiete der mittleren Wolga, Brachland in Südsibirien und Zentralasien für die landwirtschaftliche Bestellung erschließen sollte. Insgesamt wurde eine Fläche von über 30 Millionen Hektar, die der gesamten Anbaufläche Kanadas entspricht, unter den Pflug genommen. Die sowjetischen Versorgungsprobleme sollten damit ein für allemal gelöst werden. In Kasachstan und in Usbekistan wurden die flächenmäßig größten Baumwollkulturen der Welt als Beweis für die Überlegenheit des sozialistischen Wirtschaftssystems gefeiert. Kritische Einwände gegen diese Landwirtschaftspolitik wurden unterdrückt. Der Fortschrittsglaube feierte Triumphe. Die Kehrseite dieser Monokulturen, wirtschaftliche Abhängigkeit ganzer Republiken von einem einzigen Produkt, vor allem aber die mit der

Nikita Chruschtschow

Baumwollsammelstelle in Kasachstan

Infolge extremer Wasserentnahme versandet der Aralsee

Bewässerung, Düngung und Schädlingsbekämpfung verbundenen gigantischen ökologischen Folgeschäden, wurde erst Jahrzehnte später im Zeichen von Glasnost deutlich.

Parteiprogramm 1961

Im Juli 1961 verkündete Chruschtschow auf dem XXI. Parteitag der Kommunistischen Partei der Sowjetunion ein neues Parteiprogramm. Dieses versprach der damals lebenden Generation der Sowjetmenschen, noch den Kommunismus zu erleben, die „klassenlose Gesellschaftsordnung, den höchsten Lebensstandard, die reichste Kultur". Der Aufbau des Kommunismus wurde in zwei Etappen geplant: Bis 1970 sollte die UdSSR die führende Macht des Westens, die USA, in der Pro-Kopf-Produktion übertreffen, bis 1980 wollte sie „den Überfluß an materiellen und kulturellen Gütern gesichert haben".

Die politische Führung der Sowjetunion war sich 1961 sicher, das dem westlichen Kapitalismus überlegene Wirtschafts- und Gesellschaftssystem zu besitzen. Aus dem unbestreitbaren Vorsprung in der Weltraumtechnik und den anfänglichen Erfolgen des Neulandprogramms wurde die generelle Überlegenheit des in der Sowjetunion praktizierten Sozialismusmodells abgeleitet. Das Rad der Geschichte schien sich nicht mehr zurückrollen zu lassen; man bewegte sich nun auf ein völlig neues Zeitalter zu, das im eigenen Selbstverständnis von einem weltumfassenden Frieden, erfüllter Arbeit für alle, Freiheit, Gleichheit und Glück für jeden Menschen geprägt sein sollte.

Aber die Vision Chruschtschows einer blühenden kommunistischen Zukunft hielt der Realität nicht stand. Gemessen an Durchschnittswerten lag die Pro-Kopf-Getreideproduktion in der ersten Hälfte der 60er Jahre nur wenig höher als 1913. Die Böden in den Neulandgebieten waren schnell ausgelaugt. Im Jahr 1963 konnte eine Hungersnot nur vermieden werden, weil aus Kanada große

Mengen von Getreide importiert wurden. In der industriellen Pro-Kopf-Produktion lag die Sowjetunion Mitte der 60er Jahre erst an 20. Stelle in der Welt, weit zurück hinter den westlichen Industriestaaten. Von einer Bewältigung des Wohnraumproblems war man sehr weit entfernt, die durchschnittliche Wohnfläche pro Einwohner betrug in den Großstädten weniger als acht Quadratmeter. Versorgungsengpässe existierten nach wie vor. 1964 wurde Chruschtschow wegen „Phantasterei" und einer Politik der „übereilten Entscheidungen" gestürzt.

Sturz Chruschtschows

Im Namen des Volkes regierte weiter die Partei, im Namen der Partei regierte Chruschtschows Nachfolger Leonid Breschnew. Aber während die Propaganda den Menschen weiter verkündete, daß der Sozialismus von Sieg zu Sieg eile, trat die Sowjetunion Mitte der 70er Jahre in eine wirtschaftliche Stagnationsphase ein: die jährlichen Zuwachsraten sanken auf 1 %. Der Traum des Parteiprogramms von 1961, die USA innerhalb von zehn Jahren einzuholen und zu überholen, konnte auch von Breschnew nicht eingelöst werden.

Breschnew

MATERIAL 1 **Stalins Erben, Gedicht von Jewgenij Jewtuschenko**
Verfaßt 1961 nach der Entfernung Stalins aus dem Lenin-Mausoleum

Schweigend: der Marmor.
Schweigend: das glitzernde Glas.
Schweigend: zu Bronze geronnen
die Wache im Wind.
Aber vom Sarge stieg ein geringer Rauch.
Atem, der durch seine schmalen Ritzen gelangt war,
als man
ihn durch die Tür des Mausoleums hinaustrug.
Mit seinen Kanten
die Bajonette streifend schwamm er langsam vorüber,
Schweigend
auch er!
Schweigend! Aber dahinter ein Drohen.
Drohend
dahinter
düster mit einbalsamierten Fäusten
der sich nur tot gestellt hatte, der da
jetzt sein Gesicht an die Ritze preßte,
sich einzuprägen alle, die ihn hinausbeförderten,
junge Rekruten aus Rjasanj und Kursk.
Der hatte schon seinen Plan.
Nur ausruhen würde er.
Nicht Ruhe geben wollte er.
In seine Kiste gekauert
nur warten,
bis seine Kräfte ihm endlich erlaubten,
den Sarg zu sprengen,
das Grab zu verlassen
und jene Unwürdigen dort zu erreichen,
die ihn vergruben in Unvernunft.
Ich aber wende mich an die Regierung mit Sorge,
weist meine Bitte nicht ab:
Verdoppelt die Wachen,
verdreifacht sie
vor diesem Grab!
Damit Stalin für immer darinnen bleibt.
Und mit ihm, was vergangen sein soll.

(Aus: Helmut Altrichter – Heiko Haumann, Die Sowjetunion. Von der Oktoberrevolution bis zu Stalins Tod, 2. Bd., Wirtschaft und Gesellschaft, dtv, München 1987, S. 486f., Übers. Peter Rühmkorf)

1. Erläutern Sie das Gedicht „Stalins Erben". Wovor warnt Jewtuschenko? Wie charakterisiert er die vergebliche Entstalinisierung?

MATERIAL 2 **Zusammenfassung des Parteiprogramms der KPdSU von 1961**

Die zwei Hauptetappen des Aufbaus des Kommunismus

1961 bis 1970

USA werden in der Pro-Kopf-Produktion übertroffen
Materieller Wohlstand aller Sowjetbürger gewährleistet
Bedarf an komfortablen Wohnungen im wesentlichen gedeckt
Abschaffung der schweren körperlichen Arbeit
UdSSR wird Land mit dem kürzesten Arbeitstag
Industrieproduktion der UdSSR steigt auf das 2,5fache
Arbeitsproduktivität wird verdoppelt
Durchgängige Mechanisierung der Industrie, Landwirtschaft, des Bau- und Verkehrswesens, der Verlade- und Entladearbeiten und der kommunalen Wirtschaft
Landwirtschaftliche Produktion steigt auf das 2,5fache und überholt die USA
Stromerzeugung wächst auf 900 bis 1000 Milliarden Kilowattstunden
Sechsstundentag oder 34- bzw. 36stündige Arbeitswoche, teilweise Fünfstundentag und 30-Stunden-Woche
Nationaleinkommen steigt auf das 2,5fache
Verdoppelung des Realeinkommens der Arbeiter und Angestellten
Abschaffung der niedrigen Lohn- und Gehaltsgruppen
Verdoppelung des Realeinkommens der Kolchosbauern
Verdreifachung der Fleischproduktion
Elfklassige polytechnische Oberschule für alle Kinder

1971 bis 1980

Kommunistische Gesellschaft in der UdSSR im wesentlichen aufgebaut
Überfluß an materiellen und kulturellen Gütern wird gesichert
Allmählicher Übergang zum kommunistischen Prinzip der Verteilung nach Bedürfnissen
Industrieproduktion steigt auf das 6fache
Arbeitsproduktivität steigt auf das 4,5fache und das Doppelte gegenüber der Arbeitsproduktivität der USA
250 Millionen Tonnen Stahl jährlich
Stromerzeugung wächst auf 2700 bis 3000 Milliarden Kilowattstunden
Durchgängige Automatisierung der Industrie
Landwirtschaftliche Produktion steigt auf das 3,5fache und schneller als die Nachfrage
Fleischproduktion wächst auf das 4fache
Landwirtschaftliche Produktion erreicht das Niveau der Industrie
Landwirtschaftliche Arbeit wird zu einer Art industrieller Arbeit
Abhängigkeit der Landwirtschaft von Naturelementen geht auf Minimum zurück
Nationaleinkommen wächst auf das 3,5fache
Realeinkommen der Arbeiter und Angestellten steigt um das 3,5fache
Realeinkommen der Kolchosbauern steigt um mehr als das 4fache
Weitere Verkürzung des Arbeitstages und der Arbeitswoche

(Aus: Neues Deutschland, 31.7.1961, Titelseite)

1. Fassen Sie die Zielsetzungen für den Aufbau des Kommunismus aus dem Jahr 1961 zusammen und beurteilen Sie sie.

MATERIAL 3 Unterschiedliche Angaben zum Wachstum der sowjetischen Wirtschaft

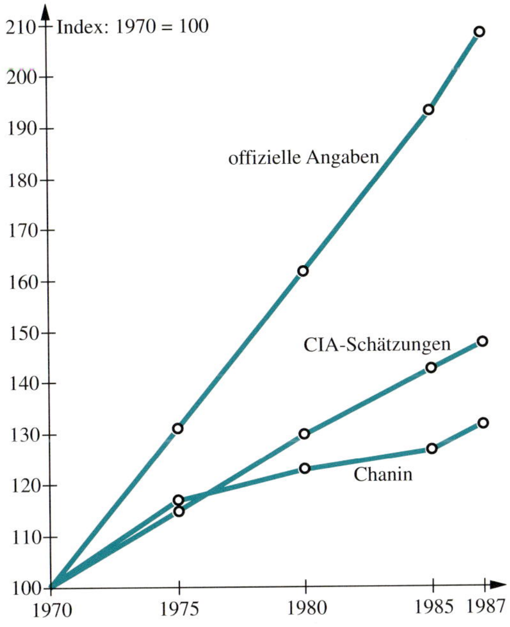

Der sowjetische Wirtschaftswissenschaftler Chanin analysierte 1988 die Leistungsfähigkeit der sowjetischen Wirtschaft. Seine Ergebnisse wurden in der Parteizeitschrift „Kommunist“ veröffentlicht.

Durchschnittliches jährliches Wachstum in %	1971–75	1975–80	1980–85	1986–87
Offizielle Angaben	5,7	4,3	3,6	3,8
CIA-Schätzungen	3,0	2,3	1,9	1,7
Chanin-Analyse	3,2	1,0	0,6	2,0

(Nach: Hans-Hermann Höhmann, Zwischen Krise und Reform: Sowjetische Wirtschaft auf schwierigem Kurs, in: Sowjetunion 1988/89. Perestrojka in der Krise?, Hanser, München/Wien 1989, S. 126; Graphik-Vorlage: D. v. Schrötter)

MATERIAL 4 Sowjetische Technologie: Spitzenleistungen und der Arbeitsalltag

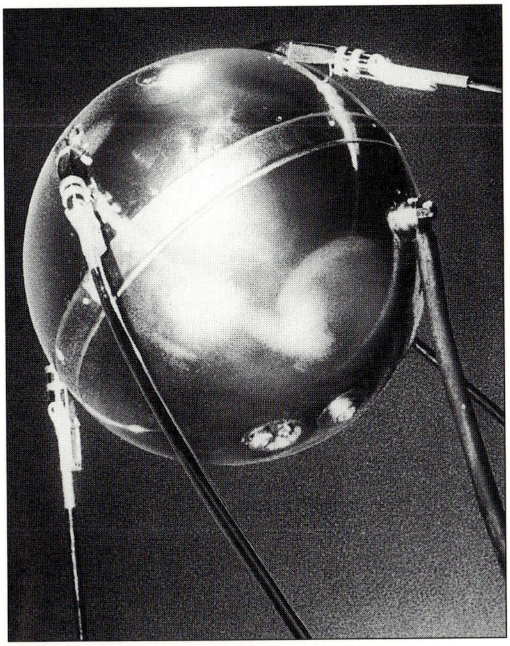

Sputnik: der erste künstliche Erdsatellit der Welt

„Da schau her, eine vertraute Technik“, sowjetische Karikatur, 1985

Sowjetischer Alltag: Schlange vor einer Bäckerei

1. Vergleichen Sie die tatsächliche wirtschaftliche Entwicklung (Analyse Chanins) mit den programmatischen Verheißungen von 1961.
2. Vergleichen Sie die offiziellen Angaben zum Wirtschaftswachstum und die Spitzenleistungen der sowjetischen Technologie mit der Lebenserfahrung der Sowjetbürger (Material 3, 4 und Abbildung links).

MATERIAL 5 Die schlimmsten ökologischen Krisengebiete

MATERIAL 6 **Die Austrocknung des Aralsees**

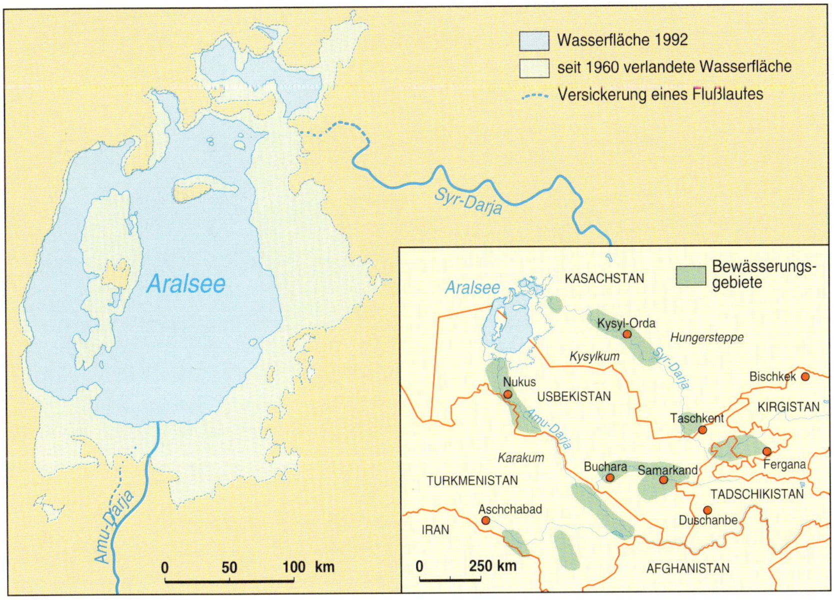

Die Flüsse Syr-Darja und Amu-Darja haben auf ihrem Weg durch das sowjetische Zentralasien riesige Mengen von Pestiziden und Düngemitteln aufgenommen und im Aralsee abgelagert. Nach der Austrocknung großer Teile des Aralsees werden diese Pestizide und Düngemittel zusammen mit dem in den See geschwemmten Salz durch Wüstenstürme aufgewirbelt und vergiften dadurch riesige Gebiete.

1. Versuchen Sie nähere Einzelheiten über einige „Bezirke ökologischen Notstandes" in Erfahrung zu bringen (Quellen: z.B. Zeitungen, Bücher, Umweltschutzorganisationen).
2. Erschließen Sie die Ursachen der in Material 6 zum Ausdruck kommenden Umweltprobleme und zeigen Sie Folgen auf.

3.2. Bürokratische Erstarrung und Reformansätze

Gorbatschow

Als Michail Gorbatschow im März 1985 als Nachfolger von Breschnew († 1982), Andropow († 1984) und Tschernenko († 1985) zum Generalsekretär der KPdSU ernannt wurde, fiel seine Analyse zur wirtschaftlichen und politischen Situation der Sowjetunion vernichtend aus. Gorbatschow brachte als erster sowjetischer Politiker den Mut auf, öffentlich von Mißerfolgen zu reden, die Probleme der sowjetischen Wirtschaft und Gesellschaftsform beim Namen zu nennen: „Produktion als bloßer Selbstzweck", „verschwenderische und ineffiziente Nutzung von Arbeitskraft, Material und Geld", „armselige Qualität von Konsumgütern", „Engpässe bei der Versorgung mit Nahrungsmitteln, Wohnungen, Konsumgütern und Dienstleistungen", „schreiende Unzulänglichkeiten in der medizinischen Versorgung". Gorbatschow faßte zusammen: „Bei uns war der Konsument völlig der Gnade des Produzenten ausgeliefert und mußte mit dem zurechtkommen, was letzterer ihm zu liefern beliebte", und: „Ein Land, das einst rasch zu den modernen Nationen der Welt aufgeschlossen hatte, begann gegenüber den anderen an Boden zu verlieren."

Wirtschaftliche Analyse

Das sowjetische Politbüro bei den Feiern zur Oktoberrevolution 1982 (1. von l. Breschnew, 3. von l. Tschernenko, 4. von l. Andropow, 1. von r. Gorbatschow). Das Durchschnittsalter des 14-köpfigen Politbüros betrug damals 70,8 Jahre.

Politische und gesellschaftliche Analyse

Der wirtschaftlichen Analyse folgte die politische und gesellschaftliche. Gorbatschow beklagte den „Zerfall der öffentlichen Moral", stellte fest: „Die Gesellschaft als Ganzes geriet immer mehr außer Kontrolle", „die Probleme mehrten sich schneller, als sie gelöst werden konnten." Als Probleme nannte er: „Gesetzesverstöße der Verwaltung, Korruption, Augenwischerei, Katzbuckelei, Lobhudelei, Alkoholismus, Drogenmißbrauch, wachsende Kriminalität". Hauptursache dieser Probleme war für ihn „die Vorgaukelung einer problemfreien Realität durch die politische Führung. Diese Diskrepanz zwischen Worten und Taten erzeugte in der Öffentlichkeit Passivität und Skepsis gegenüber verkündeten Parolen. Es war nur folgerichtig, daß diesem Zustand ein Verlust an Glaubwürdigkeit folgte."

Sozialismus mit menschlichem Antlitz

Ausgehend von dieser wirtschaftlichen, gesellschaftlichen und politischen Analyse forderte Gorbatschow die entschiedene Überwindung der spätstalinistischen Strukturen in allen Bereichen der sowjetischen Gesellschaft. Als Ziele seiner Reformpolitik setzte er sich die Rückkehr zum „wahren" Sozialismus, einem „Sozialismus mit menschlichem Antlitz". Erreicht werden sollte damit die Beschleunigung des wirtschaftlichen Wachstums und die deutliche Verbesserung des Lebensstandards, eine Modernisierung der sowjetischen Gesellschaft und letztendlich die Behauptung der Weltmachtrolle der Sowjetunion.

Perestroika

Glasnost

Diese Politik sollte mit Maßnahmen, die unter den Schlagworten „Perestroika" und „Glasnost" bekannt wurden, umgesetzt werden: Die sowjetische Wirtschaft sollte umgebaut werden; Gorbatschow wollte die zentralen Planungsinstanzen schwächen zugunsten einer stärkeren Verantwortlichkeit der Betriebe, diese sollten gewinnorientiert arbeiten. Gleichzeitig wollte er eine kritische Öffentlichkeit herstellen und die demokratischen Mitbestimmungsrechte der Bevölkerung ausbauen.

Widerstand gegen diese Politik regte sich vor allem in der Staats-, Partei- und Wirtschaftsbürokratie. Der Apparat wollte weder Machtbefugnisse abtreten noch auf materielle Privilegien verzichten. Eine Perestroika im politischen System sollte diesen Widerstand brechen: In den Wahlen vom Frühjahr 1989 konnten die Sowjetbürger erstmals tatsächlich wählen, zwar noch nicht zwischen mehreren Parteien, aber in der Regel zwischen mehreren Kandidaten verschiedener politischer Richtung. Es erfolgte die politische Aufwertung der parlamentarischen Vertretungen, der Sowjets, der Versuch der Gewaltenteilung und einer Trennung von Partei und Staat. Schließlich wurde im März 1990 das Machtmonopol der kommunistischen Partei zugunsten eines pluralistischen Systems aufgegeben und ein sich am amerikanischen Regierungssystem orientierendes Präsidialsystem errichtet.

Politische Reformen

Gorbatschow gelang es dadurch weitgehend, die alten Mechanismen der sowjetischen Planwirtschaft außer Kraft zu setzen und die politische Erstarrung und Apathie der sowjetischen Gesellschaft zu überwinden. Es gelang ihm aber nicht, den angestrebten „dritten Weg des wahren Sozialismus" zwischen zentraler, voll verstaatlichter Planwirtschaft und einer Marktwirtschaft mit Privateigentum zu errichten und den alten politischen Apparat auszuschalten. Das alte Wirtschaftssystem funktionierte nicht mehr, ein neues Wirtschaftssystem funktionierte noch nicht. Die wirtschaftliche Lebenssituation der Menschen verschlechterte sich zusehends. Zwischen 1985 und 1991 radikalisierte sich sowohl die Reformpolitik Gorbatschows als auch die sowjetische Gesellschaft insgesamt. Während Gorbatschow aber immer noch eine systemimmanente sozialistische Politik verfolgte, setzten sich weite Teile der Gesellschaft für eine Überwindung des Sozialismus ein.

Wirtschaftliche Probleme

Parallel zur Demokratieentwicklung wuchsen in den einzelnen Republiken der Sowjetunion nationale Bewegungen, die teils eine größere Autonomie vom politischen Zentrum, teils die Durchsetzung des nationalen Selbstbestimmungsrechts bis zur Loslösung von der Sowjetunion forderten. Gorbatschow, der noch 1986 die nationale Frage in der Sowjetunion für grundlegend gelöst hielt, wurde von der „Explosion des Ethnischen" überrascht. Die Nationalitätenprobleme und -konflikte, die seit Ende 1986 offen zutage traten, hatten vielfältige und unterschiedliche Ursachen: nationale Emanzipationsbestrebungen im Sinne einer Entkolonisierung; Forderungen nach „historischer Gerechtigkeit" und Wiedergutmachung für in der Stalin-Ära deportierte Völker; Abschüttelung wirtschaftlicher Fremdbestimmung; Angst vor Überfremdung und dem Verlust der eigenen Kultur, vor allem der Sprache; Angst vor ökologischen Katastrophen und Schuldzuweisungen für diese Katastrophen an das politische Zentrum; religiöse Gegensätze; Grenzstreitigkeiten. Gemeinsam ist den meisten dieser Nationalitätenprobleme, daß die Verantwortung für das jeweilige Problem „Moskau" zugeschrieben wurde und mit „Moskau" das russische Volk gemeint war. Dieses reagierte seinerseits mit einem steigenden russischen Nationalismus.

Nationalitätenprobleme

Gorbatschow, der die Sowjetunion als Bundesstaat erhalten wollte, wurde so im Laufe der Zeit politisch isoliert. Einem Teil des politischen Spektrums, den Radikaldemokraten und den Nationalisten in den verschiedenen Völkern der Sowjetunion, ging seine Reformpolitik nicht weit genug, einem anderen Teil, den konservativen Kommunisten und den Verfechtern einer zentralistischen Sowjetunion, ging diese viel zu weit.

MATERIAL 7 Sowjetische Karikaturen zum Wesen der Bürokratie

Das Gedicht zur Karikatur lautet in freier Übersetzung:
Es schien, nichts könne ihn erschüttern –
Durch Jahre und Jahrzehnte unverzagt.
Doch kam die Stund' – und stetig wird Granit zerschmettert
Durch harten Stahl.
Dann stürzt der Bürokrat

Karikatur, 1986

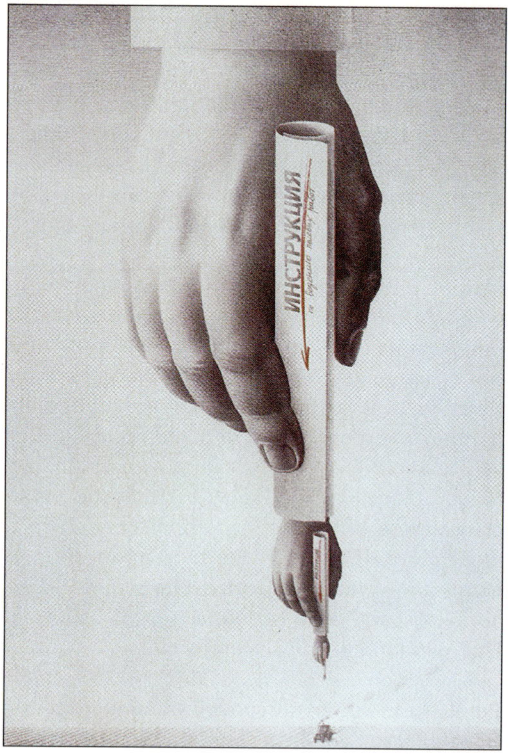

„Instruktion zur Bestellung der Feldarbeit", 1988

MATERIAL 8 Der Publizist und politische Berater Gorbatschows Alexander Bowin über sein Sozialismusverständnis: „Die offene Frage"

Wir distanzieren uns von einem autoritären Sozialismus, in dem die politische Macht in den Händen einer begrenzten Gruppe von führenden Funktionären (oder gar nur eines „Führers") konzentriert ist, die außerhalb jeder gesellschaftlichen Kontrolle agieren.
Wir distanzieren uns von einem bürokratischen Sozialismus, in dem sich „einfache" Menschen in die berüchtigten „Schräubchen" verwandeln und sich vor einem riesigen, machtvollen Apparat als hilflos erweisen, der seine wichtigste Aufgabe darin sieht, seine Existenz zu sichern und sich erweitert zu reproduzieren.
Wir distanzieren uns von einem ineffektiven Sozialismus, der keinen inneren Antrieb für eine Zunahme der Arbeitsproduktivität hat, der nach den Gesetzen eines permanenten Mangels an Nahrungsmitteln, eines Mangels an haltbaren Waren, eines Mangels an Dienstleistungen, eines Mangels an Wohnungen, eines Mangels an Qualität lebt.
Wir distanzieren uns von einem anonymen, stummen Sozialismus, der seine Bürger mit wohldosierter, die Wirklichkeit beschönigender Information abspeist. [...]
Wir distanzieren uns vom Einheitssozialismus, der die Fruchtbarkeit des Pluralismus der Meinungen und Ideen leugnet. [...]
Wir distanzieren uns von einem Sozialismus, der sich von der übrigen Welt abkapselt, der die freie Gegenüberstellung, die Konkurrenz

der Ideologien, geistigen Werte und Lebensweisen fürchtet und seine Bürger nach ihrer Ausreiseeignung klassifiziert.

Wie soll nun der Sozialismus aussehen, den wir anstreben? [...] Wir brauchen einen Sozialismus „mit menschlichem Antlitz“, das heißt, eine Gesellschaft, in der sich der Mensch wohl fühlt, in der er sich als eigenständige Persönlichkeit, als Staatsbürger und Herr über sein (und das allgemeine) Geschick empfinden kann.

Wir brauchen einen Sozialismus, in dem wir, das Volk, aufhören, Partei und Regierung für ihre „Fürsorge“ zu danken. Partei und Regierung haben uns zu danken.

(Aus: Alexander Bowin, Die offene Frage, in: Neue Zeit, Moskauer Hefte für Politik, Moskau, Nr. 26, 1988, S. 20f.)

1. Welches Bild der sowjetischen Bürokratie entwerfen die beiden Karikaturen? (Material 7)
2. Fassen Sie die Kritik Alexander Bowins am „real existierenden Sozialismus“ in eigenen Worten zusammen.
3. Zeigen Sie, welche Aussagen Bowins das bisherige sowjetische Sozialismusmodell am stärksten in Frage stellen.

MATERIAL 9 **Glasnost – Aufforderung und Resultat**

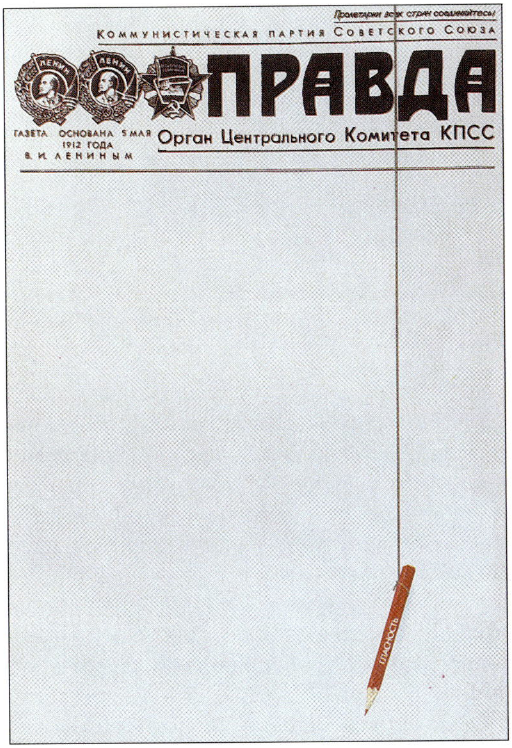

Plakat von Gennadij Belozerow: Glasnost (1988).
Vor der leeren Titelseite des Zentralorgans der KPdSU („Prawda“ = Wahrheit) hängt ein Bleistift mit der Aufschrift „Glasnost“.

Demonstration in Moskau, die sich gegen den Machtmißbrauch der KPdSU richtet (1990)

1. Erklären Sie ausgehend von dem Plakat den Begriff „Glasnost“.

MATERIAL 10 **Artikel 6, der Kern der sowjetischen Verfassung**

Verfassung vom 7. 10. 1977

Die führende und lenkende Kraft der sowjetischen Gesellschaft, der Kern ihres politischen Systems, der staatlichen und gesellschaftlichen Organisationen ist die Kommunistische Partei der Sowjetunion. Die KPdSU ist für das Volk da und dient dem Volk.

Ausgerüstet mit der marxistisch-leninistischen Lehre, bestimmt die Kommunistische Partei die allgemeine Perspektive der Entwicklung der Gesellschaft, die Linie der Innen- und Außenpolitik der UdSSR, leitet sie die große schöpferische Tätigkeit des Sowjetvolkes und verleiht seinem Kampf für den Sieg des Kommunismus planmäßigen, wissenschaftlich begründeten Charakter.

Verfassungsänderung vom 13. 3. 1990

Die Kommunistische Partei, andere Parteien, Gewerkschaften, Jugendverbände sowie andere gesellschaftliche Organisationen und Massenbewegungen nehmen über die von ihnen in die Sowjets gewählten Volksdeputierten und über andere Wege an der Erarbeitung der Politik des sowjetischen Staates sowie an der Leitung der den Staat und die Gesellschaft betreffenden Angelegenheiten teil.

(Verfassung von 1977 aus: Dietrich Frenzke, Der Text der Verfassung und der Einführungsgesetze, Osteuropa Recht 1–2, 1978, S. 157; Text von 1990 aus: Archiv der Gegenwart, 1990, S. 34322)

1. Erläutern Sie, welches Selbstverständnis der KPdSU in der Verfassung von 1977 zum Ausdruck kommt. Ziehen Sie auch die Aussagen aus Lenins Parteilehre (S. 59) hinzu.
2. Arbeiten Sie die wesentlichen Unterschiede zwischen den beiden Verfassungstexten heraus und kennzeichnen Sie den Wandel des politischen Systems.
3. „Glasnost" war eine von oben eingeleitete Bewegung. Erläutern Sie, welche Intention Glasnost hatte und in welche Richtung sich Glasnost entwickelte.

3.3 Der Zusammenbruch eines Systems

Erst im Laufe des Jahres 1991 war Präsident Gorbatschow bereit, den Teilrepubliken der UdSSR entscheidende Zugeständnisse zu machen. Anfang August wurde zwischen den neun wichtigsten Republiken ein „Vertrag über die Union der Sowjetischen Souveränen Republiken" ausgehandelt, der die neue Union in eine Konföderation vollberechtigter Mitglieder der internationalen Staatengemeinschaft umwandeln sollte.

Staatsstreich vom 19. August 1991

Am 19. August 1991, einen Tag vor der geplanten Unterzeichnung dieses neuen Unionsvertrages durch Rußland, Kasachstan und Usbekistan – weitere Unterzeichnungen waren für die nächsten Wochen vereinbart – putschte ein selbsternanntes „Staatliches Komitee für den Ausnahmezustand" und setzte Gorbatschow ab. Hinter diesem Staatskomitee, dem u. a. der sowjetische Vizepräsident, der Verteidigungs- und der Innenminister angehörten, standen die konservativen Teile des Staatsapparats, der KPdSU, der Armee, des Geheimdienstes, der Rüstungsindustrie und der staatlich kontrollierten Landwirtschaft. Die Putschisten wandten sich gegen die zunehmende Demokratisierung und

Liberalisierung der Reformpolitik Gorbatschows, gegen die Privatisierung der Wirtschaft, gegen eine enge Kooperation mit dem Westen und traten für die Rettung der Zentralmacht Sowjetunion ein.

Scheitern des Putsches

Bereits nach drei Tagen war der Putsch zusammengebrochen. Er scheiterte, weil das Militär sich spaltete, die Putschisten keine Kontrolle über die Massenmedien erlangten, der Widerstand gegen den Putsch in der Person Boris Jelzins eine charismatische Führungsfigur fand und nicht zuletzt, weil er unzureichend geplant und schlecht durchgeführt worden war. Entscheidend war aber die Rolle des Volkes. Dieses hatte im Laufe des mehrjährigen Reformprozesses ein politisches Bewußtsein entwickelt, das es zum friedlichen Massenwiderstand gegen den Putsch befähigte. Der gescheiterte Putsch vom 19. August 1991 wirkte sich letztlich als Katalysator aus, er beschleunigte das Ende der bolschewistischen Herrschaft und den Zerfall der Sowjetunion. Mit der Niederlage der Putschisten endete eine Epoche, die mit der Oktoberrevolution 1917 begonnen hatte.

Ursachen des Zusammenbruchs der UdSSR

Der real existierende Sozialismus war allerdings in der Sowjetunion bereits zuvor gescheitert. Vergleicht man die Ursachen, die zur Februarrevolution 1917 führten, mit den Ursachen des Zusammenbruchs der Sowjetunion, ergeben sich bemerkenswerte Parallelen:

Autokratisches System

- Das politische System hatte versagt. Ein autokratisches System, hier zaristisch, da kommunistisch, hatte die demokratische Teilhabe seiner Bürger am politischen System verhindert. Systemimmanente Reformen gingen der Mehrheit der Bevölkerung nicht weit genug, entscheidende politische Reformen waren aber systemsprengend.

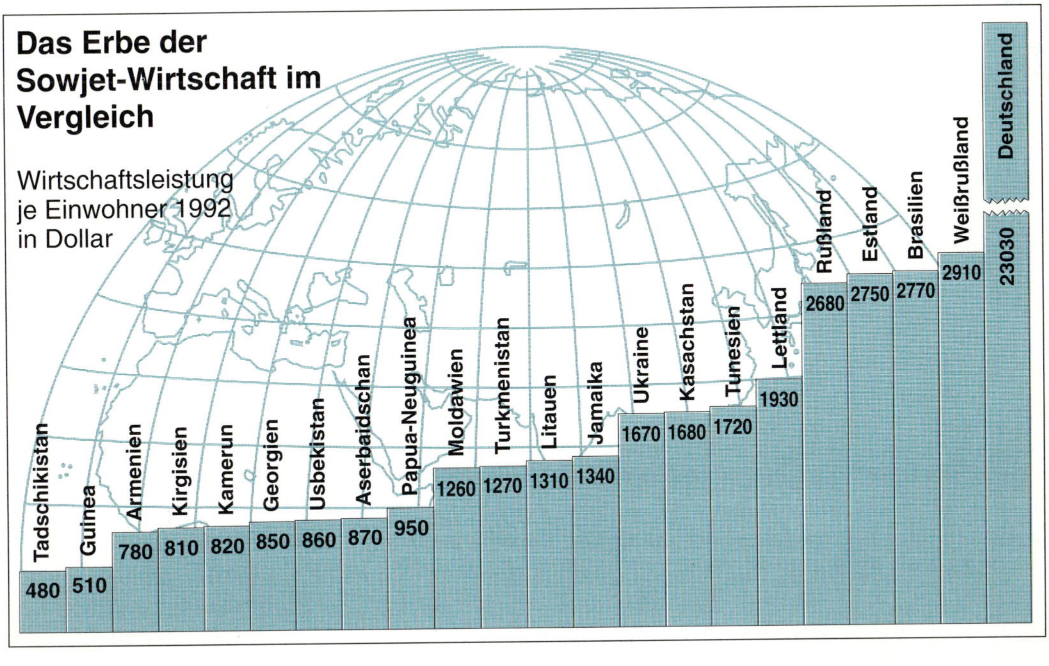

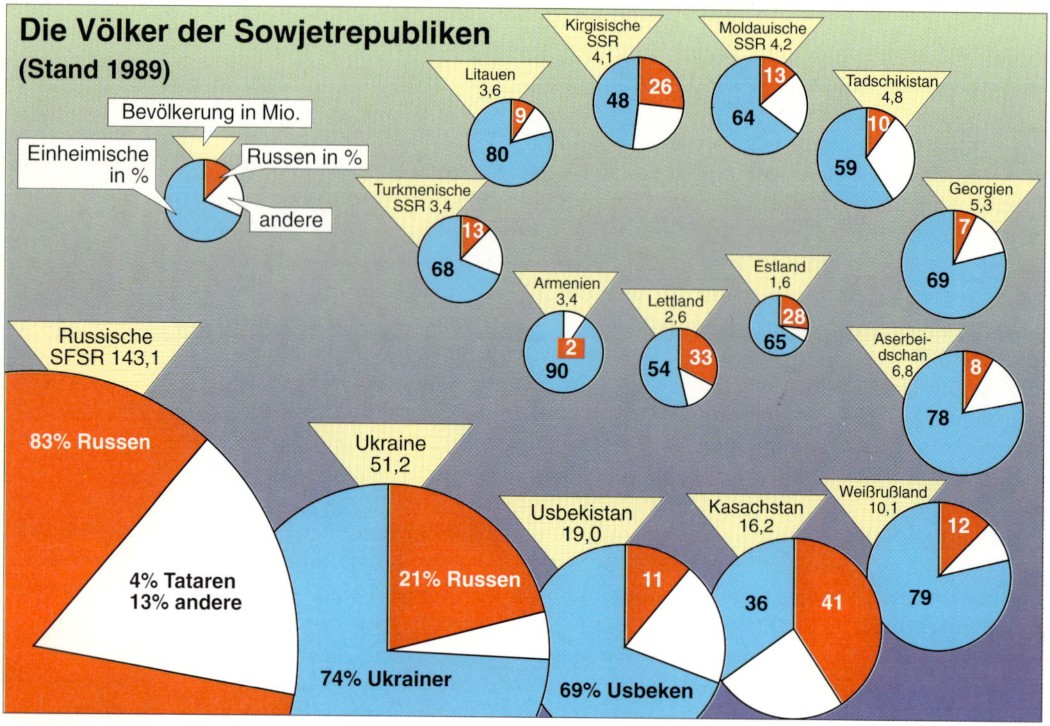

Sozialistische Kommandowirtschaft

● Das wirtschaftliche System hatte versagt. Rußland hinkte 1917 wie 1991 hinter der wirtschaftlichen Entwicklung des Westens zurück. Die sozialistische Kommandowirtschaft reagierte auf die von Gorbatschow eingeleitete Lockerung der zentralen Planung mit immer rascherem Leistungsabfall. Die Unzufriedenheit der Menschen mit ihrer persönlichen Situation richtete sich 1917 wie 1991 gegen das alte System.

Nationale Frage

● Die nationale Frage war 1991 genausowenig gelöst wie 1917. Aus der Sicht der nichtrussischen Völker waren die Herrschaft der KPdSU und der russisch bestimmte Sowjetstaat identisch. Die Sowjetunion war als Nachfolgestaat des Russischen Reiches das Werk der Bolschewiki, diese bildeten die wichtigste Klammer des Vielvölkerimperiums. Mit dem Herrschaftsverlust der Zaren 1917 brach das russische Reich auseinander, mit dem Herrschaftsverlust der KPdSU die Sowjetunion.

Boris Jelzin

Mit dem Scheitern des Putsches vom 19.8.1991 hatte auch der Generalsekretär der KPdSU und Präsident der UdSSR Michail Gorbatschow seine politische Macht verloren. Politisch gesiegt hatte die Symbolfigur des Widerstandes gegen den Putsch, der russische Präsident Boris Jelzin. Am 23. August 1991 verbot Jelzin die Tätigkeit der KPdSU in Rußland, wenige Tage danach wurde dieses Verbot auf die ganze Sowjetunion ausgeweitet.

Als erste Republiken vollzogen die drei baltischen Staaten Estland, Lettland und Litauen den endgültigen Schritt in die staatliche Unabhängigkeit. Die übri-

gen Staaten folgten in den nächsten Wochen. Am 8. Dezember 1991 gründeten in der weißrussischen Hauptstadt Minsk Rußland, Weißrußland und die Ukraine die Gemeinschaft Unabhängiger Staaten (GUS), der nach wenigen Tagen in der kasachischen Hauptstadt Alma Ata weitere Republiken der sich auflösenden Sowjetunion beitraten. Die neue Gemeinschaft Unabhängiger Staaten, die erklärtermaßen kein Staat ist, verkündete das Ende der UdSSR. Am 25. Dezember zog Gorbatschow die Konsequenz und trat als Präsident zurück. Am 31. Dezember 1991 um 24 Uhr wurde die sowjetische Staatsflagge über dem Kreml eingezogen und die russische Staatsfahne gehißt, die UdSSR existierte endgültig nicht mehr. Ende 1993 waren außer den drei baltischen Republiken alle zwölf ehemaligen sowjetischen Republiken der GUS beigetreten.

GUS

Ende der UdSSR

Nach dem Zusammenbruch der Sowjetunion bleiben zahlreiche Probleme in deren Nachfolgestaaten ungelöst:

- Der Übergang des alten politischen Systems in eine am westlichen Vorbild orientierte pluralistische Demokratie stößt auf zahlreiche Hindernisse. Es fehlen vor allem eine demokratische Kultur und eine „civil society", in der sich Bürger selbst organisieren, engagieren und politisch einmischen. Alte Herrschaftsstrukturen erweisen sich als zählebig, die ehemaligen kommunistischen Kader regieren unter meist nationalistischen Etiketten vielerorts weiter.

Fehlen einer demokratischen Kultur

- Nach dem Zerfall der Sowjetunion in fünfzehn selbständige Staaten sind die Nationalitätenprobleme keineswegs gelöst. Statt eines Vielvölkerstaates gibt es

Nationale Konflikte

nun deren fünfzehn. Fünfzig Millionen ehemalige Sowjetbürger leben als nationale Minderheiten außerhalb ihrer jeweiligen territorialen Heimat, davon allein 25 Millionen Russen außerhalb der Russischen Föderation. Diese sind nun in einer Minderheitenposition und drängen Rußland dazu, die Rolle einer Schutzmacht zu übernehmen. Die meisten Nachfolgestaaten der Sowjetunion respektieren die Rechte ihrer nationalen Minderheiten nur unzureichend. Autonomie- und Sezessionsbestrebungen nehmen allerorten zu. 1992 gab es in der ehemaligen Sowjetunion bereits 180 meist allerdings nicht offen ausgetragene Konflikte, die die nationale Hoheit über einzelne Territorien und den Verlauf ehemaliger Grenzen in Frage stellten.

Wirtschaftliche Probleme

● Der Übergang von einer staatlichen Planwirtschaft in eine privatisierte Marktwirtschaft geschieht nur halbherzig. In einigen Bereichen fehlen auch erfahrene Wirtschaftsfachleute. Die Folgen sind hohe Staatsverschuldung durch Subventionierung weiter Wirtschaftsbereiche und dadurch bedingt extrem hohe Inflationsraten. Die Verarmung weiter Bevölkerungsteile, das enorme Anwachsen der sozialen Unterschiede und ein dramatischer Rückgang der Produktion wegen fehlender Absatzmöglichkeiten sind weitere Kennzeichen der wirtschaftlichen Situation.

Zukunft der GUS

● Ungeklärt ist weiterhin die künftige Entwicklung der GUS, drei mögliche Antworten sind denkbar:

1. Die GUS ist eine Übergangseinrichtung zur Abwicklung des Erbes der Sowjetunion und löst sich eines Tages auf.
2. Die GUS ist ein Integrationsorgan gleichberechtigter Staaten und strebt eine ähnliche Entwicklung wie die Europäische Union an.
3. Die GUS ist das Instrument Rußlands zur Wiedererlangung der Vorherrschaft über die restlichen Nachfolgestaaten der Sowjetunion und die Basis einer neuen imperialen Rolle Rußlands.

MATERIAL 11 **Die Folgen der Reformpolitik des sowjetischen Staatschefs Gorbatschow im Spiegel von Karikaturen**

Der Geist aus der Flasche
Karikatur aus dem Jahre 1989

Nach der Wäsche im „Demokratie“-Pulver:
„Sie ist eingelaufen!“, 1991

Sowjetische Karikatur, 1990

In den Karikaturen erscheint Gorbatschow als Reformer, Bewahrer, Zerstörer und als Opfer.

1. Beschreiben Sie die von Gorbatschows Politik ausgelösten gesellschaftlichen und politischen Prozesse.
2. Erörtern Sie ausgehend von den Karikaturen das Dilemma seiner Reformpolitik.

MATERIAL 12 Der Politologe Wassmund zum Zusammenbruch der Sowjetunion

Die Gründe für den rund fünfzehn Jahre dauernden Niedergang der Sowjetunion, der sich am Schluß dramatisch beschleunigte und in den „freien Fall" überging, sind vielfältig, lassen sich aber in fünf Hauptmomenten zusammenfassen:

– der Unfähigkeit der kommunistischen Parteiführung, ihre Herrschaftstechniken zu modernisieren und neue, den veränderten Herausforderungen und Bedürfnissen angepaßte Zieldefinitionen und Durchsetzungsstrategien hervorzubringen und sie auf breiter gesellschaftlicher Basis anzuwenden;

– dem Unwillen, einem Niedergang in Politik, Wirtschaft und Gesellschaft durch Konkurrenz, Anreiz und Belohnung zu begegnen und dadurch Dynamik, Motivation und Initiative auszulösen anstatt weiter auf Kontrolle, Zentralsteuerung und Kommandostrukturen zu beharren;

– der Einfalls- und Tatenlosigkeit gegenüber Stillstand und Rückgang der Wirtschaft, der Steigerung ethnischer und sozialer Spannungen, der Zunahme ökologischer Verheerungen, alles Entwicklungen, die geleugnet wurden oder auf die mit schönfärberischen Parolen und ideologischen Phrasen bzw. mit Drohung und Unterdrückung reagiert wurde;

– der fast panischen Angst vor eigenständigen Entwicklungswegen, nationalen Kommunismusvarianten, Abweichungen vom „sowjetischen Modell", auf die sowohl im engeren „sozialistischen Lager" als auch in der „kommunistischen Weltbewegung" mit Unduldsamkeit, Drohung oder gar Militärintervention reagiert wurde;

– der „imperialen Überdehnung" des sowjetischen Engagements in der Welt, dem naiven Verständnis, ökonomisch-sozial-ethnischen Konflikten überall auf dem Globus mit militärischen Mitteln begegnen zu können, und der fatalen Hoffnung, in der Mächtekonkurrenz mit dem von den USA geführten Westen mithalten zu können.

Eine Kombination dieser Kräfte und Tendenzen überstieg die Lernbereitschaft, Leistungs- und Anpassungsfähigkeit des Sowjetsystems bei weitem und zerstörte [...] die ideologischen Perspektiven, den innenpolitischen Zusammenhalt, die wirtschaftliche Basis und den Rest weltpolitischer Anziehungskraft.

(Aus: Hans Wassmund, Die gescheiterte Utopie. Aufstieg und Fall der UdSSR, C. H. Beck, München 1993, S. 12f.)

1. Erläutern Sie, worauf Wassmund den Zusammenbruch der Sowjetunion zurückführt.
2. Wassmund nannte sein Buch „Die gescheiterte Utopie". Versuchen Sie diese Utopie im Rückblick zu kennzeichnen.

MATERIAL 13 Die Historiker Gerhard und Nadja Simon über die Nachfolgestaaten der Sowjetunion und über die GUS (1993)

Zu einem neuen Instrument der Integration entwickelte sich die GUS nicht. Bereits Aufteilung und Abwicklung des Erbes erwiesen sich als außerordentlich schwierig und kontrovers, von einer gemeinsamen Bewältigung der Zukunftsaufgaben ganz zu schweigen. Insbesondere die Positionen Rußlands und der Ukraine stießen immer wieder hart aufeinander. [...]

Für die Mitglieder der GUS standen die Prozesse der Staatsbildung im Inneren und die Einbindung in die internationalen Beziehungen nach außen im Vordergrund, nicht jedoch die Integration in suprastaatliche Strukturen im Rahmen der neuen Gemeinschaft. Die Integration wurde durch zwei Faktoren erschwert: das starke Übergewicht Rußlands und die nicht zuletzt dadurch veranlaßten Bestrebungen der anderen Mitgliedsstaaten, sich nach außen zu orientieren, um so zumindest teilweise das Übergewicht Rußlands auszubalancieren. Die europäischen Nachfolgestaaten bemühten sich intensiv um den Anschluß an Europa, die islamischen Staaten suchten Anlehnung an die Türkei, den Iran oder auch an das reiche Saudi-Arabien.

Die Sowjetunion war nicht zuletzt deshalb auseinandergebrochen, weil ihre Teile nicht zusammengehörten. Wie sollten die Nachfolgestaaten zur Integration finden? Es gab im Grunde nur ein in die Vergangenheit gerichtetes, alle miteinander verbindendes Interesse: die Überwindung des sowjetischen Erbes. [...]

Nirgendwo ist die Staatsbildung im Inneren abgeschlossen. Neben dem gerade erst begonnenen Umbau der Wirtschaft und den von hier zu erwartenden sozialen Folgekosten wird die Staatsbildung überall insbesondere durch zwei Probleme erschwert: Die Integration der nationalen Minderheiten und latente oder akute Forderungen nach Grenzrevisionen. Einige Staaten wie die baltischen und die Ukraine haben Gesetze zum Schutz von Minderheiten erlassen. Aber erst die Zukunft kann zeigen, ob es gelingt, die Minderheiten, insbesondere die russische Minderheit, durch demokratische Verfahren in den Staat zu integrieren, oder ob sie zu einem Sprengstoff für die Stabilität werden. Die größten Gefahren gehen von der Infragestellung der Grenzen aus. Viele Grenzen zwischen den neuen Staaten sind zufällig, historisch ungerechtfertigt und umstritten; sie sind dennoch – jedenfalls derzeit – nicht verrückbar, weil es keine Übereinstimmung der betroffenen Seiten darüber gibt, was gerechte Grenzen sind. Die Frage muß offen bleiben, ob sich ausreichend gemäßigte politische Kräfte finden, die den Status quo als das kleinere Übel akzeptieren in einer politischen Gesamtsituation, die gerade durch die Infragestellung des Status quo in fast allen Bereichen charakterisiert ist.

(Aus: Gerhard und Nadja Simon, Verfall und Untergang des sowjetischen Imperiums, dtv, München 1993, S. 185ff.)

1. Fassen Sie die Aussagen der Autoren in Thesen zusammen.
2. Erörtern Sie, ob sich die GUS seit der Veröffentlichung des Buches von Gerhard und Nadja Simon zu einem „neuen Instrument der Integration" entwickelt hat.
3. Untersuchen Sie, ob sich die Thesen, die über die Probleme der Staatsbildung in den Nachfolgestaaten der Sowjetunion aufgestellt wurden, inzwischen bewahrheitet haben.

Das Scheitern der ersten deutschen Demokratie

1. Die Entstehung der Republik aus Niederlage und Revolution

1.1 Revolution von oben – Revolution von unten

Die erste deutsche Demokratie entstand unter denkbar ungünstigen Bedingungen. Nicht aus einer machtvollen Volksbewegung oder aus einem selbstbewußten Parlament, sondern aus der Zwangslage einer militärischen Niederlage ging die Weimarer Republik hervor. Das Eingeständnis der Niederlage löste eine Volksbewegung aus, die der Monarchie ein Ende bereitete.

OHL

Man hat es als geschichtliche Ironie bezeichnet, daß der Anstoß zur Demokratisierung von der Kraft ausging, die seit zwei Jahren nahezu diktatorische Macht ausübte und sich stets als erbitterter Gegner jeder Form von Parlamentsherrschaft und jeder Verständigung mit den Kriegsgegnern gezeigt hatte: der Obersten Heeresleitung (OHL) unter Generalfeldmarschall von Hindenburg und Generalquartiermeister Ludendorff. Die OHL handelte jedoch nicht aus gewandelter Gesinnung, sondern aus Einsicht in die Lage. Nach vierjährigem Krieg stand im Sommer 1918 der Zusammenbruch unmittelbar bevor. Die letzten deutschen Offensiven an der Westfront waren steckengeblieben; am 8. August gelang den Engländern ein tiefer Durchbruch durch die deutschen Linien. Der Zusammenbruch Bulgariens und das Waffenstillstandsangebot Österreich-Ungarns an seine Kriegsgegner ließen bereits die Gefahr einer weiteren Front an der bisher sicheren Südgrenze des Deutschen Reichs befürchten.

Militärischer Zusammenbruch

In dieser Situation sah sich die OHL am 29. September gezwungen, die Reichsregierung um die sofortige Aufnahme von Waffenstillstandsverhandlungen zu ersuchen. OHL und Regierung setzten besondere Hoffnungen auf den amerikanischen Präsidenten Wilson, der in den beiden letzten Kriegsjahren mit aufsehenerregenden Vorschlägen für eine Weltfriedensordnung an die Öffentlichkeit getreten war. Nach Wilsons Grundsätzen, die in seinen „14 Punkten" konkretisiert wurden, sollte der künftige Friede drei Prinzipien verwirklichen:

Wilsons 14 Punkte

- Der Friede sollte Annexionen ausschließen und von einer internationalen Organisation aller Völker gesichert werden.
- Alle Völker sollten auf der Grundlage des Selbstbestimmungsrechts frei über ihre Zukunft entscheiden können.
- Die „autokratisch" regierten Staaten – und als solcher galt auch das Deutsche Reich mit seiner konstitutionellen Monarchie – sollten demokratisiert werden.

Die Verwirklichung der „14 Punkte" stellte nicht nur den Bestand des österreichischen Vielvölkerstaates in Frage, sondern rührte auch an die Grundlagen des deutschen Regierungssystems. Tiefgreifende Reformen im deutschen Reich mußten der Aufnahme von Waffenstillstandsverhandlungen vorausgehen. Das Einschwenken der OHL auf Wilsons Linie leistete jetzt ungewollt den Bestrebungen derjenigen Kräfte Vorschub, die schon länger auf eine Parlamentarisierung des Reichs hinarbeiteten: der Politik der SPD, der liberalen Fortschrittspartei und des Zentrums.

Eine neue Regierung wurde gebildet, die erstmals Mitglieder der Reichstagsfraktionen umfaßte und ihre politischen Entscheidungen mit dem Reichstag abstimmte. Die Mehrheitsparteien wagten jedoch nicht, einen Politiker aus den eigenen Reihen für das Amt des Reichskanzlers zu benennen. Die süddeutschen Liberalen schlugen schließlich den Prinzen Max von Baden für dieses Amt vor. Unter seiner Kanzlerschaft wurde die Reichsreform verwirklicht und am 28. Oktober 1918 verkündet: Der Reichskanzler war von nun an vom Vertrauen des Reichstags abhängig und trug auch die Verantwortung für alle Handlungen des Kaisers „von politischer Bedeutung". Zur Kriegserklärung und zum Friedensschluß war nun die Zustimmung des Reichstags und des Bundesrats erforderlich. Aus der konstitutionellen Monarchie war eine parlamentarische geworden.

Oktoberverfassung von 1918

Die Weichen zu diesem Schritt waren schon ein Jahr zuvor gestellt worden. Bereits zu Ostern 1917 hatte Kaiser Wilhelm II. angesichts der drohenden amerikanischen Kriegserklärung die Aufhebung des preußischen Dreiklassenwahlrechts in Aussicht gestellt. Von der SPD, die 1914 noch fast geschlossen für die Bewilligung der Kriegskredite durch den Reichstag gestimmt hatte, spaltete sich der linke Flügel ab. Dieser nannte sich Unabhängige Sozialdemokratische Partei (USPD), steuerte im Gegensatz zu den „Mehrheitssozialdemokraten" (MSPD) einen revolutionären Kurs und trat für unbedingte Friedenspolitik ein. Demgegenüber strebte die MSPD als Nahziel die Parlamentarisierung des Reichs an und verbündete sich zu diesem Zweck mit der Fortschrittspartei und dem Zentrum im „Interfraktionellen Ausschuß". Gemeinsam wollte man weitere Gelder für den Krieg nur bewilligen, wenn die Befugnisse des Reichstags entscheidend erweitert würden. Am 14. 7. 1917 verabschiedete der Reichstag eine Friedensresolution, in der den Alliierten ein Friede der „Verständigung und der dauernden Versöhnung der Völker" angeboten wurde; sie wurde mit den Stimmen der „Mehrheitsparteien" SPD, Zentrum und Fortschrittspartei angenommen. Massenstreiks in der Rüstungsindustrie zeugten zur gleichen Zeit von der Unzufriedenheit und Kriegsmüdigkeit weiter Kreise der Bevölkerung.

Weichenstellung 1917

Spaltung der SPD

Friedensresolution

Trotz dieser Signale wurde die deutsche Öffentlichkeit von den Ereignissen im September und Oktober 1918 völlig unvorbereitet getroffen. Zu lange und zu wirkungsvoll hatte die Zensur den Glauben an die deutsche Unbesiegbarkeit aufrechterhalten können. Auch jetzt noch sorgte die OHL dafür, daß die Verantwortung für die Niederlage den Politikern, nicht den Militärs angelastet wurde – die „Legende", das „feldgraue Heer" sei „im Felde unbesiegt" von hinten „erdolcht" worden, wurde zum Propagandainstrument der politischen Rechten.

Übungen für Kriegsversehrte

Die Hoffnungen, die die Reichsführung auf die Vermittlung Wilsons gesetzt hatte, erwiesen sich bald als Illusionen. Der Notenwechsel mit dem amerikanischen Präsidenten zeigte, daß auch die USA nur um den Preis der militäri-

„Nehmen Sie, Mrs. Germania, meine Besen sind die besten von der Welt.“ – „Danke, Herr Wilson, in meinem Haus kehre ich schon lieber mit meinem eigenen!“

Revolution in Berlin 1918: Berliner Straßenszene am 9. November 1918,
Postkarte

schen Selbstaufgabe Deutschlands und radikaler innenpolitischer Veränderungen im Reich zum Waffenstillstand bereit waren. Immer häufiger wurde jetzt die Forderung nach dem Rücktritt Wilhelms II. erhoben, der als das Haupthindernis für eine Verständigung mit Wilson galt. Der Kaiser floh vor dieser Bewegung ins Große Hauptquartier nach Spa.

Eine Revolution „von unten“, eine Massenbewegung der Marinesoldaten, versetzte der Monarchie den endgültigen Todesstoß. Die kaiserliche Marine, deren Aufbau vor dem Krieg eine deutsch-englische Annäherung verhindert hatte, die jedoch im Krieg nur zweimal zum Einsatz gekommen war, erhielt am 29. Oktober 1918 den Befehl, zum Angriff gegen die englische Flotte auszulaufen. Dies war eine eigenmächtige Entscheidung der Marineführung, die nach der Reichsreform im Oktober 1918 (s.o.) dazu eigentlich nicht mehr befugt war.

Matrosenaufstand

Der Befehl führte zur offenen Meuterei der Matrosen in Kiel und Wilhelmshaven; sie befürchteten, daß durch diesen Vorstoß die Waffenstillstandsverhandlungen durchkreuzt werden sollten und daß man sie als Opfer eines „heroischen Untergangs“ mißbrauchen wollte. Bis zum 8. November hatte die Aufstandsbewegung München erreicht. Überall bildeten sich Soldatenräte, denen sich die Arbeiter anschlossen.

Arbeiter- und Soldatenräte

Die Bildung der Arbeiter- und Soldatenräte war nicht zentral gesteuert, sondern geschah spontan. Trotzdem waren die Vertreter der MSPD und des gemäßigten Flügels der USPD in den meisten Räten in der Mehrheit.

Am 7. November verlangten die sozialdemokratischen Minister ultimativ den Rücktritt des Kaisers, den der Reichskanzler Prinz Max von Baden am 9. 11. 1918 eigenmächtig ohne Zustimmung des Kaisers verkündete. Ohne verfassungsrechtliche Grundlage übergab er sein Amt dem Parteivorsitzenden der MSPD, Friedrich Ebert. Eberts Parteifreund Philipp Scheidemann ging bereits einen Schritt weiter. Ohne Absprache mit der Partei rief er gegen 14 Uhr von einem Fenster des Reichstags aus die deutsche Republik aus. Er wollte mit diesem Schritt Karl Liebknecht, dem Führer des linksradikalen Spartakus-Bundes, zuvorkommen. Dieser rief um 16 Uhr von einem Balkon des kaiserlichen Schlosses aus die sozialistische Republik aus. Die politische Ordnung des Kaiserreichs war ohne großen Widerstand zusammengebrochen. Auch die übrigen deutschen Monarchen traten, in der Regel ohne Blutvergießen, ab. Am 10. November ging Wilhelm II. in die Niederlande ins Exil. Seinen endgültigen Thronverzicht erklärte er erst am 28. November.

Ausrufung der Republik

Der Zentrumsabgeordnete Matthias Erzberger unterzeichnete am 11. November 1918 im Wald von Compiègne den Waffenstillstand. In der Öffentlichkeit wurde dadurch er – und nicht die OHL – für die Annahme der ungewöhnlich harten Bedingungen verantwortlich gemacht:

Waffenstillstand

- Räumung aller besetzten Gebiete und Elsaß-Lothringens binnen zweier Wochen, des linken Rheinufers binnen eines Monats.
- Besetzung strategischer Brückenköpfe auf dem rechten Rheinufer durch die Alliierten (Köln, Koblenz, Mainz).
- Ablieferung aller schweren Waffen.

Militärischer Widerstand war nach der Erfüllung dieser Bedingungen dem Deutschen Reich nicht mehr möglich. Dieser außenpolitische und militärische Druck belastete die Anfänge der deutschen Republik. Noch aber war nicht entschieden, welche Gestalt sie haben würde, ob und in welchem Umfang die Traditionen des Kaiserreichs in ihr weiterleben würden.

MATERIAL 1 **Brief des Studenten Johannes Haas (gefallen am 1. 6. 1916 vor Verdun)**

Champagne, 29. Januar 1916:
An Reinhold von meiner Gruppe schreibt seine Frau, daß bis auf die notwendigen Betten alle Möbel im Pfandhaus seien. Natürlich, die Leutnants wundern sich, daß die Leute nicht mehr wollen. Die „Sekt- und Weinkäuze“ feiern; wir kommen im Dreck um und erhalten 1½ Löffel Abfallmarmelade und 14 Stück Zucker zu Weihnachten. Der Mann, dem der gemeine Soldat einzig noch Sympathie und Vertrauen entgegenbringt, ist der Schreihals Liebknecht. „Scheidemann und Legien sollen zu den Agrariern gehen; als Sozialdemokraten sehen sie den Reichstag nicht wieder.“ Das ist die Stimmung der Feldgrauen, nicht das Gefasel der Berichterstatter. Trotzdem glaube ich nicht an das geflügelte Wort: „Frieden gibt's erst, wenn wir die Flinten umdrehen.“ Aber furchtbar wird es einst tagen. Wohl dem, der im Glauben an sein Vaterland dann der Ewigkeit entgegenschlummert; denn das wird schlimmer als der Krieg.

(Aus: Philipp Witkop [Hrsg.], Kriegsbriefe gefallener Studenten, Langen-Müller, München 1928, S. 163f.)

1. Charakterisieren Sie die Kriegserfahrungen und die politischen Schlußfolgerungen von Soldaten, die in diesem Brief wiedergegeben sind.
2. Inwieweit arbeitet dem Brief zufolge der Krieg der Revolution vor?

MATERIAL 2 Tagebuchnotizen des Obersten von Thaer vom 1. Oktober 1918

Furchtbar und entsetzlich! Es ist so! In der Tat! Als wir versammelt waren, trat Ludendorff in unsere Mitte, sein Gesicht von tiefstem Kummer erfüllt, bleich, aber mit hoch erhobenem Haupt. Eine wahrhaft schöne germanische Heldengestalt! Ich mußte an Siegfried denken mit der tödlichen Wunde im Rücken von Hagens Speer.

Er sagte ungefähr folgendes: Er sei verpflichtet, uns zu sagen, daß unsere militärische Lage furchtbar ernst sei. Täglich könne unsere Westfront durchbrochen werden. Er habe darüber in den letzten Tagen Sr. M. zu berichten gehabt. Zum ersten Mal sei der OHL von Sr. M. bzw. vom Reichskanzler die Frage vorgelegt worden, was sie und das Heer noch zu leisten imstande seien. Er habe im Einvernehmen mit dem Generalfeldmarschall geantwortet: „Die OHL und das deutsche Heer seien am Ende; der Krieg sei nicht nur nicht mehr zu gewinnen, vielmehr stehe die endgültige Niederlage wohl unvermeidlich bevor. Bulgarien sei abgefallen. Österreich und die Türkei, am Ende ihrer Kräfte, würden wohl bald folgen. Unsere eigene Armee sei leider schon schwer verseucht durch das Gift spartakistisch-sozialistischer Ideen. Auf die Truppen sei kein Verlaß mehr. [...]

Deshalb habe die OHL von Sr. M. und dem Kanzler gefordert, daß *ohne jeden Verzug* der Antrag auf Herbeiführung eines Waffenstillstandes gestellt würde bei dem Präsidenten Wilson von Amerika zwecks Herbeiführung eines Friedens auf der Grundlage seiner 14 Punkte. [...]
Es sei ein schrecklicher Augenblick für den Feldmarschall und für ihn gewesen, dieses Sr. M. und dem Kanzler melden zu müssen. Der letztere, Graf Hertling, habe in würdiger Weise Sr. M. erklärt, er müsse daraufhin sofort sein Amt niederlegen. Nach so vielen Jahren in Ehren könne und wolle er als alter Mann nicht sein Leben damit beschließen, daß er jetzt ein Gesuch um Waffenstillstand einreiche. [...]

Exc. Ludendorff fügte hinzu: „Zur Zeit haben wir also keinen Kanzler. Wer es wird, steht noch aus. *Ich habe aber S.M. gebeten, jetzt diejenigen Kreise an die Regierung zu bringen, denen wir es in der Hauptsache zu danken haben,* daß wir so weit gekommen sind. Wir werden also diese Herren jetzt in die Ministerien einziehen sehen. Die sollen nun den Frieden schließen, der jetzt geschlossen werden muß. Sie sollen die Suppe jetzt essen, die sie uns eingebrockt haben."

Die Wirkung dieser Worte auf die Hörer war *unbeschreiblich*. Während L. sprach, hörte man leises Stöhnen und Schluchzen, vielen, wohl den meisten, liefen unwillkürlich die Tränen über die Backen. [...]

(Aus: Gerhard A. Ritter und Susanne Miller [Hrsg.], Die deutsche Revolution 1918–1919, Fischer, Frankfurt/Main 1968, S. 22–24)

1. Zeigen Sie, worin die OHL die Ursachen der deutschen Niederlage erblickt. Beurteilen Sie ihr politisches Kalkül in dieser Situation.

MATERIAL 3 Erklärung der Abdankung des Kaisers und des Thronverzichts des Kronprinzen durch Reichskanzler Prinz Max von Baden, 9. November 1918

Der Kaiser und König hat sich entschlossen, dem Throne zu entsagen.

Der Reichskanzler bleibt noch solange im Amt, bis die mit der Abdankung des Kaisers, dem

Thronverzicht des Kronprinzen des Deutschen Reiches und von Preußen und der Einsetzung der Regentschaft verbundenen Fragen geregelt sind.
Er beabsichtigt, dem Regenten die Ernennung des Abgeordneten Ebert zum Reichskanzler und die Vorlage eines Gesetzentwurfes wegen der sofortigen Ausschreibung allgemeiner Wahlen für eine verfassunggebende deutsche Nationalversammlung vorzuschlagen, der es obliegen würde, die künftige Staatsform des deutschen Volkes einschließlich der Volksteile, die ihren Eintritt in die Reichsgrenzen wünschen sollten, endgültig festzustellen.

Berlin, den 9. November 1918

Der Reichskanzler: Max, Prinz von Baden

(Aus: Herbert Michaelis und Ernst Schraepler [Hrsg.], Ursachen und Folgen, Bd. 2, Dokumenten-Verlag, Berlin 1958, S. 570ff.)

MATERIAL 4 Ausrufung der Republik durch Philipp Scheidemann am 9. November 1918

Arbeiter und Soldaten! Furchtbar waren die vier Kriegsjahre. Grauenhaft waren die Opfer, die das Volk an Gut und Blut hat bringen müssen. Der unglückselige Krieg ist zu Ende. Das Morden ist vorbei. Die Folgen des Krieges, Not und Elend, werden noch viele Jahre auf uns lasten. Die Niederlage, die wir unter allen Umständen verhüten wollten, ist uns nicht erspart geblieben, weil unsere Verständigungsvorschläge sabotiert wurden, wir selbst wurden verhöhnt und verleumdet.

Ausrufung der Republik durch Philipp Scheidemann

Die Feinde des werktätigen Volkes, die wirklichen „inneren Feinde“, die Deutschlands Zusammenbruch verschuldet haben, sind still und unsichtbar geworden. Das waren die Daheimkrieger, die ihre Eroberungsforderungen bis zum gestrigen Tage ebenso aufrechterhielten, wie sie den verbissensten Kampf gegen jede Reform der Verfassung und besonders des schändlichen preußischen Wahlsystems geführt haben. Diese Volksfeinde sind hoffentlich für immer erledigt. Der Kaiser hat abgedankt. Er und seine Freunde sind verschwunden. Über sie alle hat das Volk auf der ganzen Linie gesiegt!

Der Prinz Max von Baden hat sein Reichskanzleramt dem Abgeordneten Ebert übergeben. Unser Freund wird eine Arbeiterregierung bilden, der alle sozialistischen Parteien angehören werden. Die neue Regierung darf nicht gestört werden in ihrer Arbeit für den Frieden, in der Sorge um Brot und Arbeit.
Arbeiter und Soldaten! Seid euch der geschichtlichen Bedeutung dieses Tages bewußt. Unerhörtes ist geschehen. Große und unübersehbare Arbeit steht uns bevor.

Alles für das Volk, alles durch das Volk! Nichts darf geschehen, was der Arbeiterbewegung zur Unehre gereicht!

Seid einig, treu und pflichtbewußt!

Das Alte und Morsche, die Monarchie ist zusammengebrochen. Es lebe das Neue! Es lebe die Deutsche Republik!

(Aus: Herbert Michaelis und Ernst Schraepler [Hrsg.], Ursachen und Folgen, Bd. 2, Dokumenten-Verlag, Berlin 1958, S. 570ff.)

MATERIAL 5 **Proklamierung der sozialistischen Republik durch Karl Liebknecht am 9. November 1918**

[...] Der Tag der Revolution ist gekommen. Wir haben den Frieden erzwungen. Der Friede ist in diesem Augenblick geschlossen. Das Alte ist nicht mehr. Die Herrschaft der Hohenzollern, die in diesem Schloß jahrhundertelang gewohnt haben, ist vorüber. In dieser Stunde proklamieren wir die freie sozialistische Republik Deutschland. Wir grüßen unsere russischen Brüder, die vor vier Tagen schmählich davongejagt worden sind. [...]
Durch dieses Tor wird die neue sozialistische Freiheit der Arbeiter und Soldaten einziehen. Wir wollen an der Stelle, wo die Kaiserstandarte wehte, die rote Fahne der freien Republik Deutschland hissen! [...]

Parteigenossen [...], der Tag der Freiheit ist angebrochen. Nie wieder wird ein Hohenzoller diesen Platz betreten. Vor 70 Jahren stand hier am selben Ort Friedrich Wilhelm IV. und mußte vor dem Zug der auf den Barrikaden Berlins für die Sache der Freiheit Gefallenen, vor den fünfzig blutüberströmten Leichnamen seine Mütze abnehmen. Ein anderer Zug bewegt sich heute hier vorüber. Es sind die Geister der Millionen, die für die heilige Sache des Proletariats ihr Leben gelassen haben. Mit zerspaltenem Schädel, im Blut gebadet wanken diese Opfer der Gewaltherrschaft vorüber, und ihnen folgen die Geister von Millionen von Frauen und Kindern, die für die Sache des Proletariats in Kummer und Elend verkommen sind. Und Abermillionen von Blutopfern dieses Weltkrieges ziehen ihnen nach. Heute steht eine unübersehbare Menge begeisterter Proletarier an demselben Ort, um der neuen Freiheit zu huldigen. Parteigenossen, ich proklamiere die freie sozialistische Republik

Karl Liebknecht ruft die Republik aus

Deutschland, die alle Stämme umfassen soll, in der es keine Knechte mehr geben wird, in der jeder ehrliche Arbeiter den ehrlichen Lohn seiner Arbeit finden wird. Die Herrschaft des Kapitalismus, der Europa in ein Leichenfeld verwandelt hat, ist gebrochen. [...]

Wenn auch das Alte niedergerissen ist, [...] dürfen wir doch nicht glauben, daß unsere Aufgabe getan sei. Wir müssen alle Kräfte anspannen, um die Regierung der Arbeiter und Soldaten aufzubauen und eine neue staatliche Ordnung des Proletariats zu schaffen, eine Ordnung des Friedens, des Glücks und der Freiheit unserer deutschen Brüder und unserer Brüder in der ganzen Welt. Wir reichen ihnen die Hände und rufen sie zur Vollendung der Weltrevolution auf.

Wer von euch die freie sozialistische Republik Deutschland und die Weltrevolution erfüllt sehen will, erhebe seine Hand zum Schwur (alle Hände erheben sich und Rufe ertönen: Hoch die Republik!). [...]

(Aus: s. Material 4, S. 570 ff.)

1. Vergleichen Sie die drei Dokumente vom 9. 11. 1918 (Material 3–5) unter folgenden Gesichtspunkten: Einschätzung der Krisensituation, Schuldzuweisung, Legitimation zum politischen Handeln und Gestaltung des künftigen deutschen Staates.

1.2 Die gebremste Revolution – Handlungsspielräume, Alternativen und Durchsetzungschancen

Der Zusammenbruch des Kaiserreichs offenbarte sich in seinem ganzen Ausmaß, als keine seiner Institutionen sich fähig und willens zeigte, das durch den Rücktritt des Kaisers entstandene Machtvakuum auszufüllen. Neben der offenen Grundsatzfrage, wie der neue deutsche Staat gestaltet werden sollte, standen gewaltige Sachprobleme auf der Tagesordnung der deutschen Politik:

Friedensverhandlungen

- Mit den Alliierten mußte ein Friedensvertrag geschlossen werden. Angesichts der Stimmung der Siegermächte war keineswegs sicher, daß das Deutsche Reich in seiner staatlichen Einheit fortbestehen würde.

Demobilisierung

- Die Rückführung und Demobilisierung der Truppen schufen nicht nur Transport- und Versorgungsengpässe, sondern auch ein soziales Problem ersten Ranges, da Millionen ehemaliger Soldaten in den Arbeitsprozeß einer Wirtschaft einzugliedern waren, die vier Jahre lang ganz im Dienst der Rüstung gestanden hatte und jetzt auf Friedensproduktion umgestellt werden mußte.

Versorgung

- Ein besonders drückendes Problem war die Versorgung der Industriezentren mit Lebensmitteln, zumal in den Waffenstillstandsverhandlungen die deutschen Unterhändler die Aufhebung der alliierten Hungerblockade nicht erreicht hatten; diese dauerte bis zur Annahme des Friedensvertrages im Juni 1919 an.

Führung der Reichsregierung

Wer hatte die Macht und die Legitimation, diese Aufgaben zu übernehmen? Der Reichstag, der nach den Oktoberreformen am ehesten hierzu legitimiert gewesen wäre, wurde nach dem 26. Oktober nicht mehr einberufen. Die Leiter der Reichsämter (Fachminister) der Regierung Max von Baden blieben zwar im Amt, waren aber auf die Sachfragen der Tagespolitik beschränkt. Die Arbeiter- und Soldatenräte, die auf lokaler Ebene das Leben vieler Deutscher bestimmten, waren zu uneinheitlich zusammengesetzt, um über ihren Rahmen hinaus zu wirken. Von einer geschlossenen Rätebewegung mit ausgebildeten Vorstellungen über die Funktion des Rätewesens konnte in dieser Anfangsphase keine Rede sein. Die bürgerlichen Parteien schienen wie gelähmt und stellten sich nur mühsam auf die neuen Verhältnisse ein.

Friedrich Ebert

Rat der Volksbeauftragten

Eine Schlüsselposition hatte in dieser Lage Ebert inne, seit er das Amt des Reichskanzlers vom letzten kaiserlichen Amtsinhaber übernommen hatte. Am 10. November 1918 bildete er eine provisorische Regierung, den „Rat der Volksbeauftragten“, dem je drei Vertreter der MSPD (Ebert, Scheidemann, Landsberg) und der USPD (Haase, Barth, Dittmann) angehörten. Ihre Befugnisse waren nahezu diktatorisch; ein revolutionäres Mandat erhielten die Volksbeauftragten durch eine Vollversammlung der Berliner Arbeiter- und Soldatenräte. An ein Mandat des Reichstags auf der Basis der Oktoberreformen dachte jetzt niemand mehr. Die Vollversammlung wählte zugleich einen „Vollzugsrat“, der die Revolutionsregierung kontrollieren sollte und vergeblich mit ihr um die Macht rivalisierte. Trotz formeller Gleichstellung der sechs Volksbeauftragten kam Ebert als dem Vorsitzenden der größeren Partei und dem noch von der kaiserlichen Regierung ernannten Reichskanzler eine Schlüsselposition zu, der die USPD-Vertreter machtpolitisch nicht viel entgegenzusetzen hatten.

Inhaltlich trennten die beiden Koalitionspartner tiefe Meinungsverschiedenheiten:

Sozialistische Parteien: MSPD

- Die MSPD wollte die Revolution, die sie nicht gewünscht hatte, möglichst schnell durch die Wahl einer Nationalversammlung in konstitutionelle Bahnen lenken. Über die Sozialisierung sollte unter ökonomisch günstigeren Bedingungen das Parlament entscheiden.

USPD

- Die USPD schloß in ihrer Mehrheit die Wahl zu einer Nationalversammlung nicht aus, wollte diese aber erst durchführen, wenn durch revolutionäre Maßnahmen unwiderrufliche Fakten geschaffen worden seien, welche die Konstituante eindeutig auf den Weg zum Sozialismus festgelegt hätten.

Spartakus-Bund (KPD)

- Beide Parteien standen unter starkem Erfolgsdruck durch die Aktivitäten des Spartakus-Bundes, der sich am Vorbild der bolschewistischen Machtergreifung (s. S. 71ff.) orientierte und sich seit der Jahreswende 1918–19 Kommunistische Partei Deutschlands (KPD) nannte. Die KPD lehnte mehrheitlich die Nationalversammlung ab und beteiligte sich – gegen das Votum Rosa Luxemburgs – nicht an den Wahlen.

Kontinuitäten

War die Reichsführung an ein revolutionär legitimiertes Gremium übergegangen, so bot sich unterhalb dieser Ebene ein anderes Bild. Neben den Volksbeauftragten, offiziell unter ihrer Kontrolle, blieben die Fachminister der letzten kaiserlichen Regierung im Amt. Eine der wenigen Neubesetzungen war die Übertragung des Reichsamtes des Inneren an den linksliberalen Staatsrechtslehrer Hugo Preuß. Angesichts der ungeheuren Probleme konnte man auch auf die Mitarbeit der eingespielten Verwaltungen des Reichs und der Länder nicht verzichten. Diese sollten zwar von den Räten kontrolliert werden, arbeiteten aber weitgehend selbständig weiter. Gleiches galt auch für Justiz und Bildungswesen. Ansätze zu einer stärkeren Zentralisierung des Reichs, vor allem zur Verringerung des preußischen Übergewichts, blieben stecken; die föderalistischen Kräfte erwiesen sich auch dort als stärker, wo Linkssozialisten die Macht übernommen hatten, so z.B. in Bayern unter dem neuen Ministerpräsidenten Eisner (USPD).

1. Basiskompromiß: Bündnis Ebert-Groener

Auch die schwachen Versuche, eine eigene Revolutionsarmee zu schaffen, scheiterten. Am 10. November nahm Ebert das Angebot General Groeners an, ein Bündnis „zur Bekämpfung des Bolschewismus" zu schließen. Groener beabsichtigte mit diesem Schritt, „dem Offizierskorps als dem Träger des Wehrgedankens einen Weg in die neuen Verhältnisse zu ermöglichen". Aus Eberts Sicht war es ein Zweckbündnis zur Aufrechterhaltung der staatlichen Ordnung. Für einen Bürgerkrieg war das demoralisierte Feldheer allerdings nicht mehr verwendungsfähig. Die meisten Einheiten liefen bis zu den Weihnachtstagen 1918 auseinander. Aus den Resten wurden Freiwilligenverbände, sogenannte „Freikorps", gebildet.

2. Basiskompromiß: Stinnes-Legien-Abkommen

Kompromißbereitschaft bestimmte das Verhältnis zwischen Arbeitgebern und Arbeitnehmern, da auch die Gewerkschaften den Räten mehr als mißtrauisch gegenüberstanden. Der Industrielle Hugo Stinnes und der Gewerkschaftsführer Carl Legien einigten sich am 15. November auf einen sozialpolitischen Vertrag, der den Arbeitnehmern die Erfüllung langumkämpfter Forderungen brachte: den Achtstundentag, die Garantie des Koalitionsrechtes, die Tarifautonomie und Schlichtungsinstanzen für Arbeitskonflikte. Obwohl die Volksbeauftragten auch eine Sozialisierungskommission ins Leben riefen, war mit dem Stinnes-Legien-Abkommen die Vorentscheidung zugunsten der Privatwirtschaft gefallen. Eine paritätisch besetzte „Zentralarbeitsgemeinschaft" (ZAG) sollte die sozialpartnerschaftliche Politik weiterführen.

Bürgerliche Parteien

Kontinuität kennzeichnet auch die Entwicklung des Parteiwesens. Im Windschatten der Ereignisse formierten sich die bürgerlichen Parteien des Kaiserreichs neu: Die Konservativen sammelten sich in der Deutschnationalen Volkspartei (DNVP), die Liberalen verteilten sich auf eine rechts- und eine linksliberale Partei [Deutsche Volkspartei (DVP), Deutsche Demokratische Partei (DDP)]. Die Partei des politischen Katholizismus behielt ihren Traditionsnamen „Zentrum" bei. Im Januar 1919 führten die bürgerlichen Parteien einen energischen Wahlkampf, so daß die Zusammensetzung der Nationalversammlung sich nicht wesentlich von der früherer Reichstage unterschied (siehe S. 130).

Räte-bewegung

Vom 16. bis 20. Dezember 1918 tagte in Berlin der Reichskongreß von gewählten Delegierten der Arbeiter- und Soldatenräte. Er sollte über die künftige Rolle der Rätebewegung und die Wahlen zur Nationalversammlung entscheiden. Die Stellung der Räte war zwischen den beiden sozialistischen Parteien umstritten. Die tatsächlichen Machtverhältnisse zeigten sich in der Zusammensetzung des Kongresses: etwa 300 der 500 Teilnehmer bekannten sich zur MSPD, 100 zur USPD; der Rest verteilte sich auf Linksliberale und Parteilose. Die Spartakus-Führer Rosa Luxemburg und Karl Liebknecht waren nicht gewählt worden, und der Antrag, sie als Beobachter zum Reichskongreß zuzulassen, wurde abgelehnt. Die unterschiedlichen Auffassungen über die neue Republik kamen in den Referaten der Delegierten Max Cohen (MSPD) und Ernst Däumig (USPD) zum Ausdruck:

Rolle der Räte

- Cohen plädierte für die Wahl der Nationalversammlung am 19. Januar 1919 und sprach den Räten nur einen „Teilwillen" zu, dem der „Volkswille" übergeordnet sei, setzte sich also eindeutig für eine repräsentative Verfassung ein. Sozialisierungspläne hielt er in einer so katastrophalen Wirtschaftslage für verfrüht; sie könnten auch nur von einer zu erwartenden sozialistischen Mehrheit der Nationalversammlung beschlossen werden. Allerdings sollten die Arbeiterräte weiterhin die sozialen Interessen der Arbeiterschaft vertreten.
- Nach Däumigs Ansicht stellte der Rätekongreß ein Revolutionsparlament mit eigener Legitimation dar, das möglichst schnell revolutionäre Tatsachen schaffen und das Rätesystem als Basis einer proletarischen Demokratie ausbauen sollte.

Das Abstimmungsergebnis entsprach den Mehrheitsverhältnissen: Cohens Antrag wurde mit etwa 450:50 Stimmen angenommen, der Däumigs mit 98:344 abgelehnt. An der Wahl zum „Zentralrat der Arbeiter- und Soldatenräte" beteiligte sich die USPD nicht mehr. Die Macht entglitt den Räten in den kommenden Monaten in dem Maße, wie die bürgerlichen Parteien und konservativen Kräfte an Boden gewannen.

Der Weg zur Nationalversammlung war mit der Entscheidung des Rätekongresses vom 20. Dezember noch nicht gesichert. Am 24. 12. ließ Ebert die „Volksmarinedivision", eine Revolutionstruppe, die eigentlich zum Schutz der Regierung aufgestellt worden war, mit Hilfe ehemaliger Heeresverbände unter der Führung eines kaiserlichen Generals aus dem Berliner Schloß vertreiben. Aus Protest dagegen traten die Volksbeauftragten der USPD von ihren Ämtern

Spartakus-Aufstand

zurück. Sie wurden durch zwei weitere Mehrheitssozialdemokraten (Noske, Wissell) ersetzt. Die bürgerkriegsartigen Zustände in Berlin gipfelten in einem offenen Aufstand des Spartakus-Bundes, der die Hauptstadt – vor allem die Zeitungsredaktionen – für einige Tage in die Hand der Linksradikalen brachte. Unter Noskes Führung wurde der Aufstand bis zum 13. Januar 1919 durch Regierungstruppen und Freikorps, die mit äußerster Brutalität vorgingen, niedergeschlagen. Rosa Luxemburg und Karl Liebknecht wurden nach ihrer Festnahme ermordet, obwohl sie vom Aufstand abgeraten hatten. Die Rätebewegung wurde durch diese Vorgänge weiter geschwächt. Viele ihrer Mitglieder wurden aus Verbitterung über den Kurs der Regierung zu radikalen Gegnern der repräsentativen Demokratie. Im März 1919 kam es in Berlin erneut zu schweren Kämpfen zwischen Räteanhängern und Freikorps; ihren Höhepunkt erreichte die Auseinandersetzung mit der Errichtung einer Räterepublik in München, die am 1. Mai blutig niedergeschlagen wurde.

MATERIAL 6 Schreiben des Vorstandes der SPD an den Vorstand der USPD vom 9. 11. 1918

Von dem aufrichtigen Wunsche geleitet, zu einer Einigung zu gelangen, müssen wir Ihnen unsere grundsätzliche Stellung zu Ihren Forderungen klarlegen. Sie fordern:
1. Deutschland soll eine soziale Republik sein.
Antwort: Diese Forderung ist das Ziel unserer eigenen Politik. Indessen hat darüber das Volk durch die konstituierende Versammlung zu entscheiden.
2. In dieser Republik soll die gesamte exekutive, legislative und die jurisdiktionelle Macht ausschließlich in den Händen von gewählten Vertrauensmännern der gesamten werktätigen Bevölkerung und der Soldaten sein.
Antwort: Ist mit diesem Verlangen die Diktatur eines Teils einer Klasse gemeint, hinter dem nicht die Volksmehrheit steht, so müssen wir diese Forderung ablehnen, weil sie unseren demokratischen Grundsätzen widerspricht.
3. Ausschluß aller bürgerlichen Mitglieder aus der Regierung.
Antwort: Diese Forderung müssen wir ablehnen, weil ihre Erfüllung die Volksernährung erheblich gefährden, wenn nicht unmöglich machen würde.
4. Die Beteiligung der Unabhängigen gilt nur für drei Tage als ein Provisorium, um eine für den Abschluß des Waffenstillstands fähige Regierung zu schaffen.
Antwort: Wir halten ein Zusammenwirken der sozialistischen Richtungen mindestens bis zum Zusammentritt der Konstituante für erforderlich.
5. Die Ressortminister gelten nur als technische Gehilfen des eigentlichen und entscheidenden Kabinetts.
Antwort: Dieser Forderung stimmen wir zu.
6. Gleichberechtigung der beiden Leiter des Kabinetts.
Antwort: Wir sind für die Gleichberechtigung aller Kabinettsmitglieder, indessen hat die Konstituierende Versammlung darüber zu entscheiden.

Der Vorstand der Sozialdemokratischen Partei Deutschlands.

(Aus: Vorwärts Nr. 310/311 vom 10./11. Nov. 1918)

1. Erläutern Sie die unterschiedlichen Standpunkte der beiden sozialistischen Parteien zum Fortgang der Revolution.

Barrikadenkämpfe im Berliner Zeitungsviertel im Januar 1919

Friedrich Ebert

MATERIAL 7 **Ein Historiker im Jahr 1993 über die Revolution 1918/19**

Für das hohe Maß an Kontinuität, das die revolutionäre Übergangszeit zwischen dem Sturz der Monarchie und der Wahl der Nationalversammlung prägte, gab es [...] neben innenpolitischen auch außenpolitische Gründe. Der Handlungsspielraum der Volksbeauftragten war durch die internationalen Rahmenbedingungen der deutschen Politik ebenso beschränkt wie durch die gesellschaftliche Entwicklung und die politischen Traditionen Deutschlands. Ein totaler Bruch mit der Vergangenheit, wie ihn die radikale Linke forderte, konnte unter solchen Bedingungen nicht vollzogen werden. Vorgezeichnet war durch den Willen der Mehrheit die Verwirklichung der parlamentarischen Demokratie, und auf dem Weg zu diesem Ziel durfte der Wille der Mehrheit nicht mißachtet werden. [...]

Aber auch für einige durchgreifende Reformen hätte es im Winter 1918/19 einen ausreichenden Rückhalt in der deutschen Gesellschaft gegeben. Weder im Militär noch in der zivilen Verwaltung mußten die bestehenden Verhältnisse so weitgehend erhalten werden, wie es tatsächlich geschah, und mit einer Vergesellschaftung des Steinkohlenbergbaus hätten sich in den ersten Monaten nach dem Umsturz auch die Parteien der bürgerlichen Mitte abgefunden. Wenn diese Eingriffe unterblieben, so deshalb, weil sie den regierenden Sozialdemokraten entweder nicht vordringlich oder zu gefährlich erschienen. Als Marxisten hatten sie gelernt, daß die Geschichte den gesellschaftlichen Fortschritt mit innerer Notwendigkeit hervorbringen werde. Gleichzeitig waren sie Produkte des deutschen Kaiserreichs. Sie hatten den Rechtsstaat und das konstitutionelle System in einem Grad verinnerlicht, der die Durchführung einer Revolution in ihren Augen geradezu widersinnig machte. Als die Macht ihnen im November 1918 unverhofft zufiel, war ihre erste Sorge die demokratische Legitimierung und Verrechtlichung der neuen Verhältnisse. Der Gedanke, daß die erstrebte Demokratie gesellschaftlicher Veränderungen bedurfte, hatte demgegenüber keine Durchschlagskraft. Deswegen blieben die – wenn auch nur begrenzten – Chancen ungenutzt, die der Umbruch von 1918/19 einer Demokratisierung der deutschen Gesellschaft bot.

(Aus: Heinrich August Winkler, Weimar 1918–1933, Beck, München 1993, S. 67f.)

1. Wie begründet Winkler sein Urteil über die Handlungsspielräume und Durchsetzungschancen der Revolution? Nehmen Sie Stellung.

1.3 Die Weimarer Verfassung – die verfaßte Revolution?

Wahlen zur Nationalversammlung

Die Wahlen zur Nationalversammlung fanden am 19. Januar 1919 statt. Durch eine Verfügung der Volksbeauftragten war schon am 12. November 1918 das Wahlalter auf 20 Jahre gesenkt worden; auch Frauen hatten nun, zum ersten Mal in der deutschen Geschichte, das aktive und passive Wahlrecht. Die Legitimationsgrundlage der neugewählten Versammlung war also breiter als die aller deutschen Parlamente zuvor. Eine Hauptforderung der SPD, die unter dem im Kaiserreich praktizierten reinen Mehrheitswahlrecht am meisten gelitten hatte, war mit der Einführung des Verhältniswahlrechts erfüllt worden.

Wahlergebnis

Von den 14 Parteien, die sich an der Wahl beteiligt hatten, erreichten diejenigen, die sich von vornherein für die parlamentarische Demokratie entschieden hatten, gemeinsam eine solide parlamentarische Mehrheit: SPD (37,9 %), DDP (18,5 %) und Zentrum (19,7 %) – eine Wählerentscheidung für die Initiatoren der Friedensresolution von 1917, für die Kräfte, die im Kaiserreich meist in der Opposition gestanden hatten. Es fehlte aber von Anfang an eine Opposition, die die parlamentarische Demokratie grundsätzlich bejahte; in der prinzipiellen Ablehnung waren sich die extreme Linke und die Rechte einig.
Am 6. Februar 1919 wurde die Nationalversammlung in Weimar, nicht in der noch immer unruhigen Hauptstadt eröffnet. Nachdem der Zentralrat der Arbeiter- und Soldatenräte sein Mandat und damit die Souveränität in die Hände der Nationalversammlung gelegt hatte, wurde am 10. 2. mit dem „Vorläufigen Staatsgrundgesetz" ein provisorischer Staat gegründet. Ebert wurde von der Nationalversammlung zum ersten Reichspräsidenten, Scheidemann an der Spitze einer SPD-DDP-Zentrums-Koalition („Weimarer Koalition") zum Ministerpräsidenten gewählt. Von den 14 Ministern hatten 11 bereits als Volksbeauftragte oder Staatssekretäre der früheren Regierung angehört.

Weimarer Koalition

In den Revolutionsmonaten waren wichtige Vorentscheidungen gefallen, die den Entscheidungsspielraum der Nationalversammlung stark einschränkten:
Die republikanische Staatsform, die repräsentative Demokratie, das allgemeine Wahlrecht und auch die Verhältniswahl konnten nicht mehr rückgängig gemacht werden. Auch das aktive und passive Frauenwahlrecht war nun endgültig durchgesetzt, in den kommenden Jahren gelangten aber keine Frauen in politische Spitzenämter. Aber auch die Stellung der Länder hatte sich gefestigt, so daß an eine grundlegende Veränderung zu Lasten Preußens nicht mehr zu denken war. So blieb die Zusammenlegung der thüringischen Kleinstaaten zum Lande Thüringen die einzige Neuerung. Die Wirtschafts- und Sozialordnung, die fast uneingeschränkte Kontinuität in Verwaltung, Justiz und Heer waren durch die Basiskompromisse der Regierung Ebert festgeschrieben.

Wenn die Verfassung, wie ihr Autor Hugo Preuß (DDP) formulierte, der „politische und staatsrechtliche Niederschlag der Revolution" sein sollte, dann galt dies für die Errungenschaften ebenso wie für die Versäumnisse.

Grundrechte

Nachdem aufgrund einer Forderung der Volksbeauftragten ein Grundrechtskatalog hinzugekommen war, gliederte sich die Weimarer Verfassung in 2 Hauptteile, „Aufbau und Aufgaben des Reichs" und „Grundrechte und Grundpflichten der Deutschen". In den Grundrechten wurde die liberale und demokratische Tradition der Revolution von 1848 aufgegriffen, auf die sich Ebert schon in seiner Eröffnungsrede am 6. Februar berufen hatte, hinzu kamen nun soziale Teilhaberechte. Der Kompromißcharakter dieses Katalogs ist oft kritisiert worden; so wurden die Räte in der Verfassung verankert (Art. 165), zugleich aber auch der Schutz des Mittelstandes (Art. 164) und des Berufsbeamtentums (Art. 129) wie auch der Religionsunterricht an öffentlichen Schulen (Art. 149). Fast alle Parteien und Bevölkerungsgruppen konnten so ihre Zielvorstellungen in der Verfassung wiederfinden, aber große Teile der Arbeiterschaft vermißten eine eindeutige Festlegung der Verfassung auf die sozialistischen Ziele der Revolution. Auch waren die Grundrechte nicht einklagbar, Gesetzgebung und Rechtsprechung waren nicht unmittelbar an sie gebunden.

Gleichgewicht zwischen Reichspräsident und Reichstag

Zwischen dem Reichspräsidenten als dem Staatsoberhaupt und Oberbefehlshaber der Streitkräfte sowie dem Reichstag sollte ein Machtgleichgewicht herrschen, das der Historiker Hagen Schulze folgendermaßen beschreibt: „Der Reichspräsident ernennt und entläßt den Reichskanzler und auf dessen Vorschlag die Reichsminister, die zu ihrer Amtsführung jedoch des Vertrauens des Reichstages bedürfen. Der Reichstag kann mit Zweidrittelmehrheit an das Volk appellieren, den Reichspräsidenten mittels Volksentscheid abzusetzen; der Reichspräsident dagegen kann den Reichstag auflösen, wenn auch nicht mehrfach mit der gleichen Begründung. Der Reichstag beschließt die Gesetze, doch der Reichspräsident kann jedes Gesetz einem Volksentscheid unterbreiten. Der Reichspräsident besitzt für den Notfall außerordentliche Vollmachten nach Artikel 48, aber seine Maßnahmen müssen aufgehoben werden, wenn der Reichstag es verlangt."
Dem Gleichgewichtsdenken, der Mischung präsidialer und parlamentarischer Elemente, entsprach es, daß der Reichspräsident auch die gleiche Legitimation wie die Volksvertretung besaß: Er wurde direkt auf sieben Jahre vom Volk gewählt. Die Verfassungswirklichkeit dieses Amts war stark von der Persönlichkeit des Inhabers geprägt. Der Artikel 48 war in den Händen Eberts während der Krisenjahre ein Instrument zur Rettung der Republik. In den beiden Volkswahlen 1925 und 1932 wurde jedoch ein ehemaliger kaiserlicher Generalfeldmarschall zum Staatsoberhaupt gewählt; unter ihm wurde der Artikel 48 in der Krise nach 1930 zu einem Instrument des schleichenden Vefassungswandels, der autoritären Umgestaltung der Republik (siehe S. 174 ff.).

Artikel 48

Reichstag

Das parlamentarische Element wurde durch andere Bestimmungen in seiner Wirkung stark eingeschränkt, obwohl die legislative Befugnis des jetzigen Reichstages gegenüber dem des Kaiserreichs ausgeweitet worden war. Zunächst begünstigte das in den Rang eines Verfassungsgebots erhobene reine Verhältniswahlrecht – auf jeweils 60000 Stimmen sollte ein Mandat entfallen – die Entstehung zahlreicher, zum Teil extremistischer Splitterparteien,

MATERIAL 8 **Die Verfassung der Weimarer Republik**

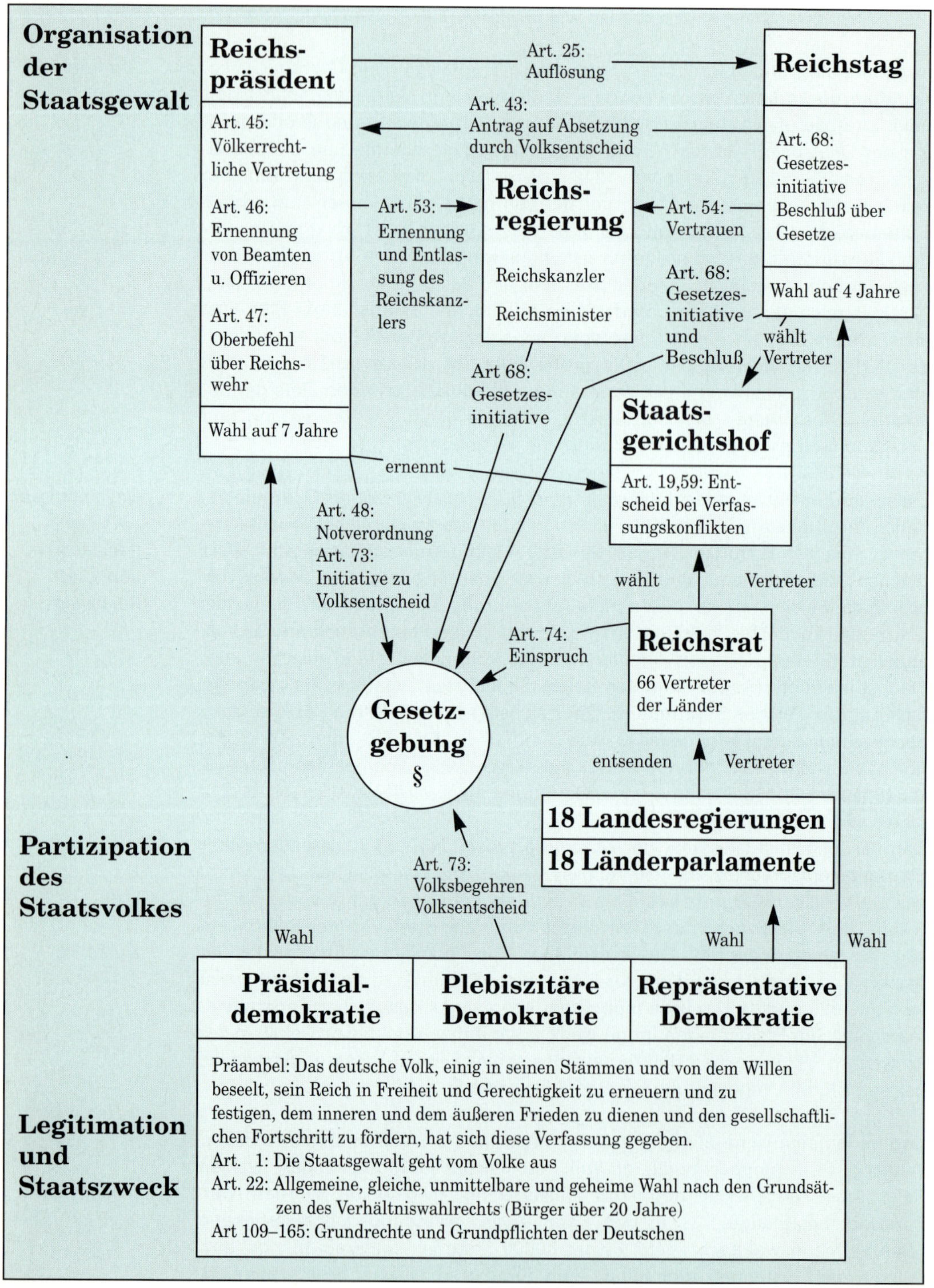

die Aussichten hatten, im Reichstag vertreten zu sein. Wenn man auch die tatsächliche Bedeutung einiger Parteien wie z.B. der „Partei der Kleinrentner, Inflationsgeschädigten und Vorkriegsgeldbesitzer" nicht überschätzen darf, so muß doch festgehalten werden, daß das Wahlrecht die Tendenz zu Weltanschauungs- und Klassenparteien, nicht zu Volksparteien begünstigte. Die Koalitionsfähigkeit der großen Parteien untereinander war so gering, daß nur die wenigsten der 20 Reichsregierungen über eine parlamentarische Mehrheit verfügten; sie konnten aber leicht gestürzt werden, da ein rein destruktives Mißtrauensvotum möglich war.

Parteien

Die Parteien selbst sind in der Verfassung nur am Rande erwähnt, ihre Rechte und Pflichten daher auch nicht definiert. Sie waren in ihrer Programmatik und in der innerparteilichen Willensbildung völlig frei und nur bei Verstößen gegen das Strafrecht zu belangen („Wertneutralität" der Verfassung) – die Weimarer Republik war nicht als streitbare Demokratie angelegt. Die häufige Berufung parteiloser „Fachminister" war sichtbarer Ausdruck dieser Mißachtung der Parteien in der Verfassung, die dem weitverbreiteten „Antiparteienaffekt" in der Bevölkerung entsprach.

Volksbegehren

Die plebiszitären Elemente des Volksbegehrens und des Volksentscheids wurden nicht häufig angewandt; alle sieben Volksbegehren scheiterten, boten aber den antidemokratischen Kräften ein weites Agitationsfeld.

Kompromißcharakter Verfassung

Trotz ihres demokratischen Charakters hat die Weimarer Verfassung bei vielen Revolutionären Enttäuschung hervorgerufen. Vor allem auf der Linken wurde der Kompromißcharakter kritisiert, doch ist dem entgegenzuhalten, daß der Kompromiß im Wesen der parlamentarischen Demokratie angelegt ist. „Wer der Weimarer Reichsverfassung ihren Kompromißcharakter ankreidet", urteilt ein Staatsrechtslehrer, „negiert bereits das demokratische Prinzip au fond."

Antidemokratisches Denken

Verhängnisvoller als vermeintliche oder tatsächliche Schwächen der Verfassung wirkte sich die fehlende demokratische Überzeugung weiter Kreise der Bevölkerung aus. Die antidemokratischen Kräfte verfügten über gesellschaftliche Machtpositionen, die als Basis im Kampf gegen die Demokratie dienen konnten. Gerade in den Führungsschichten war das antidemokratische Denken verbreitet, eine Hypothek des Kaiserreichs, das die katholischen, linksliberalen und sozialdemokratischen „Reichsfeinde" aus Führungspositionen ferngehalten hatte.

Der Sieg der Demokratie, den die Annahme der Verfassung darstellte, war ohne Glanz. Am 31. Juli 1919 wurde sie mit 262 Stimmen der SPD, der DDP und des Zentrums – bei der Abstimmung fehlten 75 Abgeordnete der Koalition – gegen 75 Stimmen der Rechten und der USPD angenommen. Mehr als der neue Staat bewegte in diesen Tagen der Vertrag von Versailles die Gemüter der Deutschen.

1. Wie demokratisch, wie liberal, wie föderalistisch ist die Weimarer Republik konzipiert?
2. Vergleichen Sie die Weimarer Verfassung mit der des Kaiserreiches. Wieviel von den revolutionären Forderungen ist in die Verfassung eingegangen?
3. Untersuchen Sie die Weimarer Verfassung auf mögliche Einfallspforten für eine Diktatur.

Plakat zur Wahl der Nationalversammlung (1919)

MATERIAL 9 **Zwei Reden aus der 3. Lesung der Verfassung (Juli 1919)**

Heinze (DVP):

[...] Meine Herren! Der Geist, der diese Verfassung beherrscht, ist ein demokratischer Geist. Aber mehr als ein demokratischer Geist. (Sehr richtig! bei der Deutschen Volkspartei) es ist der *Geist einer extremen Demokratie* und den lehnen wir ab. Aus dem Geiste dieser extremen Demokratie folgt das Bestreben, alles gleich zu machen.

[...] Uns wird vorgeworfen, wir hingen zu sehr an der Vergangenheit. Meine Herren! Wir hängen allerdings an der Vergangenheit, und zwar an der Vergangenheit von 1870/71. (Bravo! bei der Deutschen Volkspartei.) Aber der vorliegende Entwurf hängt auch an der Vergangenheit; er hängt an der *Vergangenheit von 1849,* also einer weit zurückliegenden Vergangenheit. Und wenn man uns fragt, welcher Geist muß denn jetzt [...] unsere Verfassung und unser Staatsleben beherrschen, so habe ich keinen Zweifel: der Geist von 1870/71, das heißt der Geist der Tat, und nicht der Geist von 1848/49, das heißt der Geist der Ideologie und des Theoretisierens. (Sehr gut! bei der Deutschen Volkspartei.)

Die Verfassung knüpft denn auch bewußt an die Tradition von 1848/49 an. (Zuruf von den Deutschen Demokraten: Gott sei Dank!) [...]

Im Mittelpunkt der neuen Verfassung wird das Parlament stehen. Auch hier ist man extrem. Man schafft einen extremen *Parlamentarismus,* wie er meiner Fraktion und mir zu weit geht. Gegen diesen extremen Parlamentarismus fehlen die nötigen Gegengewichte, und das ist der schwerste Vorwurf, der der Verfassung zu machen ist.

Die Kommission hat diese Tendenz noch erweitert. Das Parlament versammelt, vertagt, schließt sich aus eigenem Gutdünken. Die Regierung, die den Staat leitet, ist völlig abhängig vom Parlament. Die Minister müssen das Vertrauen des Parlaments haben und jederzeit zurücktreten, wenn das Parlament es fordert. Aber mehr wie das: das Parlament greift damit in die Staatsverwaltung ein. (Sehr richtig! rechts.) [...] Derartige hemmungslose Bestimmungen werden in der Praxis bedenkliche Folgen zeitigen und diese bedenklichen Folgen haben sich schon gezeigt. Sie führen von der Parlamentsherrschaft, die an und für sich wohl noch erträglich wäre, zur *Parteiherrschaft.* [...] Meine Herren, der *Präsident* wird zwar vom Volke gewählt, aber er ist doch letzten Endes nur Dekoration. Er hängt ab vom Parlament. Ja, ich habe schon neulich darauf hingewiesen: wie die Dinge sich entwickelt haben, hängt er in der Ministerwahl direkt von den Parteien ab, da die Minister ja von den Parteien präsentiert werden. Ob der Präsident sich in Zukunft diesem Zwange entziehen wird, lasse ich dahingestellt sein. Er ist weiterhin auch in der völkerrechtlichen Vertretung abhängig: er kann Bündnisse nur mit Genehmigung des Reichstags abschließen, ja, er kann über Krieg und Frieden nur durch Reichsgesetz entscheiden, also unter Aufbietung des ganzen schwierigen Mechanismus, der für die Gesetzgebung bestehen wird. Der Präsident hat allerdings das Recht der Auflösung des Reichstags – und ich gebe zu, daß das ein wichtiges Recht ist. Das ist aber doch nur ein ultimum refugium im Falle einer Krise [...]

Cohn (USPD):
Der *Zeitpunkt für die Niederschrift einer Verfassung* kann im einzelnen Falle falsch gewählt sein. Es kann sich ein gesellschaftlicher Zustand ergeben, der in einem so raschen Verlauf ist, daß er der Aufzeichnung und Registrierung widerstrebt. Es kann der Fall eintreten, daß, wenn die Registrierung zur Unzeit vorgenommen wird, ein falscher Ausdruck der wirtschaftlichen und geistigen Kräfte entsteht, die in der Bevölkerung im gegebenen Augenblick vorhanden sind. (Sehr wahr! bei den Unabhängigen Sozialdemokraten.) [...]
Wäre schon überall in der Masse der Bevölkerung das Bewußtsein von der *Verderblichkeit der Monarchie* für die Entwicklung des deutschen Volkes verbreitet, wie es nach den Vorgängen der letzten Zeit geschehen wird: es würde dazu geführt haben, die starken Anklänge an monarchische Einrichtungen nicht zu schaffen, die sich jetzt in den Bestimmungen über den *Präsidenten des Reichs* finden. Auch der Herr Abgeordnete Dr. Heinze hat es für möglich erklärt, daß der Präsident weit über die formalen Beschränkungen hinaus, die ihm die Verfassung scheinbar auferlegt, seine Stellung sich erobern und befestigen könne, und wenn Sie ihm in einer siebenjährigen Amtsperiode die Möglichkeit dazu geben, so ist die Gefahr der Rückkehr monarchischer Einrichtungen doppelt groß. [...]

Die Verfassung krankt [...] an der *Überschätzung parlamentarischer Möglichkeiten.* Mir will scheinen: die Form, die Tiefe, die Größe der Kämpfe, in denen wir uns befinden, und auch die Größe der Forderungen, die wirtschaftlich zum Wiederaufbau an das deutsche Volk gestellt werden, beweisen, daß die Grenzen des Parlamentarismus, die Grenzen für die Möglichkeit, durch parlamentarische Verhandlungen und Entscheidungen die Entwicklung zu registrieren und zu beeinflussen, erreicht waren, wenn nicht schon überschritten sind. Diese Aufgaben und die Entwicklung des gesellschaftlichen Lebens überhaupt können und würden sich in der gesetzgeberischen Ausgestaltung der Dinge nicht mehr von einem zentralen Parlament aus regeln lassen. Was nötig ist, ist auf erhöhter Stufe zu einem System zurückzukehren, bei dem Gesetzgebung und Verwaltung vereinigt sind. Wir kranken an den Lehren, die Montesquieu aufgestellt hat: für ihre Zeit mögen sie richtig und sogar ein wesentlicher Fortschritt gewesen sein, aber durch die Entwicklung bei uns und in den anderen Ländern gleicher Entwicklungsrichtung sind sie überholt. [...]

Die Sozialdemokratie ist in dem Bedürfnis nach weiterem Zusammenhalt mit den zur Schaffung einer Mehrheit notwendigen bürgerlichen Parteien so weit gegangen, daß sie eine so völlig unsozialistische Forderung, wie die *Erhaltung des Mittelstandes,* hat durchgehen lassen. [...]
Unsere Stellung gegenüber diesem Verfassungswerk ist darnach aus den Gesichtspunkten der Demokratie und des Sozialismus gegeben und geboten. Wir werden nicht für die Verfassung stimmen. [...]

(Aus: Verhandlungen der verfassungsgebenden Deutschen Nationalversammlung, Stenographische Berichte, Berlin 1919, S. 2093 ff.)

MATERIAL 10 Die wichtigsten Parteien der Weimarer Republik

Partei	KPD	USPD	SPD	DDP
Richtung	kommunistisch	linkssozialistisch	sozialdemokratisch	linksliberal
Staatsauffassung, gesellschaftliche Zielvorstellungen	Beseitigung des Kapitalismus, Diktatur des Proletariats, einheitliche sozialistische Republik, antiparlamentarisch	Umwandlung des kapitalistischen Klassenstaats, sozialistische Gesellschaft, Rätesystem	demokratische Republik, sozialistische Demokratie auf dem Wege friedlicher Umwälzung	demokratische Republik, Volksstaat, Rechtsstaat
Soziale Basis	Arbeiter	Arbeiter	Arbeiter und Angestellte, Öffentlicher Dienst	Bildungsbürgertum, Industrie (Chemie, Elektro), Beamte, liberales Judentum, in Süddeutschland auch Handwerker und alter Mittelstand
Regierungsbeteiligung	nie	1918 Rat der Volksbeauftragten	1918 Rat der Volksbeauftragten, 1919 Weimarer Koalition, 1920 Weimarer Koalition, 1921–1922 Weimarer Koalition, 1923 Große Koalition, 1928–1930 Große Koalition	1919 Weimarer Koalition, 1920–1922 Weimarer Koalition, 1922 bürgerliche Koalition, 1923 Große Koalition, 1923–1925 bürgerliche Koalition, 1925–1926 Mitte-Rechts-Koalition, 1926–1927 bürgerliche Koalition, 1927–1928 Mitte-Rechts-Koalition, 1928–1930 Große Koalition, 1930–1932 Präsidialregierung

Partei	Zentrum	DVP	DNVP
Richtung	katholisch	national- und wirtschaftsliberal	nationalkonservativ, teilweise völkisch und antisemitisch
Staatsauffassung, gesellschaftliche Zielvorstellungen	demokratische Republik „auf dem Boden der Tatsachen“, christliche Staatsauffassung, deutscher Volksstaat	Kaisertum, aber „Vernunftrepublikaner“, parlamentarische Regierung	Hohenzollernmonarchie, Parlament, aber auch ständestaatliche Vertretung
Soziale Basis	Katholiken aller Schichten	Bildungsbürgertum, Industrie (vor allem Schwerindustrie)	Preußischer Adel, Schwerindustrie, evangelische Kirche, Bauern, „nationales“ Kleinbürgertum
Regierungsbeteiligung	1919 Weimarer Koalition, 1920–1923 bürgerliche Koalition, 1921–1922 Weimarer Koalition, 1922–1923 bürgerliche Koalition, 1923 Große Koalition, 1923–1925 bürgerliche Koalition, 1925–1926 Mitte-Rechts-Koalition, 1926–1927 bürgerliche Koalition, 1927–1928 Mitte-Rechts-Koalition, 1929–1930 Große Koalition, 1930–1932 Präsidialregierung	1920–1921 bürgerliche Koalition, 1922–1923 bürgerliche Koalition, 1923 Große Koalition, 1923–1925 bürgerliche Koalition, 1925–1926 Mitte-Rechts-Koalition, 1926–1927 bürgerliche Koalition, 1927–1928 Mitte-Rechts-Koalition, 1928–1930 Große Koalition, 1930–1931 Präsidialregierung	1925–1926 und 1927–1928 Mitte-Rechts-Koalition, 1930–1933 Präsidialregierungen, 1933 NSDAP-DNVP-Koalition

MATERIAL 11 **Zwei Karikaturen aus dem Simplicissimus**

Wer will regieren?

„Ich würde Ihnen gern helfen, aber ich kann doch meinen Standpunkt nicht verlassen."

1848–1918

„Ich bin der deutsche Geist vom November 1918 – und du, Gerippe?"
„Ich bin die Idee von 1848 – bitte nehmen Sie Platz, Kollege!"

1. Vergleichen und beurteilen Sie die Argumente von Heinze und Cohn zur verfassungsrechtlichen Stellung des Reichspräsidenten, des Reichstags und der Reichsregierung. Welches Demokratieverständnis liegt diesen Stellungnahmen zugrunde?
2. Erläutern Sie die Befürchtungen, die Cohn und Heinze äußern, und versuchen Sie zu beurteilen, ob ihre Kritik berechtigt ist.
3. Welchen Parteien lassen sich die dargestellten Personen (Material 11, links) zuordnen? Berücksichtigen Sie ihre Einstellung zum Staat, ihr Wählerreservoir und ihre Koalitionsfähigkeit.
4. Erläutern und beurteilen Sie die politische Absicht der Karikatur „1848–1918" (Material 11, rechts).

1.4 Werden aus Kriegszielen Friedensziele? Das Ringen der Siegermächte um einen dauerhaften Frieden

Am 18. Januar 1919, dem Gedenktag der deutschen Kaiserproklamation von 1871, traten die Siegermächte des Ersten Weltkrieges im Spiegelsaal des Schlosses von Versailles zur Friedenskonferenz zusammen. Die Delegationsführer der 27 Staaten hatten sich zwei gewaltige Aufgaben gestellt:

Friedensvertrag mit Deutschland

- Mit der Ausarbeitung von Friedensverträgen sollte ein endgültiger Schlußstrich unter den Weltkrieg gezogen, also die unmittelbare Vergangenheit „aufgearbeitet" werden. Vordringlich war dabei die friedensvertragliche Regelung mit dem Deutschen Reich, doch hatte sich die Pariser Konferenz nach dem Zerfall des österreich-ungarischen Vielvölkerstaates und des Osmanischen Reiches auch mit der Neuordnung Südosteuropas zu befassen.

Weltfriedensordnung

● Zugleich sollten aber auch die internationalen Beziehungen für die Zukunft grundsätzlich neu geregelt werden. Unter der Parole „Nie mehr Krieg!“ sollte eine dauerhafte Weltfriedensordnung geschaffen werden; ein Völkerbund sollte die Austragung von Konflikten und Interessengegensätzen auf friedliche Weise ermöglichen und Gewaltanwendung ausschließen.

14 Punkte

Völkerbund

Solche hochgespannten Erwartungen knüpften sich insbesondere an die Person und das Programm des amerikanischen Präsidenten Wilson. In einer Botschaft an den amerikanischen Kongreß hatte Wilson am 8. Januar 1918 „Vierzehn Punkte“ als Kriegsziele seiner Regierung verkündet, die zugleich die Grundlage für die künftige Friedensordnung bilden sollten. In den folgenden Wochen faßte Wilson die „14 Punkte“ wirkungsvoll in der Formulierung zusammen: „Was wir suchen, ist die Herrschaft des Rechts (Völkerrecht), gegründet auf Zustimmung der Regierten (Demokratie und Selbstbestimmungsrecht der Völker) und gestützt durch die organisierte Meinung der Menschheit (Völkerbund).“

Ziele und Handlungsspielräume

Vor allem in Deutschland war die Auffassung weit verbreitet, daß die USA als Hauptgläubigerland der europäischen Siegerstaaten ihr ganzes politisches und wirtschaftliches Gewicht in die Waagschale werfen und ihre politischen Vorstellungen und Interessen gegenüber den europäischen Alliierten durchsetzen würden. Diese Auffassung ging jedoch von falschen Annahmen aus; sie verkannte die Tatsache, daß die verhandelnden Staatsmänner in hohem Maße auf eine durch die Kriegsereignisse aufgewühlte Öffentlichkeit in ihren Ländern Rücksicht nehmen mußten und so in ihrem Handlungsspielraum erheblich eingeschränkt waren. Ganz besonders traf dies auf die „Großen Drei“ zu: auf Präsident Woodrow Wilson, den britischen Premierminister David Lloyd George und den französischen Ministerpräsidenten Georges Clemenceau. Sie standen aber nicht nur unter innenpolitischem Druck; auch untereinander waren sie z.T. grundlegend unterschiedlicher Meinung über die Gestaltung des Friedens. Welches waren nun die Grund- und Ausgangspositionen der verhandelnden Staatsmänner?

USA: Völkerrecht und Demokratie

Präsident Wilson machte sich für das Prinzip einer kollektiven und universalen Friedenssicherung mit Hilfe des Völkerbundes stark; auf regionale, bi- oder multilaterale Bündnisse sollte verzichtet werden. Der Abbau von Handelshindernissen sollte den freien Welthandel und zugleich die internationale Zusammenarbeit fördern. Um den Völkerbund, den „Schlüssel“ des ganzen Friedenswerkes, zustandezubringen, war Wilson zu Opfern bereit. Denn er war der festen Überzeugung, daß der Idee des Völkerbundes die Zukunft gehöre. Doch Wilsons Politik fand in den USA nicht die notwendige Zustimmung. Die Mehrheit des Kongresses lehnte schließlich den Eintritt der USA in den Völkerbund ebenso ab wie den Versailler Vertrag, dessen erster Teil die Völkerbundsatzung enthielt (s. S. 23ff.). Da auch das Deutsche Reich und das sowjetische Rußland dem neugegründeten Völkerbund nicht angehörten, wurde aus dem Wilsonschen Modell einer Weltfriedensordnung ein Instrument der europäischen Großmächte.

Frankreich: Sicherheit und Hegemonie

Ganz im Gegensatz zu den USA zogen in Frankreich Öffentlichkeit und Regierung an einem Strang, waren die französischen Konferenzteilnehmer entschlossen, die momentane militärische Überlegenheit auszuspielen, das Deutsche Reich möglichst auf Dauer zu schwächen, die französische Vorherrschaft in Europa auszubauen und umfassende Sicherheiten gegen einen nochmaligen deutschen Angriff zu errichten. Nach den französischen Vorstellungen sollte Deutschland sein militärisches Potential drastisch reduzieren, umfangreiche Reparationen leisten, größere Gebiete im Westen und Osten abtreten sowie durch bi- und multilaterale Bündnispakte im Stil der nationalstaatlichen Machtpolitik des 19. Jahrhunderts im Zaum gehalten werden.

Cordon sanitaire

Im Westen zielten die französischen Absichten in erster Linie auf den Erwerb des Saargebietes und die militärische Kontrolle des Rheins: „Wenn wir nicht am Rhein stehen, ist alles verloren", meinte Marschall Foch, der Oberkommandierende der alliierten Truppen in Frankreich. Die weitestgehende Forderung war die Loslösung der Rheinlande vom Deutschen Reich. In Mittelosteuropa sollte ein Sicherheitsgürtel („cordon sanitaire") zum Schutz sowohl gegen Deutschland als auch gegen Rußland gerichtet werden. Hier war dem wiedererstandenen Polen eine Schlüsselrolle zugedacht. Polen konnte dieser Rolle aber nur gerecht werden, wenn es territorial vergrößert, militärisch aufgerüstet und vor allem wirtschaftlich konsolidiert werden würde.

Wilson und Lloyd George versuchten, mit Kompromißvorschlägen Frankreich vor allem von solchen Bestimmungen abzubringen, die ganz eindeutig dem Selbstbestimmungsrecht der Völker widersprochen hätten; so z.B. in der Frage der Freien Stadt Danzig und der Abtretung von mehrheitlich mit Deutschen besiedelten Gebieten in Polen. Nur in einem wesentlichen Punkt schwenkte Wilson entgegen seiner Überzeugung auf die französische Position ein: Er widersetzte sich im Interesse eines europäischen Mächtegleichgewichts entschieden dem Anschluß Österreichs an das Deutsche Reich.

Großbritannien: Gleichgewicht und Appeasement

Die britische Verhandlungsdelegation setzte sich im Gegensatz zu Frankreich für maßvolle Gebietsabtretungen ein. Sie ließ sich dabei von folgenden Gedanken leiten: Ein übermächtiges Frankreich würde die traditionelle britische Gleichgewichtspolitik („balance of power") gefährden; deshalb dürfe Deutschland nicht übermäßig geschwächt werden. Um einem Übergreifen der bolschewistischen Revolution auf Deutschland vorzubeugen, sollte das Deutsche Reich nicht in die Isolierung getrieben werden. Großbritannien wollte deshalb dem Deutschen Reich entgegenkommen und verfolgte bei den Verhandlungen über territoriale Fragen einen Beschwichtigungskurs („Appeasement-Politik").

Andererseits nahm Lloyd George in der Frage der Reparationen unter dem Druck der britischen Öffentlichkeit eine unnachgiebige Haltung ein. Er stieß dabei auf den Widerstand Wilsons, der die finanzielle Belastung des Deutschen Reiches in engen Grenzen halten wollte, um die Zahlungsfähigkeit Deutschlands sicherzustellen. Denn nur wenn die deutschen Entschädigungszahlungen an die europäischen Siegermächte gewährleistet waren, konnten die Amerikaner ihrerseits die Rückzahlung der alliierten Kriegsschulden erwarten. Zusammen mit den übrigen Verbündeten drückte Lloyd George gegen Wilson eine Regelung durch, die letztlich auf die vollständige Rückerstattung aller Kriegskosten bis hin zu Renten für Kriegsopfer und Hinterbliebene hinauslief. Immerhin gelang es den Amerikanern, die endgültige Höhe und den Zahlungsmodus der von Deutschland zu leistenden Reparationen zunächst offenzuhalten.

MATERIAL 12 **Aus der Besprechung der „Großen Drei" in Versailles am 27. und 28. März (nach den Protokollnotizen des französischen Chefdolmetschers Mantoux). Sie wurden nach dem Zweiten Weltkrieg veröffentlicht.**

Wilson (an Clemenceau gewandt):
Ich hoffe, Sie sind mit Herrn Lloyd George grundsätzlich darin einig, daß es notwendig ist, sich Deutschland gegenüber maßvoll zu verhalten. Wir wollen es nicht vernichten und wir könnten es auch nicht. Es wäre unser größter Fehler, ihm triftige Gründe zu geben, eines Tages Rache nehmen zu wollen. [...] Wir müssen es vermeiden, unseren Feinden auch nur den Anschein der Ungerechtigkeit zu geben. Ich fürchte für die Zukunft nicht die Kriege, die durch geheime Verschwörungen der Regierungen vorbereitet werden, sondern vielmehr die Konflikte, die aus der Unzufriedenheit der breiten Masse erwachsen. [...]

Clemenceau:
Ich komme zu Präsident Wilsons Vorschlag, den ich anerkenne, den ich aber nur mit einem gewissen Vorbehalt auf die Deutschen anwenden möchte. Man darf den Deutschen, sagt Präsident Wilson, nicht das Gefühl geben, ungerecht behandelt zu werden. Einverstanden! Aber das, was wir hier in diesem Zimmer für gerecht erachten, wird nicht notwendigerweise von den Deutschen als gerecht hingenommen werden.

Man ist erstaunt, daß Frankreich sich der sofortigen Zulassung der Deutschen in den Völkerbund widersetzt. Gestern erst bekam ich einen neuen Aktenstoß über die Grausamkeiten, die die Deutschen in Frankreich begangen haben. [...] Die Deutschen sind ein Volk mit einer Sklavenseele, dem gegenüber die Gewalt als Argument dienen muß. Napoleon sagte vor seinem Tode: „Nichts Dauerhaftes ist auf Gewalt gegründet." Ich bin dessen nicht sicher, denn ein Blick auf die großen Nationen Europas und die Vereinigten Staaten selbst dürfte genügen, um Zweifel an der Richtigkeit dieses Satzes zu bekommen. Ich glaube, wir können es fertig bringen, die Welt vor einem deutschen Angriff für lange Zeit zu schützen, aber der deutsche Geist wird sich nicht so schnell ändern. Sehen Sie doch die deutschen Sozialdemokraten an, die sich immer als Brüder unserer und Ihrer Sozialisten bezeichneten: Wir sahen sie im Dienst der kaiserlichen Regierung – und heute dienen sie Herrn Scheidemann, der die alte Beamtenschaft des Kaiserreichs um sich hat. Beachten Sie, daß in Deutschland niemand zwischen gerechten und ungerechten Forderungen der Alliierten einen Unterschied macht. Es gibt keinen heftigeren Widerstand als den gegen die Zuteilung Danzigs an Polen. Um jedoch das historische Verbrechen, das am polnischen Volk begangen wurde, wiedergutzumachen, sind wir verpflichtet, diesem Volk, wenn wir es wieder zum Leben erwecken, auch die Mittel zu seiner Existenz zu geben.
Ein Beispiel quält mich: Österreich. Man spricht davon, wir sollten alle abrüsten. Ich möchte es gern. Glauben Sie mir, der Eroberungsgeist, der einst dem französischen Volke eigen war, ist für immer tot. Aber wenn wir unsere Rüstungen verringern, und wenn Österreich im gleichen Augenblick seine 7 Millionen Einwohner zur Bevölkerung Deutschlands hinzugibt, dann wächst die Macht unserer deutschen Nachbarn in einer für uns bedrohlichen Weise. Ist es ein Verstoß gegen das Völkerrecht, wenn wir den Österreichern sagen: „Wir fordern von Euch nur, daß Ihr unabhängig bleibt. Macht mit dieser Unabhängigkeit, was Ihr wollt, doch Ihr dürft nicht in einen deutschen Block eintreten und Euch nicht an einem deutschen Racheplan beteiligen."?
Nach den größten Anstrengungen und den gewaltigen Blutopfern, die die Geschichte je gesehen hat, dürfen wir das Ergebnis unseres Sieges nicht in Frage stellen. Der Völkerbund wird uns als ein Mittel angeboten, uns die Sicherheit zu geben, die wir brauchen: ich ergreife dieses Mittel. Aber wenn der Völkerbund seine Beschlüsse nicht mit militärischer Gewalt durchsetzen kann, dann dürfte es nötig sein, diese Macht anderswo zu suchen. Ich möchte bemerken, daß diese Garantie zur See vorhanden ist: Deutschland hat keine Flotte mehr. Wir brauchen die gleiche Sicherheit zu Lande. Ich rechte nicht über das „Wie".

Verstehen Sie bitte meine Haltung, wie ich mich bemühe, die Ihrige zu verstehen. Amerika ist fern, geschützt durch den Ozean. England konnte nicht einmal von Napoleon getroffen werden. Sie sind alle beide geschützt: wir sind es nicht!

Ein letztes Wort: wir haben guten Grund, den Bolschewismus beim Feinde zu fürchten und jede Förderung seiner Ausbreitung zu vermeiden. Aber man darf ihn auch nicht bei uns verbreiten. Es gibt ein Gefühl für Gerechtigkeit unter Alliierten, dem man Genüge tun muß. Würde dieses Gefühl in Frankreich oder England schwer verletzt, dann könnte daraus eine große Gefahr entstehen. Es ist gut, den Besiegten zu schonen, aber man darf auch nicht die Interessen der Sieger aus dem Auge verlieren.

Lloyd George:
Was die Friedensbedingungen anbetrifft, so könnte in England nicht der Vorwurf, dem Feinde zu wenig abgefordert zu haben, ein Aufflammen des Bolschewismus hervorrufen, sondern vielmehr der, von ihm zu viel verlangt zu haben. Der englische Arbeiter will das deutsche Volk nicht durch maßlose Forderungen erdrücken. [...] Im übrigen hat sich in dieser Hinsicht eine deutliche Meinungsänderung vollzogen, seitdem Deutschland auf sein altes politisches System verzichtet hat. [...]
Ich bewundere und schätze den Marschall Foch sehr, aber in politischen Fragen ist er ein Kind. Über die Art und Weise, den Völkern eine möglichst vollständige Sicherheit zu garantieren, würde ich mich von ihm nicht beraten lassen. Ich gestehe meine schweren Bedenken in der Danziger Frage. Wir sind dabei, an Polen zwei Millionen Deutsche zu geben. Die Polen werden schlecht regieren und lange Zeit brauchen, um ihr Land nach westlicher Art verwalten zu lernen. Es wird Unruhen geben. Die Deutschen in Polen werden geschlagen werden, falls sie sich erheben. Werden Sie dann, wenn Deutschland eingreifen will, Truppen schicken, um die Deutschen unter polnischem Joch zu halten? Freilich – die Polen werden sagen: Wozu habt Ihr uns diese Gebiete gegeben, wenn Ihr uns nicht helft, sie zu behalten? Ich bin fest davon überzeugt, daß die öffentliche Meinung, weder in Amerika noch in England, uns unterstützen würde, wenn wir unter derartigen Umständen intervenieren.

Jedenfalls sind wir dabei, Deutschland einen sehr harten Frieden aufzuerlegen: Es wird keine Kolonien mehr haben, keine Flotte; es wird 6 oder 7 Millionen Einwohner verlieren, einen großen Teil seiner Kohle. Militärisch führen wir es zurück auf den Stand Griechenlands und zur See auf den von Argentinien. Und über alle diese Punkte sind wir uns vollkommen einig. Darüber hinaus wird es nach den Schätzungen 5 oder 10 Milliarden Pfund Sterling bezahlen. Wenn wir unsere Bedingungen so niedrig wie nur möglich halten – sie werden auf alle Fälle so sein, wie sie noch niemals eine Kulturnation annehmen mußte.

Clemenceau:
Die Prüfungen, die wir zu bestehen hatten, haben in unserem Land ein tief empfundenes Bedürfnis nach Wiedergutmachung entstehen lassen, die man uns schuldet. [...] Eine großzügige Geste einem Volk gegenüber, das so viel gelitten hat, wäre nicht umsonst. Es ist ein Irrtum zu glauben, die Welt ließe sich nach abstrakten Prinzipien leiten.

Wilson:
In der ganzen Welt lebt heute der Wunsch nach Gerechtigkeit. [...] Es ist mein Bemühen, von dieser großen Zeitströmung zur Gerechtigkeit hin nicht abzuweichen. Ich will nichts tun, was irgend jemandem erlauben könnte, von uns zu sagen: „Sie bekennen sich zu den großen Prinzipien, aber sie haben überall Ausnahmen von der Regel zugelassen, wo immer das Gefühl ihrer Völker oder ihr Nationalinteresse es ihnen angezeigt erscheinen ließ." Ich bitte Sie um Verzeihung, wenn ich das ausspreche. Es ist mir schmerzlich, mich Ihren Wünschen widersetzen zu müssen: Ich kann nicht anders handeln, ohne meine Pflicht zu verletzten. [...]

(Aus: Günter Schönbrunn [Hrsg.], Geschichte in Quellen, Weltkriege und Revolutionen 1914–1945, bsv, München 1975, S. 119ff.)

MATERIAL 13 Aus den Bestimmungen des Versailler Vertrages

Gebietsabtretungen

- Elsaß-Lothringen an Frankreich (ohne Abstimmung)
- Nordschleswig an Dänemark (mit Abstimmung)
- Eupen und Malmedy an Belgien (mit – umstrittener – Abstimmung)
- Posen und Westpreußen, Teile von Ostpreußen und Hinterpommern als „polnischer Korridor“ an Polen (ohne Abstimmung)
- Ostoberschlesien an Polen (mit Abstimmung)
- Saargebiet für 15 Jahre unter Völkerbundkontrolle, Ausbeutung der Kohlengruben durch Frankreich (danach Abstimmung)
- Danzig mit Weichselmündung „Freie Stadt“ unter Kontrolle des Völkerbundes und Sonderrechten für Polen
- Sämtliche Kolonien als Mandatsgebiete verschiedener alliierter Staaten
- Verbot der Vereinigung mit Österreich entgegen dem Beschluß der Nationalversammlung der Republik Deutsch-Österreich.

Abrüstung

- Beschränkung des Heeres auf 100 000 Mann langdienender Berufssoldaten; Verbot der allgemeinen Wehrpflicht; Verbot schwerer Waffen, Panzer, Flugzeuge, U-Boote, Schlachtschiffe.
- Überwachung durch eine alliierte Kommission
- Besetzung des linken Rheinufers und rechtsrheinischer Brückenköpfe auf 15 Jahre; Verbot der Truppenstationierung und des Unterhalts von Verteidigungsanlagen in einer Zone von 50 km rechts des Rheins.

Reparationen:

- Neben einer noch festzusetzenden Zahlung in Goldmark Sachlieferungen von Kohle, Verkehrs- und Transportmitteln, Maschinen, Farbstoffen und Chemikalien, Vieh, alle Handelsschiffe über 1600 Tonnen.

Schuldfrage:

- Alleinschuld Deutschlands am Ausbruch des Krieges (Art. 231).

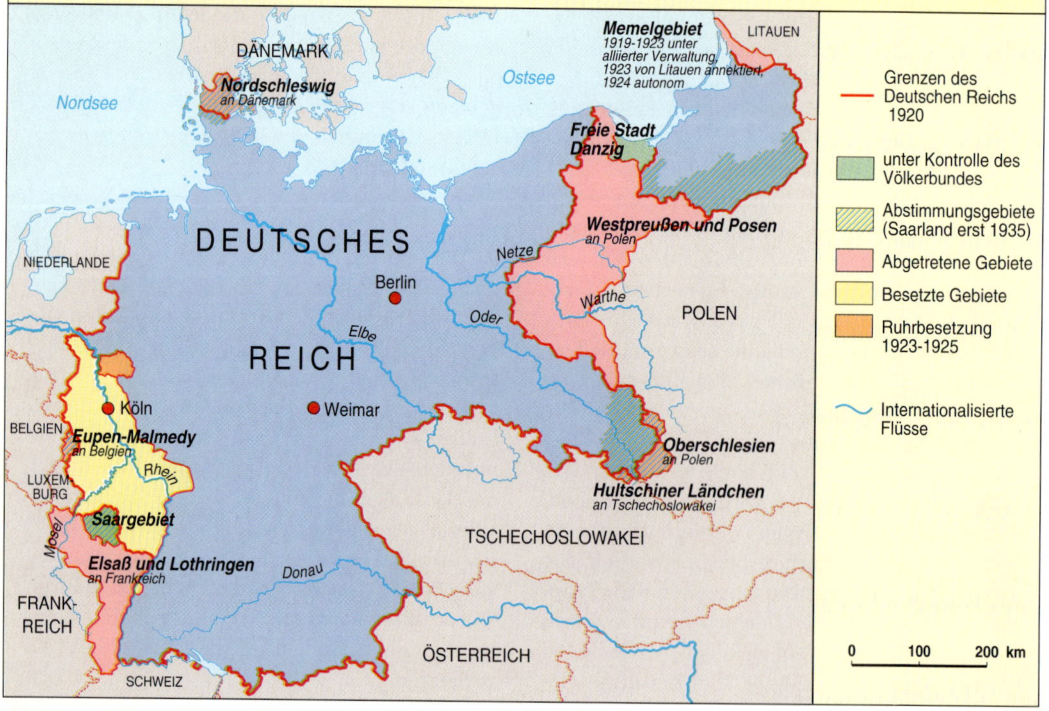

Das Deutsche Reich nach dem Frieden von Versailles

Die großen Drei: Lloyd George, Clemenceau und Wilson (von links nach rechts) in Versailles 1919

„Die Wiege ist gut gewählt für ein totgeborenes Kind."
Karikatur im Simplicissimus (1919)

1. Versuchen Sie, die Diskussion der drei Staatsmänner (Material 12) in einem Rollenspiel wiederzugeben. Berücksichtigen Sie dabei die folgenden Verhandlungspunkte: Behandlung des besiegten Deutschland, zukünftige Sicherung des Friedens, Abwehr des Bolschewismus. Überlegen Sie, in welchen Punkten die Verhandlungsführer kompromißfähig sein konnten und in welchen nicht.
2. Charakterisieren und beurteilen Sie die friedenspolitischen Vorstellungen der drei Staatsmänner.
3. Vergleichen Sie die Ergebnisse des Versailler Vertrages mit den Ausgangspositionen der drei alliierten Verhandlungsführer.

1.5 Der Versailler Vertrag aus deutscher Sicht: anerkennen oder ablehnen?

Wilson-Frieden

Friedrich Ebert drückte in seiner Rede zur Eröffnung der Nationalversammlung das aus, was viele Deutsche vom Versailler Vertrag erwarteten: Die junge Republik habe Anspruch auf einen fairen Friedensvertrag, auf einen „Wilson-Frieden", da man mit der Anerkennung der Waffenstillstandsbedingungen und der Niederlegung der Waffen schon das Äußerste getan habe, was einem erst kurz zuvor demokratisch gewordenen Staat und seinen Politikern zugemutet werden könne. Um so größer war der Schock für die im „Traumland der Waffenstillstandsperiode" sich wiegende deutsche Öffentlichkeit, als am 7. Mai 1919 in Versailles dem deutschen Außenminister Graf Brockdorff-Rantzau schließlich der vollständige Entwurf des Friedensvertrages überreicht wurde. Alle Parteien lehnten diesen Vertrag ab. Ministerpräsident Scheidemann (SPD), der sich als Reichstagsabgeordneter während des Krieges für einen Frieden der Verständigung und ohne Annexionen ausgesprochen hatte, rief vor dem Friedensausschuß der Nationalversammlung am 12. Mai 1919 unter frenetischem Beifall der Mitglieder empört aus: „Welche Hand müßte nicht verdorren, die sich und uns in diese Fesseln legt?"

Drohung der Alliierten mit militärischer Intervention

Die deutschen Gegenvorschläge, die schriftlich innerhalb von 14 Tagen vorzubringen waren, führten nur zu geringfügigen Milderungen der Friedensbedingungen, die einer deutschen Delegation am 16. Juni 1919 als endgültige präsentiert wurden. Ultimativ erzwangen die Siegermächte die Annahme des Vertrages innerhalb einer Frist von sieben Tagen. Kein deutscher Politiker war bereit, die deutsche Alleinschuld am Weltkrieg durch Unterschrift unter den Versailler Vertrag vor aller Welt anzuerkennen. Da Forderungen nach Änderung des Artikels 231 aber kategorisch und ultimativ abgelehnt wurden, ja sogar eine militärische Intervention der Alliierten im Falle der Nichtunterzeichnung drohte, spitzte sich die Diskussion im Reichskabinett und in der Nationalversammlung auf die Frage zu: Soll Deutschland unter der gegebenen machtpolitischen Konstellation den Friedensvertrag in der vorliegenden Form annehmen oder ihn ablehnen und damit unkalkulierbare Risiken auf sich nehmen? In der entscheidenden Sitzung des Reichskabinetts in der Nacht vom 18./19. Juni 1919 stimmten sieben Minister für, sieben Minister gegen die Vertragsunterzeichnung. Die zur Beratung hinzugezogenen Generäle Hindenburg und Groener erklärten jedoch einen militärischen Widerstand im Falle eines Vormarsches der Alliierten für aussichtslos, und Groener fügte hinzu: „Nur wenn wir das Deutsche Reich leidlich intakt erhalten, ist eine Wiedergeburt Deutschlands möglich." Dieser Hinweis Groeners machte einen tiefen Eindruck. Die Regierung Scheidemann (SPD) trat darauf am 20. Juni zurück; ein neues, unterzeichnungsbereites Kabinett unter Führung von Gustav Bauer (SPD) übernahm die Amtsgeschäfte. Zur politisch entscheidenden Figur avancierte dabei der Zentrumsabgeordnete und Finanzminister Matthias Erzberger, der für eine bedingte Annahme des Friedensvertrages eintrat.

Kampf im Kabinett: Regierungswechsel

Kampf in der National versammlung

Als die Nationalversammlung am 23. Juni 1919 zur entscheidenden Abstimmung schritt, votierte eine Mehrheit von 237 gegen 138 bei 5 Enthaltungen für die Annahme des alliierten Friedensvertrages. Gegen die Unterzeichnung stimmten die Deutschnationalen, die Deutsche Volkspartei, der größte Teil der Demokraten und einige Abgeordnete des Zentrums. Die ablehnenden Fraktionen gaben allerdings Ehrenerklärungen für diejenigen ab, die anders als sie entschieden hatten und respektierten auf diese Weise die Ehrenhaftigkeit der Motive der Zustimmenden. Der Wille, die nationale Einheit um jeden Preis zu wahren, war für viele Abgeordnete ausschlaggebend, der Unterzeichnung zuzustimmen. Angesichts dieses Motivs erscheint der Vorwurf des Vaterlandsverrats, der in der Folgezeit von der nationalen Rechten gegenüber den Zustimmenden erhoben wurde, besonders niederträchtig und perfide. Am 28. Juni 1919 setzten Außenminister Hermann Müller (SPD) und Verkehrsminister Johannes Bell (Zentrum) im Spiegelsaal von Versailles ihre Unterschrift unter den Friedensvertrag. Drei Fragen stellen sich nach der Unterzeichnung:

Bewahrung der nationalen Einheit

- Welche Inhalte des Versailler Vertrages führten in der deutschen Öffentlichkeit zu besonders heftigen Reaktionen?

- Warum fühlten sich vor allem die ostdeutsche Bevölkerung und die an der Ostgrenze stehenden Freikorps von den Politikern in Berlin verraten?
- Welche Auswirkungen hatte der Vertrag auf die junge Republik?

Kriegsschuldartikel

Der „Kriegsschuldartikel" 231 des Friedensvertrages, der in der nationalistischen Propaganda als „Schmachparagraph" bezeichnet wurde, löste in Deutschland die größte Empörung aus. Er stand an der Spitze der Wiedergutmachungsbestimmungen und hatte den Zweck, Deutschland als „Urheber" des Weltkrieges für alle Schäden und Verluste allein verantwortlich zu machen. Die Frage nach den Anteilen an der Schuld am Ausbruch des Ersten Weltkrieges war lange Zeit umstritten. Bis nach dem Zweiten Weltkrieg wurde von Historikern allgemein die Auffassung vertreten, die europäischen Mächte seien in den Ersten Weltkrieg „hineingeschlittert". Die heutige Forschung stimmt weitgehend der Bewertung des Historikers Fritz Fischer zu: Er wies dem Deutschen Reich den „entscheidenden Teil der historischen Verantwortung" für den Kriegsausbruch zu. Er sprach jedoch nicht von einer deutschen Alleinschuld wie Artikel 231.

Reparationen

Während die „Schuldfrage" vor allem in den Anfangsjahren der Weimarer Republik die nationalen Leidenschaften aufwühlte, war die Reparationsfrage durchgehend eines der beherrschenden Themen der Weimarer Republik. In der häufig mit verblendetem Haß geführten Auseinandersetzung um die Reparationen können zwei sich überschneidende Argumentationen unterschieden werden: Die gemäßigten Parteien und Gruppen waren grundsätzlich zur Leistung von Reparationen an die Sieger bereit; ihnen ging es vor allem darum, die tatsächlichen wirtschaftlichen Belastungen möglichst gering und erträglich zu halten. Sie kämpften um Höhe, Dauer und Zahlungsmodus der Reparationen. Die radikalen Gruppierungen dagegen lehnten die Entschädigungen grundsätzlich ab. Sie benutzten die Reparationsfrage, um an nationale Instinkte zu appellieren und um Stimmen zu gewinnen. Im innenpolitischen Meinungsstreit sollte die Reparationsfrage häufig von wirtschafts- oder finanzpolitischen Fehlentscheidungen ablenken. In Wirklichkeit waren die tatsächlich erbrachten Reparationsleistungen nämlich keine existenzbedrohende wirtschaftliche Belastung für die Republik. Einen Höhepunkt erreichten die innenpolitischen Auseinandersetzungen um die Reparationsfragen im Jahr 1929 mit der Kampagne der nationalistischen Rechten gegen den „Young-Plan". Die Vorwürfe gegen diesen letzten Reparationsplan, der wesentliche Verbesserungen für das Deutsche Reich vorsah, gipfelten in der Formulierung, er führe zu einer „Versklavung des deutschen Volkes über sechs Jahrzehnte". Diese Angriffe waren auch deshalb so heftig, weil die Reparationen generell einen Eingriff in die deutsche Souveränität bedeuteten.

Reparationsfrage als Agitationspotential

Wehrfrage

Ebenso schränkte die Reduzierung der Reichswehr auf 100 000 Mann die deutsche Souveränität ein. Die Chance, die „Wehrfrage" durch eine allgemeine Abrüstung im europäischen Rahmen zu lösen, scheiterte vor allem am französischen Widerstand. Aber auch die Reichswehr widersetzte sich entschieden solchen Plänen; sie forderte vielmehr eine möglichst rasche Wiedergewinnung der „Wehrhoheit" durch Wiederaufrüstung und wurde darin von der nationalen Rechten kräftig unterstützt. Friedensbedrohende Gefahren bargen – zumindest auf lange Sicht – die territorialen Regelungen des Friedensvertrages. Dies

Territoriale Probleme

galt beispielsweise in der Frage des polnischen Korridors oder des völkerrechtlichen Status der Freien Stadt Danzig. Ein besonderes Problem war Oberschlesien. Dort votierten in einer Volksabstimmung, die gemäß dem Versailler Vertrag 1921 stattfand, 60 % der Bevölkerung für den Verbleib beim Deutschen Reich. Dennoch entschieden die Alliierten, daß das oberschlesische Industriegebiet – rund 56 % der Bevölkerung hatten in diesem Teilgebiet Oberschlesiens für Polen gestimmt – fast ganz an Polen fallen, während der größere, aber industriell weniger wertvolle Teil bei Deutschland bleiben sollte.

Kein „karthagischer Friede"

Trotz aller territorialen Verluste geschah dennoch – wie der Historiker Hagen Schulz urteilt – ein „Wunder, das niemand bemerkte": der Kern des Staatsgebietes, die deutsche Einheit blieb erhalten, von den Siegermächten sogar noch vertraglich sanktioniert. Die Sieger hatten keinen „karthagischen Frieden"[1] diktiert, d.h. sie hatten Deutschland keine existenzgefährdenden Friedensbedingungen auferlegt. Dem Reich verblieb die Möglichkeit, wieder in den Kreis der Großmächte zurückzukehren.

Versailler Vertrag als Belastung für die Demokratie

Eine schwere Hypothek lastete jedoch von Anfang an auf der Weimarer Republik. Der Versailler Vertrag erschwerte den verständigungswilligen Politikern eine Versöhnungspolitik nach innen und außen. Diese Politiker waren ungewollt in eine Situation gebracht worden, in der sie für die Irrtümer und Fehler des kaiserlichen Deutschlands geradezustehen hatten. Die junge Demokratie verlor bei der eigenen Bevölkerung an Ansehen. Die demokratischen Siegerstaaten leisteten somit unbeabsichtigt der Verbitterung und der Ablehnung der deutschen Bevölkerung gegenüber dem demokratischen Staat Vorschub und verstärkten das antiliberale deutsche Sonderbewußtsein. Ein Urteil über das Verhalten der Siegermächte sollte jedoch auch berücksichtigen, wie die Deutschen sich im umgekehrten Fall als Sieger verhalten hätten. Das Beispiel des Friedensvertrages von Brest-Litowsk (s. S. 72), in dem das Deutsche Reich Sowjetrußland seine Bedingungen aufzwang, gibt eine Vorstellung davon.

[1] Karthagischer Friede: Anspielung auf den Frieden, den Rom 146 vor Christus mit Karthago schloß. Er bedeutete die völlige Zerstörung der punischen Stadt.

MATERIAL 14 Karl Liebknecht zur Frage der Friedensfindung und -sicherung (1918)

Was ist der Inhalt der Gegensätze, die bisher zum Krieg trieben und immer wieder treiben werden, solange sie bestehen?
Die kapitalistische Weltkonkurrenz [...] zwischen den verschiedenen imperialistischen Systemen um die Reichtümer [...] der Erde. Also heben wir diese kapitalistische Konkurrenz auf, machen wir die Reichtümer der Erde zu einer gemeinsamen Angelegenheit der ganzen Menschheit! Ersetzen wir die kapitalistische Gesellschaft, die die Menschheit in Klassen und sich zerfleischende Räuberhorden auseinanderreißt, durch die sozialistische Gesellschaft, die die Menschheit versöhnt und zusammenschließt! [...]
Das Mittel dazu ist die soziale Revolution, die allein nicht nur jetzt den Frieden bereiten, sondern auch die künftigen Kriegsursachen ausrotten kann. Wer das Ziel will, muß das Mittel wollen. Imperialismus und Krieg – oder Sozialismus und Frieden – kein Drittes gibt's.

(Aus: Karl Liebknecht, Gesammelte Reden und Schriften, Bd. 9, 2. Auflage, Dietz, Berlin 1971, 484f.)

MATERIAL 15 Friedrich Ebert: Deutsche Erwartungen an den Friedensvertrag, 1919

Friedrich Ebert, der Vorsitzende des Rats der Volksbeauftragten, eröffnete die Nationalversammlung in Weimar am 6. Februar 1919 mit einer Rede, die einen Eindruck von der politischen Situation im Deutschen Reich zwischen der Unterzeichnung des Waffenstillstands (11. 11. 1918) und des Friedensvertrages (28. 6. 1919) vermittelt. Wenige Tage später wurde er von der Nationalversammlung zum ersten Reichspräsidenten gewählt:

Wir haben den Krieg verloren. Diese Tatsache ist keine Folge der Revolution. (Sehr wahr! links. – Lebhafter Widerspruch rechts.) [...] Die Revolution lehnt die Verantwortung ab für das Elend, in das die verfehlte Politik der alten Gewalten und der leichtfertige Übermut der Militaristen das deutsche Volk gestürzt haben. (Sehr wahr! links.) Sie ist auch nicht verantwortlich für unsere schwere Lebensmittelnot. (Widerspruch rechts.) [...] Niederlage und Lebensmittelnot haben uns den gegnerischen Mächten ausgeliefert. Aber nicht nur uns, auch unsere Gegner hat der Krieg ungeheuer erschöpft. Aus dem Gefühl der Erschöpfung bei unseren Gegnern entspringt ihr Bestreben, sich schadlos zu halten am deutschen Volke, wird der Ausbeutungsgedanke in das Friedenswerk hineingetragen. Diese Rache- und Vergewaltigungsplane fordern den schärfsten Protest heraus. (Bravo!) Das deutsche Volk kann nicht auf 20, 40 oder 60 Jahre zum Lohnsklaven anderer Länder gemacht werden. Das furchtbare Unglück des Krieges für ganz Europa kann nur wieder gutgemacht werden durch Handinhandgehen der Völker. Angesichts des Massenleids auf allen Seiten erscheint die Schuld beinahe klein. Gleichwohl ist das deutsche Volk entschlossen, selbst alle zur Verantwortung zu ziehen, denen ein absichtliches Verschulden oder eine absichtliche Niedertracht nachgewiesen werden kann. Aber man soll nicht diejenigen strafen, die selbst Opfer waren. Opfer des Krieges, Opfer unserer früheren Unfreiheit. Weshalb haben nach ihren eigenen Zeugnissen unsere Gegner gekämpft? Um den Kaiserismus zu vernichten. Es gibt ihn nicht mehr, er ist für immer erledigt. Die Tatsache dieser Nationalversammlung selbst zeigt es. Sie haben gekämpft, um den Militarismus zu zerstören. Er ist in Trümmer gestürzt und wird nicht wieder erstehen. (Zurufe von den Unabhängigen Sozialdemokraten.) Für Gerechtigkeit, Freiheit und einen Dauerfrieden haben unsere Gegner nach ihren feierlichen Proklamationen kämpfen wollen. Die Waffenstillstandsbedingungen aber sind bisher unerhört hart und schonungslos durchgeführt worden. Aus diesen Akten alter Gewaltpolitik spricht kein Geist der Versöhnlichkeit. [...] Wir warnen die Gegner, uns nicht zum Äußersten zu treiben. (Sehr richtig!) [...]

Im Vertrauen auf die Grundsätze des Präsidenten Wilson hat Deutschland die Waffen niedergelegt. Jetzt gebe man uns den Wilson-Frieden, auf den wir Anspruch haben. (Bravo!) Unsere freie Volksrepublik, das ganze deutsche Volk erstrebt nichts anderes, als gleichberechtigt in den Bund der Völker einzutreten und sich dort durch Fleiß und Tüchtigkeit eine geachtete Stellung zu erwerben. (Bravo!)

(Aus: Funkkolleg Geschichte, Studienbegleitbrief 10, Beltz, Weinheim 1980, S. 67ff.)

1. Vergleichen Sie die politischen Vorstellungen Liebknechts und Eberts mit denjenigen der „Großen Drei" in Paris unter folgenden Gesichtspunkten: Kriegsschuld, Prinzipien der Friedensgestaltung.
2. Welche grundsätzliche Kritik hätte Liebknecht am Versailler Vertrag geübt, wenn er sein Zustandekommen erlebt hätte.
3. „Wir haben einen Anspruch auf einen Wilson-Frieden." Erörtern Sie, ob diese These Eberts berechtigt und durchsetzbar war.

MATERIAL 16 **Der Abgeordnete Dr. theol. Dr. phil. Kahl (DVP) in der Debatte der Nationalversammlung über den Entwurf des Friedensvertrages (22. 6. 1919)**

Meine Herren! Die Deutsche Volkspartei lehnt einmütig diesen Frieden ab. [...] Wir lehnen ab, weil bei Annahme des Friedens der deutsche Staat als solcher vernichtet ist. (Sehr richtig! bei der Deutschen Volkspartei.) Die beiden Säulen der staatlichen Kraft, Finanzhoheit und Militärhoheit, sind vernichtet. Schuld an unserer traurigen Lage ist die Auflösung des Heeres, (Sehr richtig! rechts.) die Entblößung von allen Machtmitteln, die Selbstschwächung durch Generalstreiks gewissenloser Art usw. (Sehr richtig! rechts. – Zurufe von den Sozialdemokraten.) Das sind vom Kriegsausgange gänzlich unabhängige Kausalzusammenhänge. [...] Ja, hätten wir noch ein Schwert in der Hand! (Lachen bei den Sozialdemokraten.) Dann wäre die Antwort leicht zu finden! (Sehr richtig! rechts.) Das ist die Meinung eines jeden ehrliebenden Germanen! (Lebhafter Beifall rechts.)

(Aus: Detlev Junker, Deutsche Parlamentsdebatten, Bd. 2, 1919–1933, Frankfurt/Main 1971, S. 31ff.)

1. Mit welchen Argumenten begründet Kahl seine ablehnende Haltung?
2. Vergleichen Sie seine Friedensvorstellungen mit denjenigen Liebknechts und Eberts (Material 14, 15).

MATERIAL 17 **Karikatur aus dem Simplicissimus, 1919**

„Auch Sie haben noch ein Selbstbestimmungsrecht: Wünschen Sie, daß Ihnen die Taschen vor oder nach dem Tode ausgeleert werden?“

MATERIAL 18 **Amerikanische Karikatur aus dem Jahr 1930**

Karikatur des amerikanischen Zeichners Fitzpatrick zur Reichstagswahl 1930; in dieser Wahl hatte sich die Zahl der für die NSDAP abgegebenen Stimmen verdoppelt.

1. Erläutern Sie die dargestellte Szene (Material 17). Welche nationale Stimmungslage bezeugt und verstärkt die Karikatur?
2. Die amerikanische Karikatur (Material 18) ist vor allem eine Kritik an den Siegermächten. Zeigen Sie, inwieweit sie auch als Kritik an den Deutschen aufgefaßt werden kann.

Ein Ausblick auf die Auseinandersetzungen um die Reparationskosten

Januar 1921: Konferenz von Paris: 269 Mrd. Goldmark Entschädigungssumme, zahlbar in 42 Jahresraten.

Februar/März 1921: Konferenz von London: Deutsche Proteste gegen die Beschlüsse der Pariser Konferenz werden mit Sanktionen beantwortet; Besetzung von Düsseldorf, Duisburg, Mühlheim und Oberhausen durch französische Truppen; Zolleinnahmen aus diesem Gebiet an die Reparationskommission.

Mai 1921: „Londoner Ultimatum“: Reduzierung auf 132 Mrd. Goldmark; 1 Goldmilliarde innerhalb 25 Tagen; schnelle Entwaffnung; Androhung der Besetzung des gesamten Ruhrgebiets. Reichskanzler Joseph Wirth (Zentrum) nimmt das Ultimatum an. Trotzdem keine Aufhebung der Sanktionen vom März 1921.

Januar 1922: „Erfüllungspolitik“: Reichskanzler Wirth und Außenminister Rathenau (DDP) wollen Unerfüllbarkeit der Reparationsforderungen beweisen, indem sie diese nach besten Kräften zu erfüllen suchen.

Juli 1922: Deutsche Bitte um Barzahlungsaufschub bis 1924. Maxime des französischen Ministerpräsidenten und Außenministers Poincaré: „Keine Moratorien ohne produktive Pfänder.“

Januar 1923: Deutscher Rückstand bei Kohle- und Holzlieferungen führt zur Besetzung des „produktiven Pfandes“ Ruhrgebiet durch französische und belgische Truppen gegen den Widerstand Englands; Beginn des „Ruhrkampfes“; Aufruf der Reichsregierung zum „passiven Widerstand“; Generalstreik; Übergreifen der wirtschaftlichen Lähmung auf das Reich; Ausbreitung von Unruhen.

September 1923: Abbruch des Ruhrkampfes durch den neuen Reichskanzler Stresemann.

September 1924: „Dawes-Plan“: „Business, not politics“, Wiedergesundung der deutschen Wirtschaft vordringlich, Ablehnung der Ruhrbesetzung. Keine endgültige Gesamtsumme; Reduzierung der Jahresraten auf 1–1,75 Mrd. Mark bis 1928, danach 2,5 Mrd. Mark. Zusätzliche Erleichterung durch einen 800-Millionen-Kredit für die Zahlung der ersten Jahresrate. Allerdings Eingriffe in die deutsche Souveränität durch automatische Abführung bestimmter Zölle und Steuern an Reparationsagenten sowie durch Auferlegung einer Schuld von 16 Mrd. Mark zu Lasten der Reichsbahn und der Industrie mit 6 Prozent Zins und Tilgung jährlich.

Juli/August 1925: Endgültige Räumung des Ruhrgebietes.

Januar 1930: „Young-Plan“: Festlegung der deutschen Reparationsschuld auf 65 Mrd. Mark, zahlbar in 59 Jahresraten von 0,7 bis 2,1 Mrd. Mark (siehe S. 163f.)

Juli 1931: „Hoover-Moratorium“: Aussetzung der Reparationszahlungen für ein Jahr.

Juni/Juli 1932: Konferenz von Lausanne: Ablösung der deutschen Reparationsschuld durch einmalige Abfindungssumme von 3 Mrd. Reichsmark; diese wird nicht bezahlt.

(Nach: Werner Conze, in: Andreas Hillgruber/Jost Dülffer, Geschichte der Weltkriege, Ploetz, Freiburg 1981, S. 85ff.)

2. Selbstbehauptung des Systems in der Krise

2.1 Die Hochinflation 1923 – eine Vertrauenskrise

„Der Krieg war der Verwüster der Finanzen. ... Eine wesentliche Voraussetzung für den Wiederaufbau des staatlichen Lebens sind geordnete Finanzen. Darum ist die erste Arbeit am Wiederaufbau eine grundlegende Finanzreform." Mit diesen Worten eröffnete Reichsfinanzminister Matthias Erzberger (Zentrum) am 8. Juli 1919 die Beratungen der Nationalversammlung über seine Finanzreformpläne zur Abtragung der Hypothek des verlorenen Krieges.

Staatsverschuldung und Inflation als Folgen des Krieges

Die kaiserliche Regierung hatte der Republik als außerordentlich schwere Last eine von fünf auf 150 Milliarden Mark angewachsene Staatsschuld hinterlassen; außerdem besaß die Mark 1919 nur noch die Hälfte ihrer Kaufkraft von 1913. Staatsverschuldung und Geldwertschwund waren eine Folge der Kriegsfinanzierung. Die Kriegskosten waren vor allem mittels Kreditaufnahmen am Kapitalmarkt (Kriegsanleihen) bezahlt worden. Nachdem die Kriegsanleihen als Finanzierungsquelle nicht mehr ausgereicht hatten, war mit Hilfe der Notenpresse bei der Reichsbank zusätzlich Geld geschöpft worden. Diese Notenbankkredite an das Reich hatten zu einer Vermehrung der umlaufenden Geldmenge und – zumal bei einem rückläufigen Konsumgüterangebot – zur Inflation geführt.

Erzbergersche Finanzreform

Die „Erzbergersche Finanzreform", neben der Annahme der Reichsverfassung und neben der Ratifikation des Versailler Friedensvertrags die dritte Grundentscheidung der Nationalversammlung, sah folgende Maßnahmen vor:
- Verlagerung der Steuerhoheit von den Ländern auf das Reich und Aufbau einer Reichssteuerverwaltung.
- Einführung eines progressiven Einkommensteuertarifs mit einem Spitzensteuersatz von 60 Prozent; demgegenüber hatte z.B. der Höchstsatz der früheren preußischen Einkommensteuer nur vier Prozent betragen.
- Einführung von Vermögenssteuern, u.a. einer einmaligen Abgabe, mit der die während des Krieges beträchtlich angewachsenen Privatvermögen belastet werden sollten; die progressiven Steuersätze der einmaligen Abgaben stiegen von 10 auf 65 Prozent bei Vermögen über zwei Millionen Mark.
- Ausweitung der indirekten Steuern, z.B. der Umsatzsteuern.

Erzberger wollte mit seiner Finanzreform das Reich, bisher „Kostgänger der Länder", finanziell unabhängig machen und die Besteuerung sozial gerechter gestalten. Zentrum und DDP hatten die hohen Steuersätze auf die großen Einkommen und Vermögen ausdrücklich als Ersatz für die von ihnen abgelehnte Sozialisierung bezeichnet. Vor allem aber ging es um die Bewältigung der auf den Reichshaushalt zukommenden enormen Kriegsfolgelasten (Reparationsforderungen; Kriegsopferversorgung; Verzinsung und Tilgung der Kriegsanleihen).

Haushaltsdefizite

Der Versuch, mit diesen einschneidenden Maßnahmen die Reichsfinanzen zu sanieren, scheiterte jedoch. Obwohl die Finanzreform sofort erhebliche Steuermehreinnahmen brachte, reichte das Steueraufkommen nicht einmal für die Hälfte der Reichsausgaben; 1922 betrug der Anteil der Reichsausgaben, der durch Steuereinnahmen gedeckt war, nur noch 37,5 Prozent, 1923 belief er sich auf zehn Prozent; im Oktober 1923 schließlich soll nur noch ein Prozent der Reichsausgaben mittels Steuern finanziert worden sein. Da die Fehlbeträge immer weniger durch Kreditaufnahmen am Kapitalmarkt aufgebracht werden konnten, griff die Regierung wie im Krieg zum Mittel der inflationsstimulierenden Notenbankkredite an das Reich mit der Folge, daß die Geldentwertung sich rapide beschleunigte.

Hyperinflation

Vom Sommer 1922 an erlebten die Deutschen mit Bestürzung, wie ihr Geld „erst von Woche zu Woche, dann von Tag zu Tag und schließlich von Stunde zu Stunde" an Kaufkraft verlor. Das Währungschaos der Hyperinflation hob an; dieser „Hexensabbat der phantastischen Irrsinnszahlen von Billionen" sollte bis zum 15. November 1923, dem Tag der Einführung der Rentenmark, dauern. „Nichts", so ein pointiertes Urteil des Schriftstellers Stefan Zweig, „hat das deutsche Volk ... so sehr verbittert, so haßwütig und hitlerreif gemacht wie die Inflation." Wie konnte es zu diesem absoluten Währungsverfall kommen und was waren die sozialen Folgen?

Ursachen der Geldentwertung

- Die Regierung setzte die Erzbergersche Finanzreform nicht konsequent um. Sie wollte die Unternehmen steuerlich schonen, um deren Investitionsfähigkeit und -bereitschaft nicht zu beeinträchtigen. Die kostspielige Umstellung von der Kriegs- auf die Friedenswirtschaft sollte möglichst rasch erfolgen; immerhin galt es, sechs Millionen heimgekehrte Frontsoldaten in das Berufsleben einzugliedern. Die Regierung selbst legte mehrere Beschäftigungsprogramme in Milliardenhöhe auf und finanzierte diese wegen der unzureichenden Steuereinnahmen teilweise mittels Geldschöpfung durch die Reichsbank, nahm also bewußt das Risiko einer weiteren Geldentwertung in Kauf.

- Im Jahre 1920 stieg die Produktion in Deutschland um 20 Prozent; die Ankurbelung der Wirtschaft war also ein Erfolg. Dennoch wurden die Unternehmen auch weiterhin steuerlich geschont, weil die bürgerlichen Parteien den Vorwurf einer unternehmensfeindlichen sozialistischen Politik scheuten. Fallende Weltmarktpreise verbilligten damals die Importe und kehrten die Preisauftriebstendenzen um; möglicherweise sah die Regierung auch deshalb keinen dringenden finanzpolitischen Handlungsbedarf.

- Seit dem Londoner Ultimatum vom Mai 1921 (siehe S. 149) nahmen die Devisenspekulationen zu. Deutsche Geldkapitalbesitzer legten ihr Vermögen zunehmend im Ausland an; ausländische Kapitalanleger trennten sich von der Mark. Der Wechselkurs der Mark verschlechterte sich; die Importe wurden teurer; das inländische Preisniveau stieg wieder.

- Der Kapitalabfluß war Mitte 1922 so groß geworden, daß die Geschäftsbanken kaum mehr Kredite gewähren konnten. Die Reichsbank bekämpfte diese Kreditkrise, indem sie Wechselkredite mit einem niedrigen Zinssatz gewährte und diese auch nicht durch Entwertungsklauseln sicherte. Die Reichsbank begünstigte damit Spekulationsgeschäfte: Mit Hilfe dieser billigen und nach kurzer Zeit weithin entwerteten Kredite kaufte sich der Industrielle Hugo Stinnes ein riesiges Industrieimperium zusammen; er war einer der großen Inflationsgewinner.

Eintrittspreise eines Theaters, 1923: Die Reichsmark verliert ihre Funktion als Zahlungsmittel

Französische Truppen schießen auf Arbeiter der Krupp-Werke, 1923

Ruhrkampf und Hyperinflation

● Die inflationäre Entwicklung erreichte ihren Höhepunkt, als im Januar 1923 der Ruhrkampf begonnen hatte (siehe S. 149). Der passive Widerstand, zu dem die Reichsregierung ausdrücklich aufgerufen hatte, trieb nicht nur die Staatsausgaben in schwindelnde Höhen, da z. B. die Streikenden unterstützt werden mußten; er brachte dem Reich zugleich massive Steuerausfälle, nachdem wegen ausbleibender Zulieferungen aus dem Ruhrgebiet auch im übrigen Reich zahlreiche Unternehmen ihre Produktion stillegen mußten. Das Reich konnte seine täglich wachsenden finanziellen Verpflichtungen nur durch verstärkte Betätigung der Notenpresse erfüllen. Schließlich sollen dreihundert Papierfabriken und einhundertfünfzig Druckereien für die Befriedigung des Notenbedarfs gearbeitet haben. Die umlaufende Geldmenge, die sich vom November 1918 bis November 1921 vervierfacht und bis 1922 versiebenfacht hatte, stieg im letzten Inflationsjahr um mehr als das Hundertmillionenfache an. Entsprechend gewaltig waren die Preissteigerungen.

Da die Lohnsteigerungen den Preissteigerungen ständig nachhinkten, verringerten sich die Reallöhne kontinuierlich. Im Oktober 1923 reichte der Wochenlohn eines Facharbeiters z. B. nur noch aus, um einen Zentner Kartoffeln zu kaufen; für ein Pfund Butter mußte ein Arbeiter zwei Tage arbeiten. Längst hatte damals die Währung ihre Funktion als Recheneinheit und als Wertaufbewahrungsmittel verloren. Als schließlich die Bauern anfingen, ihre Waren zurückzuhalten, war die Währung auch als Zahlungsmittel nicht mehr akzeptiert. In den Städten kam es zu Unruhen und zu Plünderungen, da die Lebensmittelversorgung gefährdet war. Die Unruhen beschleunigten den Abbruch des Ruhrkampfes und die Durchführung einer Währungsreform.

Währungsreform

Am 15. November 1923 wurde als neue Währung die Rentenmark ausgegeben; das Verhältnis von Rentenmark zu Papiermark wurde auf 1:1 Billion festgesetzt. Mittels strenger geld-, haushalts- und währungspolitischer Maßnahmen gelang die Stabilisierung der Währung. Knapp ein Jahr später konnte die nur als Übergangslösung gedachte Rentenmark wieder durch die Reichsmark (RM) abgelöst werden.

Soziale und politische Folgen

Ruhrkampf und Inflation hatten der deutschen Volkswirtschaft schwere Schäden zugefügt. Die Produktion war Ende 1923 wieder auf das Niveau von 1918 zurückgefallen. Die Hyperinflation hatte zu einer breiten Vermögensumschichtung geführt; Ende 1923 gab es dreimal so viele Fürsorgeempfänger wie 1913, unter ihnen viele alte Menschen, die um ihre Ersparnisse gebracht waren, von denen sie sonst sorgenfrei hätten leben können, und auch viele Selbständige. Die Angehörigen des Mittelstandes waren durch die Inflation stärker als durch den Krieg getroffen worden; viele von ihnen wurden ihrer materiellen Sicherheit und ihrer Lebensperspektiven beraubt und sozial deklassiert. Die Inflation hinterließ in der „kollektiven Psyche“ dieser Gruppen Wunden, die nicht verheilen sollten. Die Inflationserfahrungen der Mittelschichten wurden zu einer schweren Belastung für die demokratische Republik, der vermeintlichen Urheberin des Elends; sie verstärkten das Mißtrauen gegenüber dem jungen Staat und förderten antidemokratische Einstellungen. Am Ende des Jahrzehnts trat während der Weltwirtschaftskrise bei weiten Teilen des Mittelstandes das latente Mißtrauen gegenüber der Republik offen zutage; abermals wurden ihr die Folgen der Krise angelastet. Der Soziologe Theodor Geiger sprach damals (1931) von einer „Panik des Mittelstandes“, als dessen Angehörige in Scharen den Nationalsozialisten zuliefen.

Vertrauenskrise

MATERIAL 1 **Wertverlust des Geldes in den Jahren 1914–1923**

Zeitpunkt	Wert eines Guthabens von 100 000 Mark	Wertverlust gegenüber 1914 in %
Juni 1914	100 000,00	0
Jan. 1919	47 190,00	52,8
Juli 1919	27 855,00	72,1
Jan. 1920	6 480,00	93,5
Juli 1920	10 638,00	89,4
Jan. 1921	6 468,00	93,5
Juli 1921	5 476,00	94,5
Jan. 1922	2 189,00	97,8
Juli 1922	851,00	99,1
Jan. 1923	23,46	100
Juli 1923	1,19	100
Sept. 1923	0,00	100
Nov. 1923	0,00	100

Entwicklung des Preises für 1 kg Roggenbrot	
Dezember 1914	0,32 Mark
Dezember 1920	2,37 Mark
Dezember 1922	163,15 Mark
Juli 1923	3465,00 Mark
September 1923	1 512 000,00 Mark
Oktober 1923	201 000 000 000,00 Mark

(Nach: H. Prokasky, Der Erste Weltkrieg und die Inflation 1914–1923; in: Geschichtsdidaktik 5, 1980, S. 267)

1. „Der Krieg war der Verwüster der Finanzen“. Belegen und erläutern Sie diese Äußerung des Finanzministers Erzberger aus dem Jahr 1919.
2. Erörtern Sie, inwieweit diese These Erzbergers auch für die Zeit vom Januar 1919 bis Juli 1920 gilt.
3. Im Jahr 1920 kehrten sich die Inflationstendenzen zeitweise um. Erklären Sie mittels des Informationstextes diese positive Wendung. Zeigen Sie, welche Handlungsspielräume die Politiker hatten, um diese Tendenz zu verstärken.
4. Im Jahr 1923 kam es zu einer Hyperinflation. Erörtern Sie, ob dieses Jahr als die Zeit der einschneidendsten Vermögenseinbußen bezeichnet werden kann.
5. Erläutern Sie den Sinn der Bestimmung über den Verkauf von Theaterkarten (Abb. S. 152 oben links).

MATERIAL 2 Soziale Folgen der Inflation

Die Geldschwemme brachte eine gewaltige Umverteilung des Volksvermögens zugunsten des großen Kapitalbesitzes. [...] Das war die Grundlage für den in der Vorkriegszeit begonnenen und jetzt noch intensivierten Konzentrationsprozeß. [...] Die verarbeitende Industrie hatte besonders großen Kapitalbedarf, da sie am stärksten auf die Kriegsproduktion spezialisiert gewesen war und jetzt einem kostspieligen Umstellungsprozeß unterlag, wogegen die Rohstoffindustrie günstig aus dem Krieg hervorgegangen war und über reichlich flüssige Mittel verfügte. Die Schwerindustrie gliederte sich jetzt die kriselnden Industriezweige zu günstigen Bedingungen an. Die leicht beschaffbaren Bankkredite, bei denen man nur zu warten brauchte, bis sie zu einem Bruchteil zurückgezahlt werden konnten, taten ein übriges, um diesen Prozeß zu verstärken. [...]

Trotz der schwerwiegenden Handelsbeschränkungen [durch den Versailler Vertrag] konnten die Produktionsmittel ganz wesentlich für billige Dumping-Exporte ausgelastet werden, die für die Unternehmen zugleich begehrte stabile Devisen brachten. [...] Dennoch blieb eine erhebliche Arbeitslosenquote, weil der von der Inflation expropiierte (d.h. enteignete) Mittelstand zunehmend auf den Arbeitsmarkt drängte. Da auch die Gewerkschaftskassen von dem Geldwertschwund betroffen wurden, Arbeitskämpfe also schwierig waren, konnten die Löhne von den Unternehmern gedrückt werden. Untereinander war die Großindustrie mit ihren Devisenpolstern schon frühzeitig zur Rechnung in Goldklauseln übergegangen, die Lohnabhängigen wurden jedoch mit immer wertloserer Papiermark bezahlt. Ihre Verelendung nahm zu, so daß sich die Wachstumstendenzen bis 1922 ausschließlich zugunsten der Produktionsmittelbesitzer niederschlugen, wobei vor allem die Branchen profitierten, die relativ lohnintensiv produzierten. „Der immanente Sinn der Inflation", schrieb der damalige Staatssekretär im Reichswirtschaftsministerium Julius Hirsch, „war die Verkürzung des Konsums zugunsten der Wiederherstellung und des Wiederaufbaus der Arbeitsmittel. Das ist mit furchtbaren Vernichtungen an Werten, an Menschenglück und Menschenfrieden geschehen." [...] Aber nicht nur der Industrie, auch noch einem anderen Wirtschaftszweig brachte die Inflation erhebliche wirtschaftliche Vorteile: die Landwirtschaft – Großgrundbesitzer und Kleinbauern – entschuldete sich. [...]

Betroffen von der Geldentwertung wurden vor allem diejenigen, deren Einkommen und Vermögen in nominellen Geldeinheiten fixiert waren. Die Reallöhne und -gehälter der Arbeiter, Angestellten und Beamten sanken bis zum Sommer 1923 auf fast ein Drittel der Vorkriegszeit, so daß nicht einmal elementarste Existenzbedürfnisse befriedigt werden konnten. Radikal enteignet wurden außerdem diejenigen Rentner, deren private Pensions- und Unterstützungskassen ebenso wie ihre Rücklagen in fest verzinslichen Staatsanleihen oder Industrie-Obligationen vernichtet wurden. Die Verarmung des Kleinhandels und der kleinen Gewerbetreibenden vollzog sich auf einem anderen Wege: Diese Erwerbsgruppen konnten sich in ihrem Geschäftsgebaren nicht rechtzeitig der sinkenden Währung anpassen. Anstatt zum Wiedereinkaufspreis plus Gewinn wie die Großbetriebe zu verkaufen, veräußerten sie lediglich zum alten Einkaufspreis plus Gewinn. Neben der Landwirtschaft hielten sie ab Sommer 1923 dann auch als erste die Ware vor der wertlosen Mark zurück. Die staatlichen Preisprüfungsstellen verhinderten die den Regeln der kapitalistischen Erwerbswirtschaft entsprechenden Kalkulationen gerade bei diesen kleinen Selbständigen. Nach dem bis zum Winter 1923/24 aufrechterhaltenen Grundsatz „Mark gleich Mark" wurde als Wucherer bestraft, wer höhere Preise verlangte als Gestehungskosten zuzüglich Gewinn in nominellen Geldeinheiten. [...]

Charakteristisch für die Inflation wurde auch der große Besitzwechsel des städtischen Haus-

und Grundbesitzes, von dem zum Beispiel in Berlin rund ein Drittel aller Häuser betroffen wurde, die meistens an Spekulationsgewinner und devisenbringende Ausländer gingen. Obwohl sich der Hausbesitz, der vor allem auch an das selbständige Handwerk und dem Handel gebunden war, durch die Geldentwertung seiner Hypothekenschulden entledigen konnte, wurde die Veräußerung vielfach zur Existenzfrage.

(Aus: Claus-Dieter Krohn, Helfferich contra Hilferding, Konservative Geldpolitik und die sozialen Folgen der deutschen Inflation 1918–1923, in: Vierteljahrschrift für Sozial- und Wirtschaftsgeschichte, 62. Band, Heft 1, 1975, S. 62ff.)

1. Zeigen Sie, worin die sozialen Folgen der Inflation bestehen. Welche Erklärungen werden in Material 2 für diese Folgen gegeben.
2. Erörtern Sie mögliche politische Auswirkungen der Inflation auf die Weimarer Demokratie.
3. Welche wirtschafts-, finanz- und gesellschaftspolitischen Schlußfolgerungen mußte Ihrer Meinung nach eine sozial und politisch verantwortungsbewußte Regierung aus den Inflationserfahrungen ziehen?

2.2. Antidemokraten im demokratischen Staat – eine Dauerkrise

Kein Staat in der deutschen Geschichte ist von so vielen Gegnern mit soviel grundsätzlicher Ablehnung, soviel Haß bedacht worden wie das „System von Weimar", wie die erste deutsche Demokratie im Sprachgebrauch ihrer Gegner hieß. Die Verachtung war auf der Linken wie auf der Rechten gleich stark. Linke und rechte Verratslegenden wurden erfunden, um im Kampf gegen die Republik publizistisch eingesetzt zu werden. War die Revolution für die Rechte „Verrat" am Kaiserreich, ein „Dolchstoß" für das unbesiegte feldgraue Heer, der von „Novemberverbrechern" geführt wurde, so beruhte in den Augen der Kommunisten der Staat auf dem Verrat der Arbeiterklasse durch die SPD. Die von links und rechts geschürten Ressentiments schaukelten sich gegenseitig hoch; einig waren sich beide Seiten in der Ablehnung parlamentarischer Willensbildung und fanden sich gelegentlich zu gemeinsamer Obstruktion.

Linksopposition

Die KPD war seit ihrer Niederlage 1919 vollends auf Distanz zu dem aus ihrer Sicht von der Bourgeoisie und den sozialdemokratischen Verrätern beherrschten Staat gegangen. Durch die Auflösung der USPD und die Abwanderung der meisten ihrer Anhänger zur KPD und SPD war sie 1920 zur Massenpartei geworden. Ihre allmähliche Umwandlung in eine „Partei Neuen Typs" im Sinne Lenins führte sie in immer tiefere Abhängigkeit von der KPdSU. Unter dem Vorsitz von Ernst Thälmann (seit 1925) sah die Partei ihre Hauptaufgabe darin, der SPD die Arbeiterschaft abzuwerben. Auch nach 1930 waren die als „Sozialfaschisten" verunglimpften Sozialdemokraten ihre Hauptgegner, die für gefährlicher gehalten wurden als die Nationalsozialisten.

Rechtsopposition

Die propagandistisch wirksamere und für den Staat gefährlichere Opposition ging von der Rechten aus, die auf der Grundlage der Dolchstoßlüge Hindenburgs und Ludendorffs hemmungslose Hetzkampagnen gegen führende Vertreter des „Systems“ führte. Prominentestes Opfer war Reichspräsident Ebert, dem man nicht nur seine Rolle bei den Streiks von 1917/18 vorwarf, die ihm die Bezeichnung „Landesverräter“ eintrug; auch seine Herkunft aus bescheidenen Verhältnissen, der Sattlerberuf und die Tatsache, daß Eberts Gattin in ihrer Jugend als Dienstmädchen gearbeitet hatte, paßten nicht in das konservative Weltbild und wurden propagandistisch ausgeschlachtet. Eberts früher Tod (1925) war indirekt eine Folge dieser Hetze: Wegen eines laufenden Verleumdungsprozesses gegen einen Journalisten – nach dessen Ende man den Reichspräsidenten aufgrund des Urteils ungestraft einen Landesverräter nennen konnte – hatte Ebert eine dringend notwendige Operation zu lange hinausgeschoben.

Politische Morde

Opfer eines Mordanschlages wurde Finanzminister Erzberger, der Unterzeichner des Waffenstillstands und maßgeblicher Initiator der Friedensresolution von 1917. Gegen ihn hatte der deutschnationale Politiker Karl Helfferich eine Kampagne entfacht. Seine Broschüre „Fort mit Erzberger“ hatte schon 1920 einen ehemaligen Fähnrich des Heeres zu einem Attentatsversuch veranlaßt, der den Minister schwer verletzte. Der Täter, dem die Richter „ideale Gesinnung“ bescheinigten, wurde zu 18 Monaten Gefängnis verurteilt. 1921 wurde Erzberger dann Opfer der „Organisation Consul“, eines terroristischen Geheimbundes, der aus dem Freikorps hervorgegangen war und unter dem Schutz der Reichswehr agierte.
Ermordet wurden USPD-Politiker wie der bayerische Ministerpräsident Eisner und sein Parteifreund Gareis; der Sozialdemokrat Scheidemann, der 1918 die Republik ausgerufen hatte, entging nur knapp einem Attentat. Zahlreiche unbekannte vermeintliche „Verräter“ fielen der „Feme“, selbsternannten Geheimgerichten, zum Opfer. Erst die Ermordung des Reichsaußenministers Rathenau (1922) führte zu einer Wende. Der Reichstag verabschiedete das „Gesetz zum Schutz der Republik“, das die Zugehörigkeit zu Terrororganisationen unter strenge Strafe stellte. „Da steht der Feind“, rief Reichskanzler Wirth (Zentrum) in der Gedenkstunde des Reichstags für Rathenau aus, „und darüber ist kein Zweifel, dieser Feind steht rechts.“

Ermordung Rathenaus

Gefährlicher noch als der individuelle Terror war die militärische Macht, über die die extreme Rechte in den Freikorps verfügte. Die grundsätzliche Abneigung vieler Soldaten gegenüber der Republik wurde noch gesteigert, als das noch 600 000 Mann starke Heer gemäß dem Versailler Vertrag auf 100 000 Mann reduziert werden mußte. Die meisten Soldaten gingen einer ungewissen Zukunft entgegen. Im März 1920 revoltierte eine bei Berlin liegende Einheit gegen ihre geplante Auflösung. Aus dieser Revolte entwickelte sich ein Rechtsputsch, an dessen Spitze sich der ehemalige preußische Generallandschaftsdirektor Wolfgang Kapp stellte. Da die Reichswehr sich weigerte, gegen die „Kameraden“ vorzugehen, gelang es den Putschisten, Berlin für einige Tage in ihre Gewalt zu bekommen. Die Regierung Bauer (SPD) floh über Dresden nach Stuttgart. Kapp ließ sich zum Reichskanzler ausrufen. Das schlecht vorbereitete Unternehmen scheiterte am passiven Widerstand der Behörden, die sich weigerten, die Anordnungen des „Reichskanzlers“ zu befolgen, und am Generalstreik, den die Gewerkschaften ausriefen. Dieser politische Streik entwickelte sich im Ruhrgebiet zu einem regelrechten Bürgerkrieg zwischen einer neugebildeten „Roten Armee“ und der Reichswehr, die sich nun nicht weigerte, zu schießen. Es dauerte fast einen Monat, bis der Widerstand gebrochen war.

Kapp-Putsch

Reichstagswahlen 1920

Sichtbarer Ausdruck des Klimawechsels waren die Reichstagswahlen von 1920. Die Dreiviertelmehrheit der Weimarer Koalition schrumpfte auf 43 % zusammen, während die Gegner auf der Linken und der Rechten ihre Stimmen mehr als verdoppeln konnten. Eine tragfähige Mehrheit der republiktreuen Parteien kam von nun an nie mehr zustande; Minderheitsregierungen oder gar Koalitionen mit Rechtskräften trugen zur Schwächung der Demokratie bei.

Krise 1923

In eine zweite Zerreißprobe geriet die Demokratie im Jahre 1923, als infolge der Ruhrbesetzung, des passiven Widerstands und der galoppierenden Inflation (siehe S. 152) die Republik in ihrer Existenz bedroht war. In Sachsen und Thüringen gingen die SPD-geführten Landesregierungen ein Bündnis mit der KPD ein, die aus dieser Position eine allgemeine Erhebung von links vorbereiten wollte. Während in diesen beiden Ländern bereits „Proletarische Hundertschaften" gebildet wurden, griffen in Bayern rechte Putschisten nach der Macht, um entweder Bayern vom Reich zu trennen oder von dort aus ganz Deutschland in ihrem Sinne umzugestalten. Seit der Niederschlagung der Münchner Räterepublik 1919 war die bayerische Landeshauptstadt ein Sammelpunkt aller rechtsradikalen Gruppen und Verbände geworden, deren Aktivitäten die Regierung unter Führung der Bayerischen Volkspartei tolerierte und begünstigte. Unter Berufung auf die „bolschewistische Gefahr" verkündete die bayerische Regierung nun den Ausnahmezustand; der Monarchist Gustav von Kahr wurde zum Generalstaatskommissar ernannt. Obwohl auch von Berlin aus der Ausnahmezustand über das ganze Reich verhängt worden war, folgte die in Bayern stationierte Reichswehrdivision unter General von Lossow nicht den Anweisungen der Regierung Stresemann, sondern denen Kahrs. Auch diesmal weigerte sich der Chef der Heeresleitung, General von Seeckt, gegen den offenen Verfassungsbruch einzuschreiten. In Sachsen und Thüringen dagegen marschierte die Reichswehr ein, die Kommunisten mußten aus der Regierung ausscheiden, verfassungstreue SPD-Kabinette wurden ernannt.

Hitler-Putsch

Die zwiespältige Haltung der bayerischen Regierung suchte sich der damals noch weitgehend unbekannte Adolf Hitler zunutze zu machen. Er scheiterte jedoch mit seinem Plan, die konservativen republikfeindlichen Kräfte in seine eigenen Putschpläne einzuspannen und von München aus nach Mussolinis Vorbild auf Berlin zu marschieren. Sein Marsch zur Münchener Feldherrnhalle (9. November 1923) endete im Feuer der bayerischen Landespolizei. Kahr und Lossow einigten sich mit der Reichsregierung, nachdem die Wiederherstellung der Ordnung in Sachsen und Thüringen den Vorwand der „bolschewistischen Umtriebe" entkräftet hatte.

Antidemokratische Publizistik

Mit dem Ende des Jahres 1923 schien die unmittelbare Gefahr, die der Republik von ihren antidemokratischen Gegnern drohte, abgewendet zu sein. Das antidemokratische Denken blieb jedoch virulent und sollte in der nächsten Krise seine ganze Gefährlichkeit erweisen. Der reaktionäre alte Nationalismus wurde in den folgenden Jahren mehr und mehr durch einen „neuen Nationalismus", die „konservative Revolution", verdrängt, dessen geistige Wurzeln zwar auch schon in die Vorkriegszeit reichten, der aber erst durch den Krieg aktiviert und zu breiter Wirkung gebracht worden war. Seine Vertreter, meist eine Generation jünger als die alten Monarchisten der DNVP, brachten dem Wilhelminischen Reich dieselbe elitäre Verachtung entgegen wie der Weimarer Republik.

Entscheidendes Motiv für diese intellektuellen Gegner der Demokratie, von denen viele aus der Generation der jüngeren Frontoffiziere stammten, war das Kriegserlebnis, das sie nicht, wie viele ihrer Kameraden, in einer betont pazifistischen Haltung aufzuarbeiten suchten, wie dies Erich Maria Remarque in seinem Antikriegsroman „Im Westen nichts Neues“ gelungen war. Sie stilisierten vielmehr die Materialschlacht zum „inneren Erlebnis“, zum „Stahlgewitter“ (beides Titel von Büchern des Schriftstellers Ernst Jünger), in dem der „neue Mensch“ seine „Feuertaufe“ erhalten habe. Aus dieser Heroisierung des Krieges und des Kämpfers, oft in der Form eines primitiven Sozialdarwinismus, entstanden zwei populäre Mythen: die romantische Vorstellung von der „Volksgemeinschaft“ über den Klassen, die aus der Kameradschaft der Schützengräben erwachsen sei, und die Sehnsucht nach dem Führer, der dieser Gemeinschaft Ziel und Richtung geben sollte. Auf dem realen Hintergrund der Weimarer Republik führten diese Vorstellungen zur schroffen Absage an den Parteienstaat und an den Klassenkampf, an die Demokratie mit ihrer als „mechanisch“ empfundenen Willensbildung nach dem Mehrheitsprinzip, zur Feindschaft gegenüber Parteien, denen der verschworene „Bund“ gegenübergestellt wurde. Sogar antikapitalistische Töne wurden angeschlagen, oft mit antisemitischem Beigeschmack.

MATERIAL 3 Antidemokratische Mentalität

„Jnädigste wirken auf mich wie ein Putsch von rechts.“

Plakat anläßlich des Mordes an Walter Rathenau (1922)

1. Welche Mentalität von Militär und Bürgertum prangern die Karikatur und das Plakat an?

MATERIAL 4 E. J. Gumbel: Die Sühne der politischen Morde 1918–1922

	Politische Morde begangen		
	von Linksstehenden	von Rechtsstehenden	Gesamtzahl
Gesamtzahl der Morde	22	354	376
davon ungesühnt	4	326	330
teilweise gesühnt	1	27	28
gesühnt	17	1	18
Zahl der Verurteilungen	38	24	
Geständige Täter freigesprochen	–	23	
Geständige Täter befördert	–	3	
Dauer der Einsperrung je Mord	15 Jahre	4 Monate	
Zahl der Hinrichtungen	10	–	
Geldstrafe je Mord	–	2 Papiermark	

(Aus: H. Pross [Hrsg.], Die Zerstörung der deutschen Politik, Dokumente 1871–1933, Fischer, Frankfurt/Main 1983, S. 145f., nach: E.J. Gumbel, Vier Jahre politischer Mord, 1923)

MATERIAL 5 Der Fall E. J. Gumbel – ein Symptom antidemokratischen Denkens

[...] Ein Funken genügte, um die aus vielen Kanälen gespeiste Gasmischung zu entzünden. Daß sich die Sache in Heidelberg zutrug, ist wohl nur dem Zufall, daß der Privatdozent Gumbel an der Universität lehrte, zu danken, der Funken hätte auch anderswo gezündet. Kein Zufall war, daß Gumbel den Zündfunken lieferte, er stand schon lange auf der Abschußliste der „Antidemokraten", auf die ihn sein 1922 erschienenes Buch „Vier Jahre politischer Mord" gebracht hatte. Am 26. Juli 1924 hatten die Ortsgruppen Heidelberg der Deutschen Friedensgesellschaft, die Gewerkschaften, der Beamtenbund und die Organisation der Kriegsgeschädigten in die Stadthalle zu einer Versammlung „Nie wieder Krieg" eingeladen. Emil Gumbel, Erster Vorsitzender der Ortsgruppe Heidelberg der Friedensgesellschaft, hatte den Abend einzuleiten und zu schließen. Redner waren Professor Balmein aus Frankreich und der sozialdemokratische Reichstagsabgeordnete Stroebel. In seinem Schlußwort sagte Gumbel u. a., der Wille müsse unerschütterlich sein in der Ablehnung des Krieges. Und dann wörtlich: „Ich bitte die Anwesenden, in steter Einkehr der Toten zu gedenken, die, ich will nicht sagen, auf dem Felde der Unehre gefallen sind, aber die doch auf gräßliche Weise ums Leben kamen." Diese Äußerung innerhalb einer längeren Rede, in der Gumbel zwischen der Schändlichkeit des Krieges und der Einstellung der Soldaten zum Krieg sorgfältig unterscheidet, wird von der Versammlung nicht mißverstanden. Der „Pfälzer Bote" berichtet am 28.7. über diesen Vorgang: „In starker innerer Ergriffenheit folgte die Versammlung der Bitte des Vorsitzenden, der ungezählten Toten des Weltkrieges in zwei Minuten stiller Einkehr zu gedenken. [...]" Ganz anders ist es in der völkisch-nationalen Presse zu lesen. Die Heidelberger Neuesten Nachrichten folgern, daß die Schlußworte Gumbels „als eine ganz besondere Leistung festgenagelt werden müssen. [...] Dieser Dozent an einer deutschen Hochschule darf zweifellos für sich in Anspruch nehmen, den gemeinsten Ausdruck für die Opfer des Weltkriegs geprägt zu haben. Pfui Teufel, Herr Gumbel!" Damit war der Fall Gumbel geschaffen. [...]

Die Resolution einer „Vollversammlung" der Studenten (mit ca. 30 gegen 20 Stimmen angenommen) weiß alles sofort in die richtigen Worte zu fassen: „Durch diese Äußerung hat Herr Dr. Gumbel in ungeheuerlicher Weise das Andenken derer in den Schmutz gezogen, die für uns den Heldentot erlitten. [...] Herr Dr. Gumbel hat damit bewiesen, daß er außerhalb des deutschen Volkes steht, für dessen Ehre und Gefühl er ein Verständnis nicht besitzt. [...] Die Heidelberger Studentenschaft bringt diese ihre Ansicht zur Kenntnis des Rektorats und erwartet, daß dasselbe alles tut, daß Herr Dr. Gumbel aus dem Lehrkörper der Heidelberger Universität ausgeschlossen wird."

[...] Die Philosophische Fakultät, der Gumbel angehört, schützt ihn nicht vor den völkischen Studenten, sondern beschließt mit allen gegen eine Stimme, Gumbel die Lehrberechtigung zu entziehen, und setzt im Einvernehmen mit dem engeren Senat ein Disziplinarverfahren gegen Gumbel wegen „Pflichtverletzung" an, ohne Gumbel vorher zu hören. Am 31. Juli ordnet das Ministerium des Kultus und Unterrichts die Untersuchung an, Gumbel wird mit sofortiger Wirkung die Lehrtätigkeit untersagt. [...] (Das Verfahren wird nach einem Beschluß des Landtages aufgehoben.)

Als das Badische Ministerium des Kultus und Unterrichts ihn 1930 zum außerordentlichen Professor ernennt, heult Volkes Stimme erneut auf. In den Zeitungen kann man lesen: „Unglaubliche Herausforderung der nationalen Öffentlichkeit." [...] Die zum Wintersemester nach Heidelberg kommenden völkischen Studenten bilden einen „Aktionsausschuß der nationalen Studentenschaft", der von Mitgliedern des Nationalsozialistischen Deutschen Studentenbundes und der Großdeutschen Studentengemeinschaft getragen wird. Dieser Ausschuß ruft als erste Tat zu einem Protest gegen Gumbel auf, da dieser „moralisch ungeeignet sei, die deutsche Jugend – Jahrgang 1930 – zu erziehen." Nach der Versammlung im brechendvollen Stadthallensaal am 7. 11., in der Gegenredner gar nicht zu Wort kommen, versucht Gustav Radbruch[1] in „Der Heidelberger Student" vom 28. 11., die Studenten zu ruhiger Betrachtung zu bringen. Vergeblich. Gustav Radbruch will sich nicht damit abfinden, daß diese Versammlung „den Geist der deutschen Jugend von 1930 kennzeichnet". Leider war es doch so, was die Antwort des Ausschusses beweist, in der es u.a. heißt: [...] „Freiheit, die wir meinen, hat nichts zu tun mit Freiheit für die Tätigkeit des Herrn Prof. Gumbel! Ein Recht auf die Freiheit der Gesinnungsäußerung hat unserer Überzeugung nach nur der, der diese Freiheit im Dienst am Vaterland gebraucht. Jeder andere hat dieses Recht verwirkt. [...] Den Mut und die Hoffnung unserer Jugend aber schöpfen wir aus dem fanatischen Glauben an die Auferstehung unseres Vaterlandes." [...]

Noch einmal kommt es zum Eklat, nämlich am 27. Mai, an diesem Tag spricht Gumbel bei den sozialistischen Studenten über „Krieg und Arbeiterbewegung" und sagt u.a.: [...] „daß in jener Zeit, die ich im Gegensatz zu den Lobpreisern des Krieges von heute als Soldat mitgemacht habe, der Hunger zu dem schließlich alles überragenden Gefühl wurde und daß deswegen die Kohlrübe, das Hauptnahrungsmittel dieser Zeit, sozusagen als Symbol, als Denk-Mal des Krieges adäquat ist". Darauf macht „Der Heidelberger Student" am 9. Juli Schlagzeilen: „Das Kriegerdenkmal eine Kohlrübe." Allgemeiner Protest auch wieder fern und nah. Eine Untersuchungskommission der Fakultät tritt zusammen. [...] Auf einer Vortragsreise in den USA erreicht Gumbel die Nachricht von seiner Ausschließung aus dem Lehrkörper.

[1] Gustav Radbruch (1878–1949), Professor für Strafrecht in Kiel und Heidelberg bis 1933 und ab 1945; Reichstagsabgeordneter 1920–24; Reichsjustizminister 1921–22 und 1923.

(Aus: Hans Georg Zier, Politische Geschichte Badens 1918 bis 1933, in: Badische Geschichte, Vom Großherzogtum bis zur Gegenwart, hrsg. von der Landeszentrale für politische Bildung Baden-Württemberg, Theiss, Stuttgart 1979, S. 154ff.)

1. Worin sehen Sie den Informationswert von Gumbels Mordstatistik? (Material 4)
2. Charakterisieren Sie die Motive und Methoden, die den „Fall Gumbel" zum Politikum machen. Gehen Sie auch auf das Verhalten staatlicher Institutionen ein.
3. Welche Schlüsse lassen sich aus dem Fall Gumbel auf das politisch-geistige Klima der Weimarer Republik ziehen?

2.3 Revision durch Verzicht und Versöhnung? Die Außenpolitik der Weimarer Republik

Ära Stresemann

Die mittleren Jahre der Weimarer Republik werden häufig als „Ära Stresemann" bezeichnet. Nicht zu Unrecht, denn in diese Jahre fallen wichtige außenpolitische Entscheidungen und Erfolge, an deren Zustandekommen der Reichsaußenminister Gustav Stresemann (1878–1929) maßgeblich beteiligt war. In den Anfangsjahren der Weimarer Republik stand Stresemann wie die von ihm mitbegründete Deutsche Volkspartei in entschiedener Opposition zum neuen Staat; er entfernte sich jedoch nach und nach aus dem Fahrwasser der antirepublikanischen Rechten und rang sich zu einer positiven Haltung gegenüber der Republik durch. Er betrachtete sich selbst jedoch nicht als „Überzeugungsrepublikaner", sondern als „Vernunftrepublikaner", der zu der Einschätzung gelangt war, daß die konstitutionell-parlamentarische Republik die beste politische Lösung sei, die unter den gegebenen Umständen zu erreichen war. Im Grunde seines Herzens war er aber Monarchist geblieben, selbst nachdem er 1923 für 103 Tage Reichskanzler einer Großen Koalition geworden war. Zugleich mit der Kanzlerschaft hatte Stresemann auch die Leitung des Auswärtigen Amtes übernommen; er behielt das Amt des Außenministers auch unter allen nachfolgenden Kanzlern bis zu seinem Tode am 3. Oktober 1929.

Ziele der Außenpolitik

Stresemanns außenpolitisches Hauptziel war die Revision des Versailler Vertrages; er stimmte darin mit allen politisch maßgeblichen Kräften überein. Jedoch entwickelten sich zwischen ihm und der politischen Rechten tiefgreifende Meinungsgegensätze über die Frage nach dem richtigen Weg zu diesem Ziel. Stresemann, der sich als Realpolitiker verstand, ging von den gegebenen internationalen Machtverhältnissen aus; er sah, daß Deutschland wegen seiner militärischen Bedeutungslosigkeit eine Revision des Versailler Vertrages nicht gegen den Willen der ehemaligen Sieger durchsetzen konnte. Deshalb entschloß er sich zu einer Politik der Versöhnung und Verständigung; sie sollte das Klima für eine schrittweise Revision der Vertragsbestimmungen bereiten; gleichzeitig sollte sie die Rückgewinnung der Großmachtstellung Deutschlands begünstigen. Stresemann war überzeugt, daß nur ein politisch gleichberechtigtes und mächtiges Deutschland den Versailler Vertrag endgültig überwinden könne.

Ruhrkampf

Stresemann hatte die Kanzlerschaft auf dem Höhepunkt des Ruhrkampfes (siehe S. 152) übernommen. Der Ruhrkampf war zwar in der Anfangsphase eine eindrucksvolle Demonstration des nationalen Widerstandswillens gewesen, hatte sich aber letztlich nicht nur als wirtschaftlicher, sondern auch als politischer Bumerang erwiesen: Er hatte separatistische Bewegungen, die für eine „Rheinische Republik" eintraten, gefördert und außerdem die Beziehungen zu Frankreich dramatisch verschlechtert. Aus all diesen Gründen hatte Stresemann schließlich den passiven Widerstand abbrechen lassen und den ergebnislosen Kampf beendet. Diese Entscheidung und die Annahme des Dawes-Plans hatten die deutsch-französichen Beziehungen entkrampft. Damit war der Weg zu der von Stresemann gewünschten Verständigungspolitik geebnet. Diese sollte dem französischen Sicherheitsstreben ebenso Rechnung tragen wie dem deutschen Wunsch nach Souveränität und Gleichberechtigung. Stresemann ergriff am 9. Februar 1925 die Initiative und ließ in Paris ein Memorandum zur Sicherheitsfrage übergeben. Frankreich zögerte wegen der Weigerung Deutschlands, die Ostgrenzen des Reiches als endgültig anzuerkennen, auf den vorgeschlagenen Sicherheitspakt einzugehen. Die USA und Großbritannien intervenierten jedoch aus wirtschaftlichen Erwägungen und um des europäischen Gleichgewichts willen zugunsten der deutschen Initiative. Schließlich konnten sie Frankreichs Zustimmung zu einer Konferenz über die Sicherheitsfrage erwirken. Diese Konferenz fand vom 5. bis 16. Oktober 1925 in Locarno statt. Deutschland war durch Reichskanzler Luther und Außenminister Stresemann, Frankreich durch seinen Außenminister Aristide Briand vertreten.

Konferenz von Locarno

Auf der Konferenz von Locarno schloß das Deutsche Reich mit Frankreich, Großbritannien, Belgien, Italien, Polen und der Tschechoslowakei einen Vertrag, in dem die Unverletzlichkeit der deutschen Westgrenzen garantiert und die Entmilitarisierung des Rheinlands anerkannt wurden. Damit bestätigte das Reich freiwillig die wesentlichen Bestimmungen des Versailler Vertrags. Dies war der politische Preis, den Stresemann für seine Verständigungspolitik zu entrichten hatte. Ferner wurde in dem Vertragswerk ein deutsch-polnischer Gewaltverzicht vereinbart. Allerdings hatte Stresemann sich im Gegensatz zur endgültigen Anerkennung der Westgrenzen die gewaltlose und einvernehmliche Revision der Ostgrenzen zu Polen ausdrücklich vorbehalten. Das Vertragswerk von Locarno machte auch den Weg für den Beitritt Deutschlands zum Völkerbund frei. Dieser erfolgte am 10. September 1926. Das Deutsche Reich war nun wieder in den Kreis der führenden Mächte aufgenommen und hatte die moralische und politische Isolierung der Nachkriegszeit endgültig durchbrochen. Die Resonanz, welche die deutsch-französische Annäherung in der Weltöffentlichkeit fand, zeigt sich auch an der Verleihung des Friedensnobelpreises an Briand und Stresemann.

Garantie der Westgrenze

Gewaltlose Revision der Ostgrenze

Beitritt zum Völkerbund

Reaktion in Deutschland

Ungeachtet der weltweiten Zustimmung stieß Stresemanns Verständigungspolitik mit Frankreich auf den erbitterten Widerstand der nationalen Rechten. Die nationale Propaganda diffamierte ihn als „Verzichtspolitiker", weil mit der endgültigen Anerkennung der Westgrenzen auch die Zugehörigkeit Elsaß-Lothringens zu Frankreich völkerrechtlich besiegelt worden war. Im Gegensatz zu Stresemann trat die nationale Rechte, anknüpfend an alte preußische Traditionen, für eine außenpolitische Ostorientierung ein. Sie forderte eine engere Zusammenarbeit mit der Sowjetunion zu Lasten einer Verständigung mit dem Westen. Die Reichswehr hatte bereits 1920 Kontakte zur Roten Armee geknüpft, und der Chef der Heeresleitung, General von Seeckt, hatte 1922 die Vorstellung entwickelt, in einer gemeinsamen Aktion mit Sowjetrußland Polen wieder von der Landkarte zu streichen. Zudem hatte das Deutsche Reich 1922 mit dem Abschluß des Vertrages von Rapallo den Westmächten die Möglichkeit einer deutsch-sowjetischen Annäherung signalisiert. Weniger der Inhalt des Vertrags – gegenseitiger Verzicht auf Kriegsentschädigungen, Aufnahme diplomatischer Beziehungen und Intensivierung der wirtschaftlichen Zusammenarbeit – als vielmehr die Tatsache des Vertragsabschlusses hatten im Westen Aufsehen erregt und Mißtrauen geschürt. Stresemann lehnte eine einseitige Ostorientierung ebenso ab wie eine Schaukelpolitik zwischen Ost und West. Allerdings war auch er an guten Beziehungen zu Sowjetrußland interessiert und handelte parallel zu den Gesprächen mit den Westmächten einen deutsch-sowjetischen Neutralitätsvertrag aus. Dieser Berliner Vertrag wurde 1926 unterzeichnet; in

Vertrag von Rapallo

Deutsch-sowjetischer Neutralitätsvertrag

Von links nach rechts: Gustav Stresemann, Austen Chamberlain und Aristide Briand

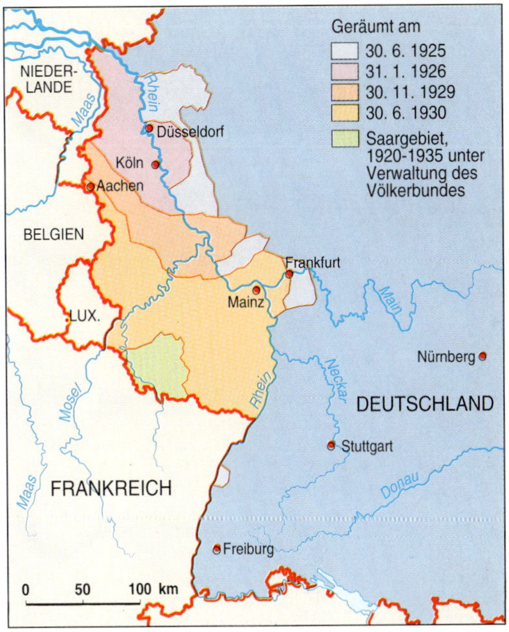

Die von Stresemann ausgehandelte schrittweise Räumung des Rheinlandes

ihm sicherte das Deutsche Reich der Sowjetunion im Falle eines Krieges zwischen der UdSSR und dritten Mächten Neutralität zu. Diese Bestimmung konnte auch als antipolnische Spitze aufgefaßt werden. Im Falle eines russisch-polnischen Krieges konnte Frankreich nicht mehr auf dem Weg über Deutschland Polen zu Hilfe kommen.

Briand-Kellogg-Pakt

In der Phase verstärkter internationaler Zusammenarbeit Mitte der 20er Jahre hatte der amerikanische Außenminster Kellogg auf Initiative von Briand einen „Kriegsächtungspakt" vorgelegt, der die Staaten der Welt aufforderte, in Zukunft auf Krieg als Mittel der Politik feierlich zu verzichten sowie Konflikte mit friedlichen Mitteln auszutragen und beizulegen (s. S. 23). Der Gedanke einer Ächtung des Krieges fand auch den Beifall Stresemanns, der sich von der Unterstützung dieser Idee eine schnellere Beendigung der Besetzung des Rheinlandes versprach. Die Regierung Hermann Müller (SPD) erklärte sich daher im Sommer 1928 bereit, einem solchen multilateralen Abkommen beizutreten.

Auseinandersetzung um den Young-Plan

Im gleichen Jahr war auch die Reparationsfrage wieder auf die Tagesordnung der internationalen Politik gekommen, als aufgrund des Dawes-Plans höhere Jahresraten entrichtet werden sollten (s. S. 149). Eine Sachverständigenkommission unter Vorsitz des Amerikaners Owen D. Young legte im folgenden Jahr den sogenannten Young-Plan vor. Danach sollte Deutschland in den ersten zehn Jahren 7 Milliarden Mark weniger aufbringen als im Dawes-Plan vorgesehen war. Auch sollten die ausländischen Kontrollen wegfallen. Außerdem war die Räumung des gesamten Rheinlandes bis zum 30.6.1930 in Aussicht gestellt, also fünf Jahre vor der in Versailles vorgesehenen Frist. Aber auch diese letzten

Det Norske Stortings Nobelkomite

har i Henhold til Reglerne i det af

ALFRED NOBEL

den 27de November 1895 oprettede Testamente tildelt

Gustav Stresemann

Nobels Fredspris for 1926.

~~Kristiania~~ Oslo den 10de December 1926.

Nobelpreisurkunde Stresemanns

Erfolge Stresemannscher Außenpolitik fanden in der politisch aufgehetzten deutschen Öffentlichkeit nur wenig Verständnis und Anerkennung. DVNP, NSDAP und der Stahlhelm leiteten eine aufwendige Propagandakampagne gegen die Unterzeichnung des Young-Plans ein, deren Höhepunkt der „Entwurf eines Gesetzes gegen die Versklavung des deutschen Volkes" war. Dieser Gesetzentwurf bedrohte die Unterzeichner des Young-Plans mit Zuchthaus. Die Kampagne endete allerdings mit einem Fehlschlag; der Gesetzentwurf scheiterte, weil er im Volksentscheid vom 22.12.1929 die erforderliche Mehrheit klar verfehlte.

Inmitten dieser Auseinandersetzung starb Stresemann. Wenige Monate später zerbrach die seit 1928 regierende Große Koalition, deren entscheidende Stütze er gewesen war. Unter der Kanzlerschaft Brünings erlangte die Lösung der Reparationsfrage oberste Priorität. Brüning nutzte die Weltwirtschaftskrise aus, um den Gläubigerländern die Zahlungsunfähigkeit Deutschlands zu demonstrieren. Bewußt nahm er dafür Massenarbeitslosigkeit und die Verelendung weiter Teile der Bevölkerung in Kauf. Als schließlich auf der Konferenz von Lausanne im Juli 1932 die Gläubigerländer auf weitere Reparationszahlungen endgültig verzichteten, war Brüning bereits durch Papen ersetzt. Mit der Regierung Brüning hatte ein außenpolitischer Kurswechsel begonnen. Die Revisionspolitik wurde jetzt nicht mehr auf der Grundlage der Verständigung mit dem Westen, sondern zunehmend im nationalen Alleingang betrieben.

Lösung der Reparationsfrage

MATERIAL 6 Der „Kronprinzenbrief" Stresemanns (7. September 1925)

In diesem Brief erläuterte Außenminister Gustav Stresemann dem ehemaligen Kronprinzen Wilhelm (1882–1951), der als Privatmann nach Deutschland zurückgekehrt war, seine außenpolitischen Vorstellungen. Die entscheidenden Verhandlungen über den Sicherheitspakt im Westen und den Eintritt Deutschlands in den Völkerbund standen, als der Brief abgefaßt wurde, unmittelbar bevor (5.–16. Oktober 1925 in Locarno). Die geplanten Abschlüsse stießen vor allem bei den Parteien der äußersten Rechten auf heftige Kritik; viele Kritiker lehnten diese Politik wegen ihrer angeblichen einseitigen Bindung an den Westen ab:

Eure Kaiserliche Hoheit;

[...] Zu der Frage des Eintritts in den Völkerbund möchte ich folgendes bemerken: Die deutsche Außenpolitik hat nach meiner Auffassung für die nächste absehbare Zeit drei große Aufgaben:
Einmal die Lösung der Reparationsfrage in einem für Deutschland erträglichen Sinne und die Sicherung des Friedens, die die Voraussetzung für eine Wiedererstarkung Deutschlands ist. Zweitens rechne ich dazu den Schutz der Auslandsdeutschen, jener 10–12 Millionen Stammesgenossen, die jetzt unter fremdem

Joch in fremden Ländern leben. Die dritte große Aufgabe ist die Korrektur der Ostgrenzen: die Wiedergewinnung von Danzig, vom polnischen Korridor und eine Korrektur der Grenzen in Oberschlesien.
Im Hintergrund steht der Anschluß von Deutsch-Österreich, obwohl ich mir sehr klar darüber bin, daß dieser Anschluß nicht nur Vorteile für Deutschland bringt, sondern das Problem des Deutschen Reiches sehr kompliziert (Verstärkung des katholischen Einflusses. Bayern plus Österreich gegen Preußen, Vorherrschen der klerikalen und sozialistischen Parteien in Deutsch-Österreich).

Wollen wir diese Ziele erreichen, so müssen wir uns aber auch auf diese Aufgaben konzentrieren. Daher der Sicherheitspakt, der uns einmal den Frieden garantieren und England sowie, wenn Mussolini mitmacht, Italien als Garanten der deutschen Westgrenze festlegen soll. Der Sicherheitspakt birgt andererseits in sich den Verzicht auf eine kriegerische Auseinandersetzung mit Frankreich wegen der Rückgewinnung Elsaß-Lothringens, ein deutscher Verzicht, der aber insoweit nur theoretischen Charakter hat, als keine Möglichkeit eines Krieges gegen Frankreich besteht. Die Reparationslasten, die uns der Dawesplan auferlegt, werden voraussichtlich schon 1927 untragbar sein. Wir müssen dann eine neue Konferenz verlangen zur Neufeststellung der deutschen Leistungsfähigkeit, ein Recht, das uns nach dem Versailler Vertrag jederzeit zusteht. [...]

Die Sorge für die Auslandsdeutschen spricht für den Eintritt in den Völkerbund. [...] Selbst die am weitesten rechts stehenden Politiker, sind für diesen Eintritt. Wir werden in Genf der Wortführer der ganzen deutschen Kulturgemeinschaft sein, weil das gesamte Deutschland in uns seinen Hort und Schild sehen wird. Die Bedenken, daß wir im Völkerbund überstimmt werden, gehen von der falschen Voraussetzung aus, daß es in diesem Völkerbundsrat, der die Entscheidung hat, eine Überstimmung gibt. Die Beschlüsse des Völkerbundrats müssen einstimmig gefaßt werden. Deutschlands ewiger Sitz im Völkerbundsrat ist ihm zugesichert. [...] Polen, die Tschechoslowakei, Jugoslawien und Rumänien, die sämtlich durch internationale Verträge gebunden sind, für ihre Minderheiten, d.h. speziell für die deutschen Minderheiten zu sorgen, werden sich nicht so sträflich über ihre Verpflichtungen hinwegsetzen können, wenn sie wissen, daß Deutschland alle diese Verfehlungen vor den Völkerbund bringen kann. Zudem sind alle die Fragen, die dem deutschen Volk auf dem Herzen brennen, z.B. Fragen der Kriegsschuld, allgemeine Abrüstung, Danzig, Saargebiet etc. Angelegenheiten des Völkerbunds, die durch einen geschickten Redner im Plenum des Völkerbunds zu ebenso vielen Unannehmlichkeiten für die Entente werden können. [...]

Die Frage des Optierens zwischen Osten und Westen erfolgt durch unseren Eintritt in den Völkerbund nicht. Optieren kann man ja übrigens nur, wenn man eine militärische Macht hinter sich hat. Das fehlt uns leider. [...] Das Wichtigste ist für die unter 1) berührte Frage der deutschen Politik das Freiwerden deutschen Landes von fremder Besatzung. Wir müssen den Würger erst vom Halse haben. Deshalb wird die deutsche Politik [...] in dieser Beziehung zunächst darin bestehen müssen, zu finassieren und den großen Entscheidungen auszuweichen.

Ich bitte E.K.H., mich auf diese kurzen Andeutungen beschränken zu dürfen, und darf im übrigen wohl bitten, diesen Brief selbst – den ich absichtlich nicht unterzeichne, damit er nicht, auch nur aus Versehen, in fremde Hände fällt – freundlichst unter dem Gesichtspunkt würdigen zu wollen, daß ich mir natürlich in allen meinen Äußerungen eine große Zurückhaltung auferlegen muß. Wollen E.K.H. mir Gelegenheit geben, über diese Fragen [...] in einer ruhigen Stunde sprechen zu können, so stehe ich gern zur Verfügung. [...]

Die freundlichen Grüße E.K.H. bitte ich ehrerbietigst erwidern zu dürfen.

(Aus: Geschichtsdidaktik 2, 1983, S. 152f.)

MATERIAL 7 Französische Karikatur (1926)

Prévoyance boche

Germania. – Que fais-tu là, mon chéri?
Stresemann. – Che ranche mon Prix de la Paix!

1. Fassen Sie die außenpolitischen Leitgedanken Stresemanns zusammen. (Material 6)
2. Erläutern Sie die Darstellungsabsicht der französischen Karikatur. (Material 7)
3. Entscheidungen des Nobelpreiskomitees für die Verleihung des Friedensnobelpreises an noch aktive Politiker sind meist umstritten. Versetzen Sie sich in die Diskussionsrunde des Komitees. Mit welchen Gegeneinwänden mußten sich die Befürworter im Falle Stresemanns auseinandersetzen?

Übersetzung des französischen Textes:
Vorsorgemaßnahmen der Deutschen
Germania: „Was machst du da, mein Liebling?"
Stresemann: „Ich räume meinen Friedensnobelpreis weg."

MATERIAL 8 Der Historiker Hagen Schulze über Gustav Stresemann und seine Außenpolitik

Das erste große Ziel deutscher Außenpolitik verstand sich fast von selbst: die Revision von Versailles. Aber Stresemann war sich im klaren, daß das nicht in einem Anlauf zu erreichen war, zumal nicht, solange die Hand Frankreichs auf Rhein und Ruhr lag und die dauernde französische Sanktionsdrohung die Gefahr eines Über-Versailles, einer endgültigen Zerschlagung des Reichs, bedeutete. So paradox es scheinen konnte – erst einmal mußte die alte Geschäftsgrundlage, der Versailler Friedensvertrag, wieder hergestellt werden, bevor man an ihre Beseitigung gehen konnte. Das hieß: Deutschland mußte, ungeachtet der in deutschen Augen vertragswidrigen französischen Politik, weiterhin die alliierten Reparationsforderungen zufriedenstellen und zugleich den Abzug der französischen Truppen aus dem Ruhrrevier zu erreichen suchen. Als nächstes mußte die Streichung der alliierten Strafandrohungen erreicht werden, nach denen Deutschland bei Nichterfüllung seiner Verpflichtungen erneut mit Sanktionen belegt werden konnte. Dies war der erste eigentliche Schritt zur Vertragsrevision, dem die Beseitigung der Reparationsforderungen folgen mußte.

Waren diese Ziele, die Revision der Reparations- und Sanktionsbestimmungen, erreicht, so folgte für Stresemann als nächster Schritt die Annullierung der territorialen Bestimmungen des Friedensvertrages. Was Elsaß-Lothringen anging, so gab sich Stresemann keinen Illusionen hin, aber er hoffte, durch zweiseitige Verhandlungen mit Belgien die Rückgabe von Eupen-Malmedy zu erwirken und sich mit Frankreich auf eine Vorverlegung der Volksabstimmung an der Saar zu einigen. Im Osten dagegen strebte er ganz unverhohlen die Rückgabe Danzigs, des Korridors und Oberschlesiens an. Eine vertragliche Festschreibung der deutschen Ostgrenzen kam deshalb für ihn nie in Betracht; Stresemann mühte sich vielmehr, Frankreich und Polen zu entzweien und die Unzufriedenheit der deutschen Minderheit in Polen zu schüren. Vor allem, um die Frage der deutschen Ostgrenze offenzuhalten, strebte Stresemann die Mitgliedschaft Deutschlands im Völkerbund an: Hier war das geeignete Forum, um die deutschen Gebietsansprüche zu vertreten und die Klagen der in den Nachbarstaaten lebenden Deutschen zur Sache der Völkergemeinschaft zu machen. Den Artikel 19 der Völkerbundssatzung, der Grenzveränderungen mit friedlichen Maßnahmen erlaubte, gedachte er als völkerrechtlichen Hebel für die deutschen Gebietsansprüche zu nutzen.

Daneben ging es Stresemann um die Beseitigung der militärischen Klauseln des Versailler Vertrags. Hier arbeitete er am Abbau der alliierten Militärkontrollen und nutzte darüber hinaus später das Völkerbundsforum, um die militärische Gleichberechtigung Deutschlands zu fordern, ein Verlangen, dessen grundsätzliche Billigkeit zunehmend internationale Anerkennung fand, wenn auch der Weg dorthin lang schien, denn „Gleichberechtigung" wurde zunächst so verstanden, daß die übrigen europäischen Mächte auf das Maß der deutschen Reichswehr abrüsten sollten.

All das waren Pläne und Ziele, die alle deutschen Außenminister vor Stresemann ebenfalls verfolgt hatten, wenn auch nur als Wunschträume und ohne die planerische Energie des DVP-Vorsitzenden. Aber Stresemann wollte mehr: Ihm ging es letztlich um die Beseitigung des internationalen Systems der Pariser Vorortverträge von 1919 und um die Rückkehr zu einem europäischen Gleichgewicht, in dem Deutschland wie zur Bismarck-Zeit schon aufgrund seiner hohen Bevölkerungszahl und seiner wirtschaftlichen Überlegenheit die erste Geige spielen sollte.

Stresemann, das war Bismarck redivivus, konservativ bis in die Fingerspitzen, der eine an den Grenzen des politisch Möglichen orientierte aufgeklärte Machtpolitik betrieb. Es war derselbe Stresemann, der 1914 Gebiete von Calais bis Petersburg annektieren wollte, der 1919 die Dolchstoßlegende gepredigt und sich der Annahme des Versailler Vertrags wie der Weimarer Reichsverfassung widersetzt hatte, und der nun daranging, mit den westlichen Alliierten den Ausgleich zu suchen – „Entspannungspolitik" zu betreiben, würde man heute sagen – der mit aller Macht in den Völkerbund drängte, der den Friedensnobelpreis erhalten und der Nachwelt als großer Europäer erscheinen sollte. Doch in Wirklichkeit hat eine Wandlung vom nationalistischen Saulus zum pan-europäischen Paulus nie stattgefunden.

(Aus: Hagen Schulze, Weimar. Deutschland 1917–1933, 2. Auflage, Siedler, Berlin 1983, S. 272f.)

1. Kennzeichnen Sie Hagen Schulzes Stresemann-Bild.
2. Nehmen Sie auf der Grundlage des Kronprinzenbriefes (Material 6) und der Darstellung Hagen Schulzes nochmals zur Frage der Nobelpreisverleihung an Stresemann Stellung.

Das Plakat nimmt Bezug auf Stresemanns Interpretation des Locarno-Vertrages. Er nannte ihn „einen Silberstreifen am Horizont", der sichtbar geworden sei. Statt des Silberstreifens erhebt sich am Horizont ein schwarzer Soldat der französischen Besatzungsarmee.

Plakat der DNVP aus dem Jahr 1928

3. Der Untergang der Weimarer Demokratie

3.1 Der Bruch der Großen Koalition 1930 – nur Parteitaktik oder Ausdruck einer Krise des Gesellschaftssystems?

Die Konsolidierung des Währungswesens, ein bescheidener Wirtschaftsaufschwung und die außenpolitischen Erfolge Stresemanns haben die Weimarer Republik in ihren mittleren Jahren von 1924 bis 1928/29 spürbar stabilisiert. Aber auch in diesem relativ ruhigen Jahrfünft kam es immer wieder zu Regierungskrisen und zu Regierungswechseln. Bis 1928 waren die Regierungen stets Koalitionen der bürgerlichen Parteien; ihr Spektrum reichte entweder von der DDP über das Zentrum zur DVP oder vom Zentrum über DVP zur DNVP.

Spaltung und Radikalisierung der DNVP

Bei den Reichstagswahlen vom 20. Mai 1928 verlor die DNVP, in der die politische Führungselite des alten Kaiserreichs tonangebend war, rund ein Drittel ihrer Mandate. Die beiden Flügel der Partei – die gemäßigteren Konservativen und die extrem nationalistische und antiparlamentarische Rechte – gaben sich gegenseitig die Schuld am Wahldebakel. Aus dieser Auseinandersetzung ging Alfred Hugenberg, der Repräsentant des radikalen Flügels, als Sieger hervor. Hugenberg, der Herr eines riesigen Presse- und Filmkonzerns, wurde neuer Parteivorsitzender. Unter ihm betrieb die DNVP fortan eine Fundamentalopposition gegen die parlamentarisch-demokratische Republik von Weimar.

Probleme bei der Bildung der Großen Koalition

Die Sozialdemokraten, die seit 1923 außerhalb der Regierungsverantwortung standen, waren die großen Gewinner der Reichstagswahlen von 1928. Da trotz der SPD-Erfolge die Parteien der Weimarer Koalition die absolute Mehrheit knapp verfehlten, lief alles auf eine Große Koalition aus SPD, DDP, Zentrum, BVP und DVP hinaus. Allerdings gestaltete sich die Regierungsbildung sehr schwierig, da in der Innenpolitik tiefe Gegensätze zwischen den künftigen Koalitionspartnern bestanden. Der heftigste Widerstand gegen eine Große Koalition kam aus der DVP, in der die Großindustrie einen beherrschenden Einfluß ausübte. Die DVP hatte sich auf einen Abbau sozialstaatlicher Gesetze festgelegt, während die SPD durch ihre Regierungsbeteiligung die sozialen Errungenschaften verteidigen wollte. Der DVP-Vorsitzende und Außenminister Stresemann, dem wegen der anstehenden Reparationsverhandlungen (Young-Plan) an einer breiten parlamentarischen Absicherung seiner Außenpolitik gelegen war, mußte sogar mit seinem Parteiaustritt drohen, um die DVP zum Eintritt in die Große Koalition zu bewegen. Widerstände gegen die Zusammenarbeit mit der SPD in einer Großen Koalition kamen aber auch aus der Zentrumsfraktion, in der der Arbeitnehmerflügel immer mehr an Boden verloren hatte. Schließlich einigte man sich auf die ungewöhnliche Konstruktion eines „Kabinetts der Persönlichkeiten" mit dem SPD-Vorsitzenden Hermann Müller als Reichskanzler. Die Minister dieser Regierung kamen zwar aus den Parteien der Großen Koalition, waren jedoch ihren Fraktionen gegenüber nicht verantwortlich. Die Fraktionen wiederum mußten sich nicht generell festlegen, die Politik der Kabinetts zu unterstützen. Diese Konstruktion bewirkte eine große Unsicherheit für die Regierungsarbeit und verursachte zahlreiche lähmende Krisen.

Finanz- und sozialpolitische Herausforderungen

Anders als von Stresemann erwartet sollte nicht die Außenpolitik, sondern – als Folge der sich seit 1929 anbahnenden Weltwirtschaftskrise – die Finanz- und Sozialpolitik zur Herausforderung der Großen Koalition werden. Schon längst war der im Stinnes-Legien-Abkommen von 1918 erzielte gesellschaftspolitische Basiskompromiß (s. S. 126) brüchig geworden. Die Konzessionen der Arbeitgeber an die Arbeitnehmer waren damals aus Angst vor einer sozialistischen Revolution erfolgt. Seit 1923/24 wurden die Zugeständnisse von den Arbeitgebern jedoch zunehmend in Frage gestellt. Einem Urteil des Wirtschaftshistorikers Knut Borchardt zufolge mußte „das Bestreben der Unternehmer, nun vieles ungeschehen zu machen, was man zuvor, im Angesicht des Umsturzes, selbst angeboten hatte ... für die Führer der Gewerkschaften wie Verrat an den politischen Grundlagen Weimars aussehen." Aktuell ging es am Ende der zwanziger Jahre um die Arbeitszeitfrage, das staatliche Schlichtungswesen, vor allem aber um die Arbeitslosenversicherung. Durch ihre Forderung nach individuellen Vereinbarungen über die tägliche Arbeitszeit wollten die Arbeitgeber den 1918 durchgesetzten Achtstundentag generell zur Disposition stellen. Schon seit 1924 waren Ausnahmen von dieser Arbeitszeitregelung möglich und wurden auch rege genutzt. Im Ruhreisenstreit von 1928, dem größten Arbeitskonflikt der Weimarer Republik, startete die rheinisch-westfälische Schwerindustrie einen Angriff auf das System der staatlichen Schlichtung; es sah vor, Tarifauseinandersetzungen durch staatliche Schlichter zu beenden, wenn die Tarifparteien selbst zu keiner einvernehmlichen Regelung gelangten. Nach Auffassung der Arbeitgeber waren die staatlichen Schiedssprüche tendenziell zu arbeitnehmerfreundlich.

Arbeitszeitfrage

Staatliches Schlichtungswesen

Arbeitslosenversicherung

1927 war die Erwerbslosenfürsorge in eine Arbeitslosenversicherung umgewandelt worden; dadurch hatten die Pflichtversicherten eine Rechtsanspruch auf Arbeitslosenunterstützung erlangt. Die Versicherungsbeiträge betrugen je drei Prozent des Arbeitsentgeltes und waren – wie auch in den anderen Zweigen der Sozialversicherung – je zur Hälfte von Arbeitgebern und Arbeitnehmern aufzubringen. Die Arbeitslosenversicherung war für durchschnittlich 800 000 Arbeitslose konzipiert; außerdem sollte sie Rücklagen ansammeln, um in Krisenzeiten 600 000 weitere Arbeitslose unterstützen zu können. Sollten die Mittel aus laufenden Beiträgen und Rücklagen in besonderen Krisenzeiten nicht ausreichen, mußte das Reich durch zinslose Darlehen oder verlorene Zuschüsse einspringen. Dies wurde bereits im Haushaltsjahr 1929 erforderlich, nachdem im Verlauf des besonders harten Winters 1928/29 die Arbeitslosenzahl vorübergehend stark angestiegen war. Im Winter 1929/30 verschärfte sich das Problem dramatisch: 3 Millionen Arbeitslose mußten unterstützt werden – gleichzeitig wies der Reichshaushalt selbst Ende 1929 eine Deckungslücke von 1,5 Milliarden Mark (bei einem Gesamtvolumen von 10 Milliarden Mark) auf. Es boten sich drei Lösungen an:
- Erhöhung der Reichzuschüsse, die durch höhere oder neue Steuern finanziert werden sollten.
- Erhöhung der Beiträge zur Arbeitslosenversicherung; diese hätten Arbeitgeber und Arbeitnehmer belastet.
- Senkung der Leistungen der Arbeitslosenversicherung.

Bruch der Großen Koalition

Die SPD trat – bei Aufrechterhaltung der Versicherungsleistungen – für eine Beitragserhöhung ein und verlangte außerdem ein Notopfer von Beamten und Angestellten, die bisher von der Krise nicht betroffen waren. Die DVP, nach Stresemanns Tod am 3. Oktober 1929 unaufhaltsam nach rechts abgedriftet, lehnte beides ab und verlangte einen Leistungsabbau. Nach einem Urteil des Historikers Karl Dietrich Bracher ging es in dieser Diskussion um Leistungsabbau oder Beitragserhöhung „um die hart errungene Anerkennung des ‚Lebensrechts' und der ‚Würde' des Arbeiters gegenüber einer selbstherrlichen ‚autonomen Wirtschaft'". Zwar konnte das Kabinett unter dem Druck, den Young-Plan durchzubringen, sich im Dezember 1929 zu einer bis Juni 1930 befristeten Erhöhung der Beiträge von 3 auf 3,5 Prozent entschließen. Als im März 1930 aber erneut beraten werden mußte, war mit der Ratifizierung des Young-Plans auch der Zwang zur Einigung entfallen. Ein letzter Kompromißvorschlag, den Heinrich Brüning, der Führer der Zentrumsfraktion, ausgearbeitet hatte, sah wiederum nur eine provisorische Regelung vor und vertagte die endgültige Entscheidung auf den Herbst. Unter dem Druck ihres Gewerkschaftsflügels lehnte die SPD-Fraktion am 27. März 1930 den Kompromiß ab, obwohl er zuvor – mit Ausnahme des Reicharbeitsministers Wissell – von allen sozialdemokratischen Kabinettsmitgliedern gebilligt worden war. Am gleichen Tag demissionierte das Kabinett der Großen Koalition. Mit der folgenden Regierung begann die Ära der Präsidialkabinette, die, gestützt auf das Vertrauen des Reichspräsidenten, mit Hilfe des Notverordnungsrechts nach Artikel 48 WRV regierten.

Historische Bewertung

Mit diesem Datum schließt der Historiker Arthur Rosenberg sein nur zwei Jahre nach Hitlers Machtantritt im Exil veröffentlichtes Buch über „Die Geschichte der Weimarer Republik" ab. Nach Rosenbergs Auffassung ging die deutsche Demokratie zugrunde, als nach dem Zerbrechen der Großen Koalition die parlamentarische Regierungsweise durch das Präsidialregime ersetzt wurde.

Simplicissimus-Karrikatur von 1928

In einer neueren Interpretation deutet der Historiker Hans Mommsen den Bruch der Großen Koalition als Folge einer Krise des Gesellschaftssystems. Nur die Bereitschaft von Teilen der sozialistischen Bewegung, mit dem Bürgertum zusammenzuarbeiten, habe „Weimar" überhaupt möglich gemacht; ohne die Bereitschaft von Teilen des Bürgertums, mit der SPD zum Ausgleich zu kommen, habe die Republik nicht stabilisiert werden können. Im Frühjahr 1930 aber sei „diese Bereitschaft nicht mehr vorhanden" gewesen. Bei SPD und Gewerkschaften haben sich damals der Eindruck verfestigt, „daß die bürgerliche Republik die Verwirklichung seiner sozial gerechten Ordnung mit zunehmender Schärfe verweigerte". Die SPD sei nach Annahme des Young-Plans als Regierungspartei nur noch geduldet worden, um ihr die Mitverantwortung für den geplanten Sozialabbau aufzubürden; danach sollte sie politisch isoliert werden. Nach wiederholten

Konzessionen in der Finanz- und Steuerpolitik war es Mommsen zufolge „zwar taktisch ungeschickt, aber sachlich schwer abweisbar", daß die SPD sich an einem bestimmten Punkt diesen Absichten der bürgerlichen Partner entzogen hat. Es sei „eine Illusion zu glauben, daß sich ein sozialdemokratischer Kanzler gegen die auf den Reichspräsidenten und die Reichswehr gestützte bürgerliche Rechte im Amt hätte halten und den Niedergang der Republik hätte abwenden können".

MATERIAL 1 Aus einer Denkschrift des Reichsverbandes der Deutschen Industrie, 1929

Leitsätze für die Umgestaltung der deutschen Wirtschaftspolitik

A. Kapitalbildung
1. Ausgangspunkt für alle Maßnahmen der Wirtschafts-, Finanz- und Sozialpolitik ist unter den für die deutsche Wirtschaft gegebenen Umständen die Förderung der Kapitalbildung. Sie ist die Voraussetzung für die Steigerung der Produktion und liegt daher im Interesse aller Schichten des deutschen Volkes. [...]
5. Die deutsche Wirtschaft muß von allen unwirtschaftlichen Hemmungen befreit werden. Die Vorbelastung der Produktion durch Steuern ist auf das unumgänglich notwendige Maß zurückzudämmen. [...]

C. Sozialpolitik
Die materiellen Ansprüche der Sozialpolitik an die Wirtschaft müssen sich in den Grenzen der Leistungsfähigkeit und Entwicklungsmöglichkeit der Wirtschaft halten. Nur dann ist die Erfüllung der sozialen Aufgaben auf Dauer gesichert; die wirtschaftliche Produktivität ist die Quelle sozialer Leistungen. Aus dieser Erkenntnis fordern wir in Übereinstimmung mit der Vereinigung der Deutschen Arbeitgeberverbände eine Reform:
1. der Sozialversicherungsgesetze. Ihre bisherigen Grundlagen sollen erhalten bleiben, aber ihre Ausgaben und Leistungen müssen im Gegensatz zum jetzigen Zustand den Grenzen wirtschaftlicher Tragfähigkeit angepaßt werden. [...]
2. der Arbeitslosenversicherung. [...] Ziel der Reform muß sein, den Haushalt der Reichsanstalt durch weitere Ersparnisse ohne Erhöhung der Beiträge und ohne Inanspruchnahme öffentlicher Mittel in ein dauerhaftes Gleichgewicht zu bringen.
3. der Schlichtungsordnung und des Zwangslohnsystems. Die staatliche Zwangseinwirkung auf die Gestaltung der Lohn- und Arbeitsbedingungen ist zu beseitigen. [...]

D. Finanz- und Steuerpolitik
Der Umbau der Finanzwirtschaft hat nach zwei Gesichtspunkten zu erfolgen:
a) wesentliche Senkung der öffentlichen Ausgaben und Steuern;
b) Beschaffung der Mittel, stärker als bisher, durch indirekte Besteuerung. [...]

(Aus: Aufstieg oder Niedergang? Deutsche Wirtschafts- und Finanzreform 1929, Berlin, Dezember 1929, S. 7, 11–13, 28)

1. Erläutern und beurteilen Sie, wie der Zeichner der Karikatur S. 170 die Verfassung und Verfassungswirklichkeit einschätzte.
2. Erläutern Sie die sozialpolitischen Forderungen der Arbeitgeberverbände. Zeigen Sie auch jeweils die Auswirkungen für die Arbeitnehmer auf.
3. Warum mußten die Gewerkschaften und die Sozialdemokraten diese Forderungen als einen „Verrat an den politischen Grundlagen Weimars" auffassen? Berücksichtigen Sie dabei auch die S. 126 beschriebenen Basiskompromisse der Weimarer Republik und die Aussage der Karikatur S. 170.

MATERIAL 2 Der Sozialdemokrat Rudolf Hilferding zum Austritt aus der Regierung

Achtstundentag, Arbeitslosenversicherung, Schlichtungswesen und Verbindlichkeitserklärung sind der entscheidende Fortschritt, den die Sozialreform nach dem Kriege gemacht hat. Die Sozialpolitik vor dem Kriege – Frauen-, Kinderschutz und Versicherung – war wesentlich karitative Sozialpolitik, diente dem Schutz der Schwachen, Kranken und Alten. Die genannten sozialen Maßnahmen dienen aber der Stärkung der Machtposition der im Produktionsprozeß Arbeitenden, sind eine Kräftigung im Kampf der Arbeiterklasse, im Ringen der Gewerkschaften, sind ein Stück *gesellschaftlicher Kontrolle des Arbeitsmarktes.* Arbeitszeit und Arbeitslohn sind jetzt ein Stück Inhalt der Politik. [...]

Der Kampf um die Arbeitslosenversicherung war im Sommer 1929 mit großer Schärfe geführt worden. Es wird stets einer der wichtigsten Erfolge der Sozialdemokratie bleiben, daß es ihr gelang, den Kampf im Herbst 1929 zunächst zu beenden ohne irgendeinen wesentlichen Schaden für die Versicherung, und es kann kein Zweifel darüber bestehen, daß der siegreiche Ausgang ohne ihre Teilnahme an der Regierung nicht erzielt worden wäre. Aber natürlich hinterließ der Kampf selbst bei allen Beteiligten eine Stimmung, sei es der Unbefriedigtheit oder des Mißtrauens. Und dieses Mißtrauen der Sozialdemokratie mußte außerordentlich gesteigert werden, sobald angesichts der wachsenden Arbeitslosigkeit und damit wachsender neuer Zuschüsse der Ruf nach Reformen erneut aufgenommen wurde.
[...] Trotzdem schien auch jetzt (1930) eine Lösung gefunden, die von allen Beteiligten akzeptiert werden konnte. Das Kabinett hatte Finanzreform und Sanierung der Versicherung verbunden. Die Sozialdemokratie war bereit, das Finanzprogramm anzunehmen, eben weil damit die Sanierung der Versicherung verbunden war. Die Arbeitslosenversicherung sollte neben einem Notstock von 50 Millionen einen Zuschuß von 150 Millionen erhalten; ferner sollte der Verwaltungsrat der Anstalt, wenn er durch Maßnahmen der Verwaltung, die aber keinen Leistungsabbau bringen dürften, nicht zum Ziel käme, eine Beitragserhöhung von 3½ auf 4 Prozent beschließen. [...] Die Lösung stieß aber bei der Deutschen Volkspartei auf Widerstand, und um diesen zu überwinden, schlug Dr. Brüning ein Kompromiß vor. Es bestand im wesentlichen darin, daß es die endgültige Entscheidung hinausschob. [...]

Die SPD-Fraktion hat das Kompromiß abgelehnt. Die Mehrheit ließ sich von der Erwägung leiten, daß durch das Kompromiß die Sanierung wieder hinausgeschoben war. Die Zustimmung zu den indirekten Steuern des Finanzprogramms war aber gerade auch zur Sicherstellung der Sanierung nicht nur des Haushaltes, sondern auch der Arbeitslosenversicherung erteilt worden. Dazu kam die Befürchtung, daß die Zustimmung zum Kompromiß als Zustimmung [...] auch zum Leistungsabbau ausgelegt werden könnte und psychologisch war dieses Argument vielleicht das ausschlaggebende. Jedenfalls vertraten die Anhänger der Mehrheit die Meinung, nach der Zustimmung würde im Herbst der Leistungsabbau nicht mehr zu verhindern sein.

Uns scheint diese Argumentation nicht überzeugend. Der Kampf um die Arbeitslosenversicherung im Vorjahr hat jedenfalls bewiesen, daß ein Leistungsabbau gegen die Sozialdemokratie auch für das Zentrum große Schwierigkeiten bietet. Es ist in keiner Weise sicher, daß das Zentrum seine Stellung auch nach Annahme des Kompromisses hätte ändern können, wenn die Sozialdemokratie ihr Veto gegen den Leistungsabbau aufrecht erhalten hätte, was keinem Zweifel unterlag und ihr in keiner Weise verwehrt war. Sicher ist aber, daß der Austritt aus der Regierung, die Bildung eines von Rechts so stark abhängigen Kabinetts, die Abwehr nicht erleichtert hat. Die Stellung der Regierungsfrage, deren Aufwerfung durch die sozialdemokratischen Minister bei einem neuen Abbauversuch ja nicht zweifelhaft gewesen wäre, hätte jedenfalls die sozialdemokratische Position weitaus stärker gemacht als sie jetzt ist, wo das Zentrum in Abhängigkeit gerade von den stärksten Gegnern der Arbeitslosenversicherung geraten ist. Den Preis einer Sprengung der Regierung nur zum Zwecke einer Verschlechterung der Arbeitslosenversicherung hätte das Zentrum nicht zahlen können, ohne sich bei seinen Gewerkschaften unmöglich zu machen. Gerade vom Standpunkt der Sicherung der Arbeitslosenversicherung erscheint der Austritt aus der Regierung zumindest als kein Gewinn. Die Befürchtung, im Herbst wäre es doch zur Verschlechterung gekommen, erscheint für einen so schwerwiegenden Schritt nicht ausreichend; es ist nicht gut, aus Furcht vor dem Tode Selbstmord zu verüben.

Rudolf Hilferding (1877–1941), Reichsfinanzminister (SPD) 1923, 1928–29. (Aus: Die Gesellschaft, Bd. 2, 7. Jg., 1930, S. 385ff.)

MATERIAL 3 Der Sozialdemokrat Hugo Sinzheimer zu den Folgen des Scheiterns der Großen Koalition

Es wird – nicht nur außerhalb der Partei – behauptet, daß die Sozialdemokratie durch ihre bekannte Haltung in der Arbeitslosenversicherungsfrage diese Wendung veranlaßt habe. [...] Hoffentlich hält sich die große Masse der Parteigenossen von dieser Verschleierung des politischen Tatbestandes fern. Brüning und Treviranus, die beiden politischen Freunde, machten ihren Besuch beim Reichspräsidenten, ehe Wissell den Fraktionsbeschluß gegen den früheren Kanzler durchsetzte. Dieser Besuch deutet darauf hin, daß die Kräfte, die die Sozialdemokratie ersetzen sollten, schon formiert waren und den Augenblick erwarteten, in dem die alte Koalition zusammenbrach. [...]
Es ist lächerlich zu glauben, daß eine angeblich falsche taktische Wendung die Umlagerung der politischen Herrschaft nach rechts herbeigeführt habe, wie es auch durchaus falsch ist, für jene Umlagerung nur die Haltung der Fraktion in einer isolierten Einzelfrage verantwortlich zu machen. [...] Heute ist es die Arbeitslosenversicherung, morgen wird es die Verbindlichkeitserklärung, übermorgen das wirksame Tarifrecht sein, das als Opfer gefordert wird. [...]
Die Sozialdemokratie hat ihren geschichtlichen Beruf verteidigt, als sie die Idee des sozialen Rechts allen anderen Erwägungen politisch-taktischer Art überordnete. Nun muß sie alle Konsequenzen aus der Lage ziehen, in der sie sich befindet. Sie hat die Republik geschaffen, sie gegen alle Stürme erhalten, das Reich vor dem Verfall bewahrt, die Reparationsfrage geregelt, das Volk vor dem Chaos gerettet – nun ist es an ihr, ihre ganze freie Kraft zu entfalten, um die Republik von den großkapitalistischen und großagrarischen Einflussen zu befreien, denen sie verfallen ist, und in der Republik den sozialen Gehalt zu erhalten und zu steigern, dessen Erhalt und Steigerung gerade ihr, der Sozialistischen Partei anvertraut ist.

(Aus: Hugo Sinzheimer, Koalitionspolitik oder was sonst? in: Neue Blätter für den Sozialismus 1, 1930, S. 233–234)

1. Zeigen Sie, wie die beiden Sozialdemokraten (Material 2 und 3) das Scheitern der Großen Koalition erklären und einschätzen.
2. Ein moderner Historiker formulierte folgende Thesen zum Streit um die Arbeitslosenversicherung:
„Die Große Koalition zerbrach nicht am Streit um einen ominösen Prozentbruchteil des Beitrags zur Arbeitslosenversicherung, sondern an einer sozialpolitischen Kernfrage, in der sich 1930 das gesamte innenpolitische Konfliktpotential konzentrierte."
„Die SPD manövrierte taktisch höchst ungeschickt und politisch außerordentlich kurzsichtig."
Erörtern Sie diese Thesen; berücksichtigen Sie die zeitgenössischen Stellungnahmen.

3.2 Die Präsidialregierung Brüning: Antwort auf eine Verfassungsstörung oder Beginn einer Verfassungszerstörung?

Nach dem Scheitern der Großen Koalition wurde Heinrich Brüning zum neuen Reichskanzler berufen. Ihm war seit Dezember 1929 aus der Umgebung des Reichspräsidenten bekannt, daß die SPD aus der Regierung gedrängt und ihm das Amt des Reichskanzlers übertragen werden sollte. Er hatte jedoch gehofft, daß die Große Koalition bis zum Herbst 1930 bestehen würde. Bis dahin sollte die unpopuläre Finanzreform abgeschlossen sein.

Heinrich Brüning

Heinrich Brüning, seit Dezember 1929 Vorsitzender der Zentrumsfraktion im Reichstag, entstammte einer streng katholischen Familie aus Westfalen. Er hatte am 1. Weltkrieg als Kriegsfreiwilliger teilgenommen. Die Kriegsstrapazen waren für den sehr sensiblen und gesundheitlich gefährdeten jungen Brüning eine erhebliche psychische und physische Herausforderung. Kriegserlebnis und Elternhaus dürften gleichermaßen seine Neigung zu asketischer Lebensführung sowie seinen Hang zu autoritären Verhaltensmustern gefördert haben. Diese Persönlichkeitsmerkmale können erklären, warum der Politiker Brüning nur wenig Gespür für die Bedürfnisse der Massen entwickelte. Emotionen wollte er mit Appellen an die Vernunft und das Pflichtbewußtsein begegnen. Nach dem Urteil des Historikers Ernst Deuerlein verkörperte Brüning in hohem Maße den Typus eines Kabinettspolitikers aus dem 18. Jahrhundert.

Rechtswendung in der Politik

Nach den Vorstellungen Hindenburgs und seiner Berater sollte mit der Bildung der Regierung Brüning eine Rechtswendung in der Politik vollzogen werden. Dem Kabinett, das nach Hindenburgs Auftrag an keine Koalition gebunden war, gehörten mit Ausnahme der Sozialdemokraten im wesentlichen Mitglieder der bisherigen Regierungsfraktionen an, erweitert um Vertrauensleute Hindenburgs vom ehemaligen gemäßigt-konservativen Flügel der DNVP. Die neue Regierung sollte eine antimarxistische Trendwende signalisieren, man versprach sich von ihr auch eine Isolierung Hugenbergs und seiner Anhänger in der DNVP. Das Fernziel war ein arbeitsfähiges Mitte-Rechts-Bündnis als mehrheitsfähige Alternative zur Großen Koalition.

Konflikt um die Deckungsvorlage

Die Regierung Brüning hatte im Reichstag keine parlamentarische Mehrheit, überlebte jedoch Mißtrauensanträge von SPD und KPD, da die DNVP das neue Kabinett zunächst tolerierte. Bereits wenige Wochen später stimmten aber Teile der DNVP mit den übrigen Oppositionsparteien SPD, KPD und NSDAP gegen eine Vorlage Brünings zur Deckung des Reichshaushaltes, die Steuererhöhungen und Leistungseinschränkungen bei der Arbeitslosenversicherung zum Inhalt hatte. Nach Ablehnung der Deckungsvorlage durch den Reichstag wurde diese unverzüglich durch zwei Notverordnungen des Reichspräsidenten in Kraft gesetzt. Hindenburg stützte sich dabei auf Art. 48 der Weimarer Verfassung, der dem Reichspräsidenten das Recht einräumte, im Falle eines Notstandes Verordnungen mit Gesetzeskraft, sogenannte Notverordnungen, zu erlassen. Eine extensive Auslegung des Artikels 48 sah für Krisenzeiten den Reichspräsidenten als Ersatzgesetzgeber vor; allerdings konnte der Reichstag jederzeit die Notverordnung des Reichspräsidenten rückgängig machen und auf diese Weise eine Präsidialdiktatur verhindern. Auf sozialdemokratischen Antrag hin hob der Reichstag dann zwei Tage später mit knapper Mehrheit beide Notverordnungen auf; Brünings Deckungsvolage war damit endgültig gescheitert.

Auflösung des Reichstags

Unmittelbar nach seiner Niederlage verlas Brüning im Reichstag ein Dekret des Reichspräsidenten, das den Reichstag auflöste. Acht Tage später wurden die vom Reichstag aufgehobenen Notverordnungen in verschärfter Form von der Regierung wieder in Kraft gesetzt, ohne daß diesmal ein Reichstag bestand, der dagegen hätte vorgehen können. Mit diesem verfassungsrechtlich fragwürdigen Akt begann die Ära der Präsidialkabinette.

Erbitterungswahlen

Die mit der Reichstagsauflösung fälligen Neuwahlen fanden am 14. September 1930 statt und sind als „Erbitterungswahlen" in die Geschichte eingegangen: die Nationalsozialisten konnten in diesen Wahlen ihre Mandatszahl von 12 auf 107 steigern und wurden – nach den Sozialdemokraten – die zweitgrößte Reichstagsfraktion. Der Sieg der NSDAP ging hauptsächlich zu Lasten der bürgerlichen Parteien, die von ihren 42 Prozent im Jahre 1928 auf 29 Prozent zurückfielen; die Zentrumsfraktion dagegen behauptete sich.

Politik der Präsidial-Kabinette

Hindenburg war von vornherein entschlossen, den Reichstag sofort wieder aufzulösen, wenn er die zwischenzeitlich in Kraft gesetzten Notverordnungen annullieren sollte. An einem weiteren Wahlgang konnte jedoch keine Partei außer der NSDAP ein Interesse haben. In dieser Situation entschloß sich die SPD, die Politik der Regierung Brüning zu tolerieren. Mit den Stimmen der SPD wurden künftig sämtliche Mißtrauensanträge von DNVP, NSDAP und KPD gegen die Regierung Brüning abgelehnt. Die Sozialdemokraten mußten jetzt eine Politik mittragen, auf deren Formulierung sie weder im Kabinett noch im Reichstag Einfluß nehmen konnten, denn die Regierung griff immer mehr zum Mittel der Notverordnung. 1930 erließ der Reichspräsident fünf, 1931 bereits 44 und 1932 schließlich 60 Notverordnungen; gleichzeitig ging die Gesetzgebungstätigkeit des Reichstags auffallend zurück: 1930 beschloß er 98 Gesetze, 1931 noch 41 und 1932 nur noch 13. Der Reichstag trat daher auch nur noch selten zusammen; 1930 gab es 94 Sitzungstage, 1931 noch 41 und 1932 nur noch 13. Ein schleichender Verfassungswandel war unverkennbar. Mehr und mehr verlagerte sich die legislative Gewalt weg vom Reichstag auf den Reichspräsidenten und die Reichsregierung. Gleichzeitig wuchs die Macht des Reichspräsidenten auf Kosten der Reichsregierung, denn ohne Zustimmung des Reichspräsidenten konnten die sogenannten Präsidialkabinette mittels Notverordnung nicht regieren. So führte die Anwendung des Artikels 48 Abs. 2 zu einer zweifachen Kompetenzverlagerung: für die Erweiterung ihres Spielraums gegenüber dem Reichstag mußte die Reichsregierung eine wachsende Abhängigkeit vom Reichspräsidenten in Kauf nehmen.

Heinrich Brüning

MATERIAL 4 **Simplicissimus-Karikatur von 1930**

„Der liebste Platz, den ich auf Erden hab', das ist die Rasenbank am Elterngrab."

MATERIAL 5 **Artikel 48 der Weimarer Reichsverfassung**

Wenn ein Land die ihm nach der Reichsverfassung oder den Reichsgesetzen obliegende Pflichten nicht erfüllt, kann der Reichspräsident es dazu mit Hilfe der bewaffneten Macht anhalten.

Der Reichspräsident kann, wenn im Deutschen Reiche die öffentliche Sicherheit und Ordnung erheblich gestört oder gefährdet wird, die zur Wiederherstellung der öffentlichen Sicherheit und Ordnung nötigen Maßnahmen treffen, erforderlichenfalls mit Hilfe der bewaffneten Macht einschreiten. Zu diesem Zweck darf er vorübergehend die in den Artikeln 114, 115, 117, 118, 123, 124 und 153 festgesetzten Grundrechte ganz oder zum Teil außer Kraft setzen.

Von allen gemäß Abs. 1 oder Abs. 2 dieses Artikels getroffenen Maßnahmen hat der Reichspräsident unverzüglich dem Reichstag Kenntnis zu geben. Die Maßnahmen sind auf Verlangen des Reichstages außer Kraft zu setzen. [...]

(Aus: Rudolf Schuster [Hrsg.], Deutsche Verfassungen, 16. Auflage, Goldmann, München 1985, S. 108)

MATERIAL 6 **Der Artikel 48 in Verfassungsrecht und Verfassungswirklichkeit**

Seit dem 1. Kabinett Brüning im Frühjahr 1930 wurden die Reichsregierungen nicht mehr auf parlamentarischem Wege gebildet, sondern Vertrauensleute des Reichspräsidenten ausdrücklich mit einer Regierungsbildung ohne Rücksicht auf Koalition und Parteien beauftragt (so auch bei den späteren Kabinetten von Papen und von Schleicher). Sie stützten ihre Politik dementsprechend nicht auf parlamentarische Mehrheiten, sondern auf die Verordnungsermächtigung des Präsidenten nach Art 48 Abs. 2 WRV (= Weimarer Reichsverfassung). Konsequenterweise wurde im Konfliktsfall, wenn der Reichstag die Politik der Regierung durch das Verlangen der Aufhebung einer Notverordnung gemäß Art. 48 Abs. 3 zu durchkreuzen suchte, das Parlament aufgelöst. [...] Ein derartiges Vorgehen gegen die Ausübung eines legitimen Rechtes des Reichstags fand in der Weimarer Verfassung keine Stütze. Es wurde [...] damit gerechtfertigt, daß eine *Verfassungsstörung* eingetreten sei, wenn das Parlament sich nicht mehr fähig erweise, seine Funktion selbst durch Bildung positiver, entschlußbereiter Mehrheiten wahrzunehmen. Dies stelle eine neue Art von *Verfassungsnotstand* dar, der die Regierung verpflichte, die zu seiner Abwendung notwendigen Maßnahmen, eventuell auch im Wege der Verfassungsänderung (!) zu ergreifen. [...]

Das jetzt aufkommende Präsidialregime beruhte darauf, daß der Reichspräsident [...] seine Rechte aus Art. 25, 48 und 53 als funktionelle, gegen den Reichstag gerichtete Einheit verstand. Mit Hilfe des dementsprechend antiparlamentarisch interpretierten Art. 53 konnte er eine Reichsregierung ohne Rücksicht auf die Mehrheitsverhältnisse im Reichstag ernennen. Erhielt sie für ihr Programm keine parlamentarische Rückendeckung, so konnte er ihr seine Ermächtigung aus Art. 48 Abs. 2 zum Erlaß von Notverordnungen zur Verfügung stellen. Gegen ein Mißtrauensvotum des Reichstags nach Art. 54 WRV wie gegen ein Aufhebungsverlangen nach Art. 48 Abs. 3 schützte er die Regierung mit Hilfe der Auflösung des Reichstags gemäß Art 25. Diese war nun nicht mehr vom Parlament, sondern allein von ihm abhängig; denn er konnte sie jederzeit wie ernennen, so auch entlassen. [...] Art. 48 fungierte nunmehr als Gesetzgebungsgrundlage in Präsidialregimen, deren Notstandsbekämpfung nicht mehr restitutiven, sondern systemverändernden Charakter trug.

(Aus: Hans Boldt, Der Artikel 48 der Weimarer Reichsverfassung, in: Michael Stürmer [Hrsg.], Die Weimarer Republik, Anton Hain Verlag-Meisenheim GmbH, Königstein 1980, S. 288–307)

1. Erläutern Sie die Darstellung der Karikatur (Material 4). Berücksichtigen Sie dabei Material 5 und die Einschätzung des Verfassungshistorikers Boldt (Material 6).

MATERIAL 7 **Plakat der DNVP**

MATERIAL 8 **Artikel 54 der Weimarer Reichsverfassung**

Der Reichskanzler und die Reichsminister bedürfen zu ihrer Amtsführung des Vertrauens des Reichstags. Jeder von ihnen muß zurücktreten, wenn ihm der Reichstag durch ausdrücklichen Beschluß sein Vertrauen entzieht.

(Aus: Rudolf Schuster [Hrsg.], Deutsche Verfassungen, 16. Auflage, Goldmann, München 1985, S. 109)

1. Erläutern Sie die hinter dem Plakat (Material 7) stehenden Sehnsüchte. Warum mußte nach der Vorstellung der Deutschnationalen der Reichspräsident mit größeren Befugnissen ausgestattet werden?
2. „Konstruktionsfehler der Verfassung" oder „Verhaltensfehler der Parteien"? Wie gewichten Sie die Ursachen für die Krise des Weimarer Parteienstaates?

MATERIAL 9 Gustav Radbruch über die Parteien in der Demokratie (1930)

Der Obrigkeitsstaat, dessen Regierung sich nicht auf die parteipolitische Mehrheit des Parlaments stützte, hatte zu seiner notwendigen Grundlage den Glauben an die Möglichkeit eines Standpunktes über den Parteien: „Das Vaterland über der Partei". Die Überparteilichkeit der Regierung war geradezu die Lebenslüge des Obrigkeitsstaates. Von diesem Standpunkte aus erschien ihm der Parteikampf als ein überflüssiger „Hader der Parteien", als ein sachlicher Arbeit schädliches Gezänk, als Äußerung eines Parteigeistes, der aus mangelnder Einsicht und bösem Willen zusammengesetzt ist. Die Parteien erschienen von hier aus als etwas, das nicht sein sollte. Freilich war die vermeintlich oder vorgeblich überparteiliche Regierung von der echten Parteiregierung nur dadurch unterschieden, daß ihre parteipolitischen Stützpunkte nicht sichtbar vor den Augen der Öffentlichkeit lagen, sondern Gegenstand einer innerpolitischen Geheimdiplomatie waren. Der vermeintliche oder vorgebliche Standpunkt „über den Parteien" war in Wahrheit nur einer unter anderen Parteistandpunkten, von anderen nur dadurch unterschieden, daß er sich für den einzig möglichen, alle anderen Standpunkte aber für böswillig [...] hielt.

Dieser obrigkeitsstaatlichen Auffassung tritt in der Demokratie die Auffassung gegenüber, daß es eine beweisbare und unwiderlegbare Richtigkeit im Bereiche der politischen Grundanschauungen nicht gibt – nur unter dieser Voraussetzung kann ja jeder politischen Überzeugung, die eine Mehrheit für sich zu gewinnen vermochte, das gleiche Recht zugestanden werden, die Herrschaft im Staate zu übernehmen.

Der Relativismus ist die Weltanschauung, die vom demokratischen Gedanken vorausgesetzt wird. Die Lehre vom Standpunkt über den Parteien, die eine ideelle Lebensbedingung des Obrigkeitsstaates war, bedeutet deshalb im Rahmen der volksstaatlichen Ideologie einen Widerstand und eine Gefahr. Der Verekelung des Parteilebens von der Höhe eines angeblich überparteilichen Standpunkts aus muß im Volksstaate die umgekehrte Überzeugung gegenübertreten, daß sich in eine Partei einzuordnen Bürgerpflicht ist, daß, wenn Wahlrecht Wahlpflicht ist, es auch Pflicht ist, sich zu einer Partei zu bekennen, denn das heißt: seine Wahl im Einzelfalle aus einer überlegten und dauernden Überzeugung und nicht aus Augenblicksstimmungen zu schöpfen.

Gustav Radbruch (1878–1949): s.o. zu Material 5, Seite 160.
(Aus: Gustav Radbruch, Die politischen Parteien im System des deutschen Verfassungsrechts, in: Gerhard Anschütz und Richard Thoma, Handbuch des deutschen Staatsrechts, J.C.B. Mohr, Tübingen 1930, S. 288ff.)

1. „Bürgerpflicht ist, sich zu einer Partei zu bekennen." Suchen Sie in dem Text nach Begründungen für diese These Radbruchs.
2. Politisches Verhalten, Programmatik und Manövrierraum der Parteien der Weimarer Republik entsprachen eher dem Politikverständnis im alten Obrigkeitsstaat als den von Radbruch definierten Voraussetzungen des neuen demokratischen Staates. Setzen Sie sich mit dieser These auseinander.
3. Erläutern Sie Radbruchs Aussage, der Relativismus sei die Weltanschauung der Demokratie (Gesellschaftsbild, Demokratie- und Gemeinwohlverständnis des Verfassers). Radbruch selbst rückte nach 1945 von dieser Auffassung, die der Weimarer Verfassung entsprach, ab. Erklären Sie, was seine Gründe gewesen sein könnten.
4. Erörtern Sie im Hinblick auf Parteiensystem, Parteientypen, Parteipolitik und Demokratieverständnis Unterschiede zwischen der Weimarer Republik und der Bundesrepublik Deutschland.

Der Weg nach rechts – Mandate und Kanzler der Weimarer Republik

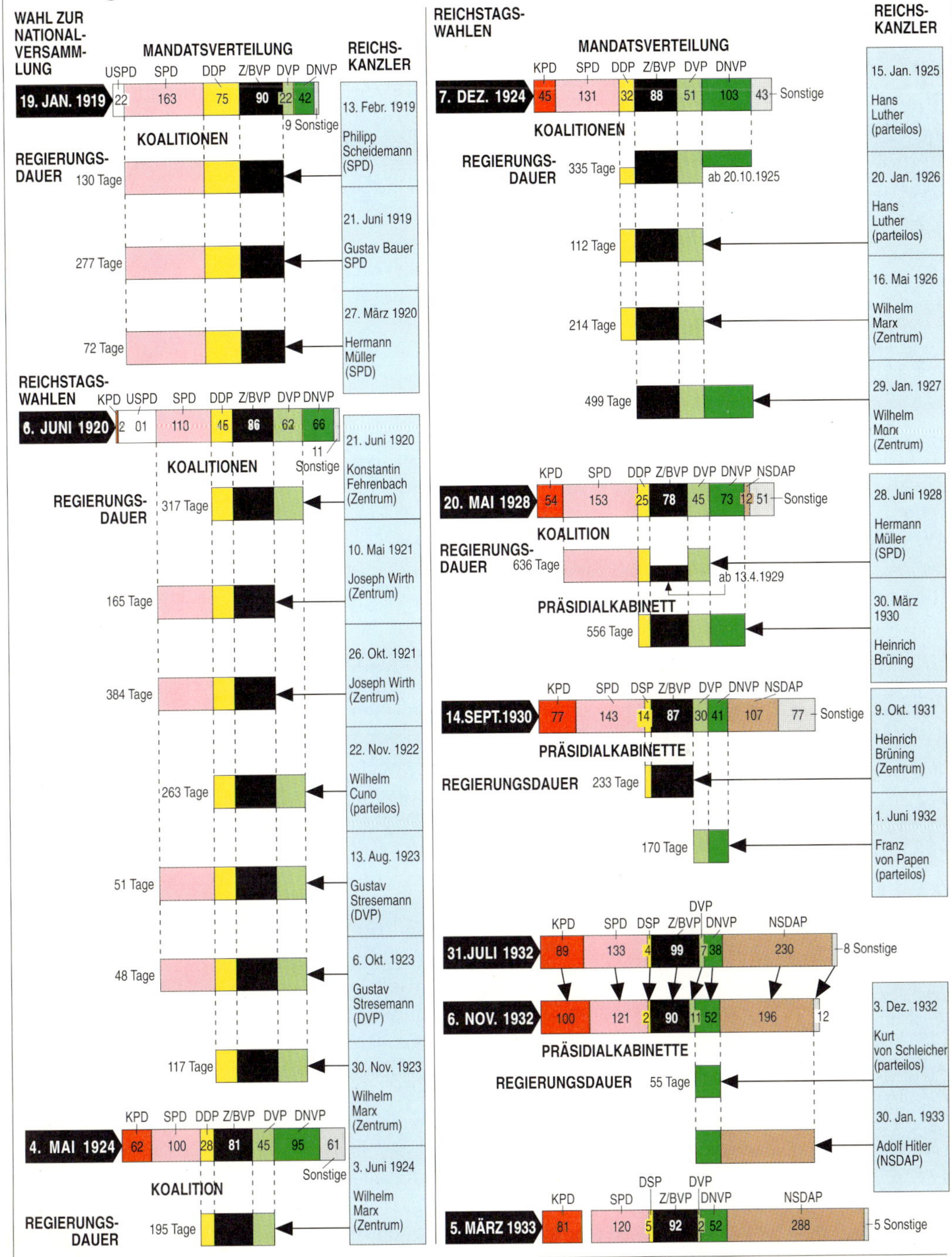

PARTEIEN KPD = Kommunistische Partei Deutschlands; USPD = Unabhängige Sozialdemokratische Partei Deutschlands; SPD = Sozialdemokratische Partei Deutschlands; DDP = Deutsche Demokratische Partei, später Deutsche Staatspartei; Z/BVP = Zentrum mit Bayerischer Volkspartei; DVP = Deutsche Volkspartei; DNVP = Deutschnationale Volkspartei; NSDAP = Nationalsozialistische Deutsche Arbeiter-Partei.

3.3 Zwangslagen oder Handlungsspielräume? – Brünings Wirtschafts-, Finanz- und Sozialpolitik in der Weltwirtschaftskrise

Weltwirtschaftskrise

Die Kanzlerschaft Brünings fällt zeitlich ziemlich genau mit der Weltwirtschaftskrise zusammen. Ihr Auftakt wird in Europa gemeinhin auf den 25. Oktober 1929 datiert; am Vortag jenes „schwarzen Freitags" war es in New York zum „Börsenkrach" gekommen, der tiefgreifende wirtschaftliche Fehlentwicklungen in den USA signalisierte (siehe S. 16). Die von den USA ausgehende Wirtschaftskrise erfaßte alle Industrienationen, wenn auch mit unterschiedlicher Intensität. Mehr als alle anderen Länder wurde Deutschland, wo sich schon 1928 eine Rezession angekündigt hatte, in Mitleidenschaft gezogen. Denn Deutschland war seit dem Dawes-Abkommen bevorzugter Ort für die Anlage amerikanischen Geldkapitals: Das Zinsniveau war hierzulande hoch, und ein Kursrisiko bestand nicht, da zwischen Mark und Dollar vertraglich ein fester Wechselkurs vereinbart worden war. Mit Hilfe des US-Kapitals konnten in Deutschland Investitionen getätigt, die Zahlungsbilanz ausgeglichen und die Reparationszahlungen transferiert werden.

Finanz- und Währungspolitik

In der Weltwirtschaftskrise kam es zu erheblichen Kapitalabflüssen aus Deutschland: Eine restriktive Geldpolitik in den USA veranlaßte die amerikanischen Banken, das kurzfristig angelegte Kapital zurückzurufen; der Ausgang der Reichstagswahlen von 1930 verunsicherte viele ausländische Kapitalanleger; das Bekanntwerden von Plänen für eine deutsch-österreichische Zollunion, die nicht zu Unrecht als Vorstufe für eine spätere politische Union zwischen Deutschland und Österreich aufgefaßt wurde, alarmierte insbesondere französische Kapitalanleger. Die enormen Kapitalabflüsse führten zahlreiche deutsche Banken an den Rand der Zahlungsunfähigkeit. In Panik kündigten, wo immer möglich, Bankkunden ihre Einlagen. Um den Zusammenbruch des Bankensystems zu verhindern, ordnete die Reichsregierung Bankfeiertage an, an denen sämtliche Kreditinstitute geschlossen blieben. Zur Verteidigung ihrer knappen Devisenreserven erhöhte die Reichsbank die Leitzinsen drastisch auf Sätze bis zu 20 Prozent, die Reichsregierung verbot die Devisenausfuhr. In dieser Finanzkrise schlug der amerikanische Präsident Hoover ein Aussetzen der Reparationszahlungen für ein Jahr vor (Hoover-Moratorium, S. 149).

Krisenfolgen

Verknappung und Verteuerung des Geldes verursachten in Deutschland zahlreiche Konkurse, ein Erlahmen der Investitionstätigkeit und eine erhebliche Zunahme der Arbeitslosigkeit. Zwischen 1929 und 1932 nahm das Volkseinkommen um rund 40 Prozent ab; die Zahl der offiziell registrierten Arbeitslosen stieg bis zu Beginn des Jahres 1932 auf mehr als sechs Millionen an. Die tatsächliche Zahl dürfte jedoch um ein Drittel höher anzusetzen sein. Man schätzt, daß unter Berücksichtigung der Familienangehörigen etwa 20 Millionen Menschen direkt von Arbeitslosigkeit betroffen waren. Außerdem gab es sehr viele Kurzarbeiter; die Industrie war Ende 1932 nur zu etwa 40 % ausgelastet. Verheerend war auch die Lage in der Landwirtschaft: Viele Betriebe hatten zu Modernisierungszwecken Kredite aufgenommen. Wegen der schnell sinkenden Agrarpreise konnten sie nun die fälligen Zinsen und Tilgungsraten oft nicht mehr erwirtschaften.

Brünings Wirtschafts- und Finanzpolitik

Zu dieser katastrophalen Entwicklung hat in erheblichem Maße Brünings krisenverschärfende Wirtschafts- und Finanzpolitik beigetragen. Er wollte den Reichshaushalt ausgleichen, für den im Haushaltsjahr 1930/31 eine Deckungslücke von 1,15 Mrd. RM drohte, eine Summe, die 10 % des Haushalts entsprach. Gleichzeitig strebte er eine aktive deutsche Handelsbilanz an. Um seine Ziele zu erreichen, steuerte Brüning einen deflationspolitischen Kurs: Er drosselte die Staatsausgaben und paßte sie den in der Krise rückläufigen Steuereinnahmen an; zugleich ergriff er Maßnahmen, um das Lohn- und Preisniveau zu senken.

Deflationspolitik

Im Rahmen dieser Deflationspolitik setzte Brüning mittels präsidialer Notverordnung 1930 und 1931 im einzelnen folgende Maßnahmen durch: Die Beamtengehälter wurden dreimal um insgesamt 23 Prozent gekürzt, die Unterstützungssätze für Arbeitslose um 14 Prozent herabgesetzt, die Arbeitslosenunterstützung für verheiratete Frauen ganz gestrichen; Investitionsvorhaben der öffentlichen Hand wurden zurückgestellt. Da die Ausgabenkürzungen nicht ausreichten, um den Haushalt auszugleichen, wurden zudem die geltenden Steuern und Abgaben erhöht und neue eingeführt. Das staatliche Schlichtungswesen bot die Möglichkeit, in die Tarifpolitik einzugreifen, um die Löhne zu kürzen; zum Ausgleich wurden eine Senkung von Mieten und gebundenen Preisen verordnet. In der Regel fielen die Löhne aber stärker als die Preise.

Folgen

Trotz Ausgabenkürzungen und Steuererhöhungen gelang es Brüning nicht, den Haushalt auszugleichen. Im Etatjahr 1931/32 lagen die Ausgaben bei 7,2 Mrd. RM, die Einnahmen bei 6,6 Mrd. RM; Einnahmen und Ausgaben waren im Vergleich zum Vorjahr geschrumpft, die Einnahmen sogar mehr als die Ausgaben. Brünings Politik hatte zu einer Schwächung der Inlandsnachfrage, zu Arbeitsplatz- und Einkommensverlusten und damit auch zu erheblichen Steuerausfällen geführt. Hierin zeigt sich deutlich die krisenverschärfende Wirkung der Politik Brünings.

Außenhandel

Demgegenüber wurde das zweite Ziel, die Aktivierung der Handelsbilanz, zunächst voll erreicht. Die Importe gingen sehr stark zurück; infolge der Deflationspolitik war die Geldmenge geschrumpft und damit die Kaufkraft der Mark im Inland gestiegen. Da die Wechselkurse jedoch nicht angepaßt wurden – für einen Dollar waren unverändert 4,20 RM zu bezahlten –, konnte bei verringerter Geldmenge weniger importiert werden. Zwar waren aufgrund verstärkter protektionistischer Maßnahmen des Auslands auch die Exporte rückläufig, jedoch nicht in dem gleichen Ausmaß wie die Importe. Brünings Preissenkungspolitik hatte der deutschen Exportwirtschaft Wettbewerbsvorteile auf den ausländischen Märkten verschafft. Als im September 1931 jedoch eine Abwertung des britischen Pfundes erfolgte, der sich auch zahlreiche andere Länder des Sterling-Blocks anschlossen, waren die eben errungenen Wettbewerbsvorteile weitgehend zunichte.

Brünings Politik in der historischen Kontroverse

Wegen ihrer verheerenden Auswirkungen auf die weitere politische Entwicklung in Deutschland – die radikalen Parteien von rechts und links konnten bei den Wahlen 1932 erhebliche Stimmengewinne verbuchen – stellt sich mit besonderer Dringlichkeit die Frage nach möglichen Alternativen zu Brünings Deflationspolitik. Diese Frage ist in jüngster Zeit zum Gegenstand einer Forschungskontroverse geworden, nachdem der Wirtschaftshistoriker Knut Borchardt die These aufgestellt hat, Brüning habe aufgrund ökonomischer Zwangslagen und politischer Bindungen keine andere realistische oder gangbare Alternative zu seinem Deflationskurs gehabt.

Zwangslagen

Nach Borchardt hat sich seit Mitte der zwanziger Jahre die Wirtschaft der Weimarer Republik in einem unnormalen, ja kranken Zustand befunden. Die Ursachen der ungesunden wirtschaftlichen Entwicklung erblickt er vor allem in der Umverteilung des Volkseinkommens zugunsten der Arbeitnehmer und in den für die Unternehmer untragbar hohen Soziallasten. Die gestiegenen Löhne und die sozialpolitisch bedingten hohen Steuern und hohen Lohnnebenkosten sollen Bochardt zufolge die Investitionstätigkeit der Wirtschaft beeinträchtigt und außerdem ihre Exportstellung gefährdet haben. Die in ihrer Leitungsfähigkeit überforderte Wirtschaft habe mit der Entlassung von Arbeitskräften und verstärkten Rationalisierungsanstrengungen reagiert. Der vor allem durch die Sozialpolitik verursachte Zwang zur staatlichen Schuldenpolitik habe überdies die Preise für private Kredite am Kapitalmarkt erhöht. Außenpolitische Bindungen, wie z.B. die Reparationsverpflichtungen oder die Bestimmungen des Young-Plans, nach denen die umlaufenden Banknoten zu 40 Prozent durch Gold oder Devisen gedeckt sein mußten, und das Reich bei der Reichsbank maximal 400 Millionen RM an Schöpfungskrediten aufnehmen durfte, hätten den Handlungsspielraum Brünings ebenso eingeengt wie innenpolitische Zwangslagen, z.B. die weit verbreitete Inflationsfurcht. Nach Borchardt war daher die Deflationspolitik unvermeidbar, eine Politik des „deficit spending", also einer Staatsverschuldung mit dem Ziel, kreditfinanzierte Arbeitsbeschaffungsmaßnahmen einzuleiten, undurchführbar.

Handlungsspielräume

Diese Thesen von Borchardt finden zunehmend eine kritische Resonanz; die Diskussion darüber ist aber noch nicht abgeschlossen. Die Kritik bezieht sich sowohl auf seine Interpretation der Ursachen für die wirtschaftlichen Schwierigkeiten der Weimarer Republik als auch auf seine Vorstellung einer durch Sachzwänge bestimmten Politik. So wird das unbestritten schnelle Ansteigen der deutschen Reallöhne nach 1924 in seiner Bedeutung relativiert und als Nachholbedarf bezeichnet; das deutsche Lohnniveau sei 1924 im Vergleich zu anderen europäischen Ländern und den USA besonders niedrig gewesen; negative Auswirkungen der Lohnsteigerungen auf den Export könnten nicht nachgewiesen werden; die Exportschwäche der deutschen Wirtschaft erkläre sich vor allem aus dem weltweit verbreiteten Protektionismus der Nachkriegszeit; auch sei die Mark zu hoch bewertet gewesen. Brüning habe in der Wirtschafts- und Finanzpolitik seinen Handlungsspielraum selbst eingeschränkt, weil er sie dogmatisch starr seinem obersten außenpolitischen Ziel, der Streichung der Reparationen, unterstellt habe. Um dieses Ziel zu erreichen, habe er die Zahlungsunfähigkeit Deutschlands glaubhaft nachweisen und deshalb strikt die Young-Verpflichtungen einhalten müssen. Brüning habe dabei eine innere Krise mit Massenarbeitslosigkeit vorausgesehen, sie zur Durchsetzung seiner Ziele aber bewußt in Kauf genommen. Deshalb auch habe er die Vorschläge nicht aufgegriffen, die seit Mitte 1931 in seiner eigenen Umgebung, in der Reichsbürokratie, von Wissenschaftlern, den Gewerkschaften und den Nationalsozialisten entwickelt wurden, um die Haushaltspolitik zu ändern und kreditfinanzierte Beschäftigungsprogramme aufzulegen.

Brünings politische Priorität: die Lösung der Reparationsfrage

MATERIAL 10 Erklärung des Reichskanzlers Dr. Brüning vom 16. Oktober 1930

Die Grundlinien des Reformplanes der Reichsregierung sind ein vollkommen ausgeglichener Haushaltsplan für 1931, Selbständigmachen der Arbeitslosenversicherung, Sparsamkeit auf allen Gebieten, auch an den Gehältern, [...] eine Steuerpolitik, die den Produktionsprozeß nicht unerträglich belastet, vielmehr die Kapitalbildung fördert. [...]

Die Gehalts- und Preispolitik der Reichsregierung verfolgt, was ich mit Nachdruck betonen möchte, in ihrem auf längere Sicht eingestellten Plan keine dauernde Senkung des Reallohns; sie will vielmehr das sachlich vielfach nicht gerechtfertigte und daher unhaltbare deutsche Preisgebäude unter allen Umständen ins Wanken bringen. Dieses Ziel ist nicht zu erreichen, ohne daß auch eine gewisse Beweglichkeit in die Gehälter und Löhne gebracht wird, die in Deutschland zu etwa 75 Prozent, sei es durch Gesetz, sei es durch Tarifverträge, gebunden sind. Die Aufgabe, die deutschen Preise der Weltpreislage anzugleichen, ist für unsere wirtschaftliche Gesundung so wichtig und dringend, daß sie selbst dann durchgeführt werden muß, wenn alle Schichten des deutschen Volkes unbequeme Opfer tragen müssen.

(Aus: Verhandlungen des Reichstags, Bd. 444, S. 18ff.)

1. Nennen Sie die wirtschafts- und finanzpolitischen Leitgedanken der Regierungserklärung Brünings. Welche Maßnahmen will er zu deren Verwirklichung ergreifen?

MATERIAL 11 Innerparteiliche Auseinandersetzungen um die Tolerierungspolitik der SPD-Reichstagsfraktion gegenüber der Regierung Brüning

Nach den Reichstagswahlen vom 14. September 1930 entschloß sich die SPD, das Kabinett Brüning zu tolerieren, „solange es entschlossen und imstande ist, die faschistische Aspiration abzuwehren". Diese Haltung der Fraktion stieß auf heftige innerparteiliche Kritik:

Hans Ziegler (1930):
Die Sozialdemokratie wird, solange sie die Regierung Brüning hält, und gar nicht einmal mit Unrecht, von rechts und links für alles verantwortlich gemacht, was diese Regierung an reaktionären, arbeiterfeindlichen Gesetzen und Verordnungen hervorbringt. Das wird in Zukunft noch schlimmer werden, dafür bürgen die Scharfmacher der Industrie und des Haus- und Grundbesitzes, von deren Parteien die Regierung Brüning abhängig ist. Man wird nicht nur die Schuld für arbeiterfeindliche Gesetze, sondern für alle Not, die die Weltwirtschaftskrise mit sich bringt, auf uns abwälzen. Es ist gar nicht wahrscheinlich, daß die Krise sich mildert. [...]

Mit der bedingungslosen Unterstützung der Regierung Brüning geben wir das eigene politische Handeln auf. Ein Jahr Tolerierung der Regierung Brüning wirkt für unsere Partei schlimmer als zehn Jahre der allerbedenklichsten Koalitionspolitik. Sie wird bei dem Anhalten der Wirtschaftskrise die Nationalsozialisten und Kommunisten auf unsere Kosten noch rascher anwachsen lassen als bisher. Wir schaffen mit dieser Politik tatsächlich die Möglichkeit, daß die Nazis auf legalem oder illegalem Weg die politische Macht an sich bringen. [...] Unser Kampf gegen die Nazis wird heute weit erfolgreicher sein, wenn die Regierung Brüning gestürzt ist, als in einem Jahr, wenn wir die Regierung Brüning toleriert haben.

(Aus: Das Freie Wort, Sozialdemokratisches Diskussionsorgan, H. 47, November 1930, S. 7ff.)

1. „Tolerieren – Opponieren – Obstruieren". Erörtern Sie Motive und Erfolgschancen dieser drei möglichen Handlungsstrategien der SPD nach den Erbitterungswahlen von 1930.

MATERIAL 12 Daten zur wirtschaftlichen und sozialen Entwicklung 1913–1932

Jahr	reales BSP[1]	Reallöhne[2]	Preise[3]	Arbeitszeit Std.	Arbeitslosenquote[4]	Steuerlastquote[5]	Saldo der Handelsbilanz
	1928 = 100			wöchentl.	in %	in %	in Mio RM[6]
1913	93	93	66	50–60	–	9	–
1925	89	81	93	49,5	3,4	17	–
1926	88	84	93	–	10,0	–	–
1927	99	89	97	46,0	6,2	–	–
1928	100	100	100	46,0	6,3	–	–1876,6
1929	95	102	101	–	8,5	18	+ 127,5
1930	91	97	97	–	14,0	–	+1686,9
1931	80	94	89	–	21,9	–	+2879,0
1932	76	86	80	41,5	29,9	23	+1088,3

[1] Bruttosozialprodukt, preisbereinigt, je Einwohner
[2] Bruttoverdienste der Arbeiter je Woche, preisbereinigt
[3] Lebenshaltungskosten einer 5köpfigen Arbeiterfamilie
[4] in % der abhängigen Erwerbspersonen
[5] Staatseinnnahmen in Relation zum Volkseinkommen in %
[6] zu laufenden Preisen

Staatsausgaben je Einwohner in Preisen von 1900 (1913 = 100)

Aufgabenbereiche	1913		1925		1929		1932	
	Mark	Index	Mark	Index	Mark	Index	Mark	Index
Krieg/Kriegsfolgen	25,1	100	21,9	87	27,7	110	14,2	110
Wirtschaftsförderung	17,0	100	15,8	93	22,1	130	18,2	107
Sozialer Bereich	20,5	100	64,7	316	101,6	496	106,3	519
davon:								
Sozialversicherung	12,2	100	23,2	190	49,2	403	50,0	410
Wohnungsbau	0,4	100	10,1	2525	13,2	3300	4,5	1125
Schuldendienst	5,8	100	0,9	16	4,1	71	6,7	116
Total	103,2	100	150,2	146	211,9	205	199,9	194

(Aus: Dietmar Petzina u. a. [Hrsg.], Sozialgeschichtliches Arbeitsbuch III, C. H. Beck, München 1978, S. 78, 98, 107, 119, 146, 150)

MATERIAL 13 Staatssekretär Hans Schäffer im Reichsfinanzministerium (2.9.1931)

Staatssekretär Schäffer war Brünings engster Berater in finanzpolitischen Fragen.

Gesetzt, die Politik (der Arbeitsbeschaffung) glückt uns, und es gelingt, mit einer Arbeitslosenziffer von im ganzen 2 Millionen durch den Winter zu kommen, [...] wird eine solche Sachlage nicht [...] einer neuen Reparationsregelung im Wege stehen? Andererseits ergibt sich daraus die Frage: Kann man es verantworten, an einer richtigen und zweckmäßigen Lösung (der Beschäftigungsfrage), die sozial entlastend und politisch beruhigend wirkt, aus taktischen Gründen vorbeizugehen?

(Aus: Frankfurter Historische Vorträge, Heft 9, Wiesbaden 1982, S. 24)

1. Erschließen Sie aus den Tabellen Informationen zur sozialen Lage der breiten Bevölkerung und zur wirtschaftlichen Entwicklung der Weimarer Republik.
2. Vergleichen Sie Ihre Ergebnisse mit den Stellungnahmen Brünings und der SPD.
3. Welche Motive Brüningscher Wirtschafts- und Finanzpolitik können Sie aus Material 13 erschließen? Beurteilen Sie seine Prioritätensetzung.

MATERIAL 14 Ein amerikanischer Journalist zur Lage der Arbeitslosen in Berlin (1932)

Nach den Angaben des Arbeitsamtes in Neukölln beträgt der Reichsdurchschnitt der Unterstützung, die ein beschäftigungsloser Arbeiter mit Frau und Kind bezieht, 51 Mark im Monat. Gemäß den Berechnungen dieser offiziellen Stelle kommen Miete, Beleuchtung, Beheizung und unvermeidliche Nebenausgaben auf ein unerbittliches Minimum von 32 Mark und 50 im Monat. Für die Ernährung dreier Menschen bleiben also 18 Mark 50 im Monat übrig. [...]

Nach einer Statistik des Arbeitsamtes kann der Berliner Unterstützungsempfänger 45 Pfund Brot für 6 Mark kaufen; einen Zentner Kartoffeln für 2 Mark 50; 9 Pfund Margarine für 3 Mark; 15 Liter Milch für 4 Mark 50; 20 Pfund Kohl für 2 Mark; 10 Heringe, Salz und Zucker für 1 Mark – und damit wären seine 18 Mark 50 aufgebraucht. Das bedeutet täglich ein halbes Brot, ein Pfund Kartoffeln, hundert Gramm Kohl, funfzig Gramm Margarine und dreimal im Monat einen Hering pro Kopf.

Aufgrund dieser Berechnung habe ich in meiner eigenen Küche die Tagesverpflegung einer Person ausgewogen. Das Rohmaterial für die drei kleinen Mahlzeiten findet auf einem Fleischteller bequem Platz. Es besteht aus sechs kleinen Kartoffeln, fünf mitteldicken Scheiben Brot, einem Stückchen Kohl, das ungefähr faustgroß ist, und einem Stückchen Margarine von etwa 16 Kubikzentimetern. Das ist die Wochentagsration, und an drei Sonntagen im Monat kann jeder Erwachsene außerdem noch einen Hering essen, während das Kind jeden Sonntag einen Hering essen und wohl täglich einen halben Liter Milch bekommen kann. [...]

Im Jahr 1927 betrug die deutsche Arbeitslosenunterstützung ungefähr 80 Mark im Monat. [...]

Jetzt haben die unter dem Druck des unaufhörlich steigenden Defizits erlassenen Verordnungen vom 5. Juni und 6. Oktober (1931) die Unterstützung auf einen Durchschnitt von 51 Mark herabgedrückt[1], und von dieser mehr als unzureichenden Summe müssen schätzungsweise 15 Millionen Deutsche leben.

[1] Die Unterstützungssätze wurden 1932 nochmals gesenkt.

(Aus: H. R. Knickerbocker, Deutschland so oder so?, Rowohlt, Berlin 1932, S. 14ff.)

MATERIAL 15 **Mieterstreik in der Köpenicker Straße, Berlin (1932)**

1. Was vereint und was trennt die streikenden Anwohner der Köpenicker Straße? Berücksichtigen Sie auch den Bericht des Journalisten Knickerbocker (Material 14).
2. Erörtern Sie, welche wirtschaftspolitischen Maßnahmen eine sozial und politisch verantwortungsbewußte Regierung in dieser schweren Krise treffen sollte. Vergleichen Sie Ihre Überlegungen mit der Erklärung des Reichskanzlers Brüning (Material 10).

3.4 Reichspräsident von Hindenburg – Hüter der Verfassung?

Reichspräsidentenwahl 1925: Hindenburg – Kandidat der Rechten

Seit dem Bruch der Großen Koalition war dem Reichspräsidenten die Macht zugewachsen, nahezu nach Belieben Regierungen auszuwechseln, den Reichstag aufzulösen, den Notstand zu verkünden und Grundrechte zu suspendieren. Jetzt, wo das von der Verfassung vorgesehene Machtgleichgewicht von Staatsoberhaupt und Volksvertretung wegen der Unfähigkeit der Parteien zur Kooperation nicht mehr bestand, mußte sich paradoxerweise Reichspräsident von Hindenburg als „Hüter der Verfassung" bewähren. Paul von Hindenburg (1847–1934) war 1925 als Nachfolger für den verstorbenen Friedrich Ebert zum Reichspräsidenten gewählt worden. Der liberale Publizist Theodor Wolff hatte damals im Berliner Tageblatt Hindenburgs Sieg über den Kandidaten der Parteien der Weimarer Koalition mit den bitteren Worten kommentiert: „Die Republikaner haben eine Schlacht verloren, der bisher monarchistische Feldmarschall von Hindenburg wird Präsident der deutschen Republik ... Leider ist auch die Zukunft des deutschen Volkes von einer sehr dusteren Wolke verhängt."

Sieben Jahre später, am 11. April 1932, dem Morgen nach seiner Wiederwahl zum Reichspräsidenten, war es an Hindenburg, verbittert zu reagieren; als der Pressechef der Reichsregierung, Zechlin, ihm zu seinem Sieg über Hitler gratulieren wollte, antwortete er: „Herr Zechlin, den Glückwunsch nehme ich nicht an. Wer hat mich denn gewählt? Mich haben die Sozis gewählt, mich haben die Katholiken gewählt und mich hat das Berliner Tageblatt gewählt. *Meine* Leute haben mich nicht gewählt." Wie ist dieser Austausch der Hindenburg-Wähler von 1925 und 1932 zu erklären?

Hindenburgs Verfassungsverständnis

Die Rechtsparteien hatten Hindenburg 1925 im zweiten Wahlgang als ihren Kandidaten für das Amt des Reichspräsidenten nominiert, denn nur der populäre Feldmarschall hatte die Chance, den Kandidaten der Parteien der Weimarer Koalition zu schlagen, und nur mit einem Reichspräsidenten Hindenburg war eine Überwindung des verhaßten „Weimarer Systems" vorstellbar. Die Hoffnungen der Monarchisten bzw. die Befürchtungen der Demokraten, mit dem neuen Reichspräsidenten würden antiparlamentarische Tendenzen in der Politik Auftrieb erhalten, erfüllten sich jedoch zunächst nicht. Hindenburg nahm seinen Eid auf die Weimarer Verfassung ernst und verweigerte sich allen Ratschlägen, mit der Verfassung formal zu brechen. Zwar wünschte er, der sich nur als Platzhalter des Kaisers an der Spitze des Reichs verstand, eine Umgestaltung des Weimarer Parteienstaates; diese sollte jedoch auf verfassungsmäßig korrektem Wege erfolgen. Es respektierte parlamentarische Mehrheiten und arbeitete mit dem Reichstag und der Reichsregierung zusammen. So trug er – zum Entsetzen seiner reaktionären Freunde – trotz erheblicher innerer Vorbehalte die Stresemannsche Außenpolitik durch seine Unterschrift unter die Vertragswerke mit. Er riskierte keine Staatskrise, indem er sich offen gegen die amtliche Regierungspolitik gestellt hätte, andererseits gab er den Regierungen nur selten offen Rückendeckung gegen die Hetzkampagnen von rechts. Hindenburg befand sich in einem Konflikt zwischen seinem Pflichtethos und den Erwartungen vieler seiner ehemaligen militärischen Kameraden und konservativen Standesgenossen aus dem ostelbischen Adel. Hindenburg litt unter diesem Konflikt; er spürte, daß sich viele seiner alten Freunde nach und nach von ihm abwandten.

Der Beraterkreis um Hindenburg

Kamarilla

Angesichts von Hindenburgs formal korrektem Verfassungsverständnis, das mehr am Buchstaben als am Geist der Verfassung orientiert war, kam es entscheidend darauf an, wer ihn informieren und beraten konnte. Berater des Präsidenten waren – nach der Verfassung – der Kanzler und die Minister. Zunehmend umgab sich Hindenburg aber auch mit inoffiziellen Beratern, in der Öffentlichkeit als „Kamarilla" bezeichnet. Besonderes Vertrauen setzte er in die politischen Fähigkeiten des Generals von Schleicher, der ihm noch aus der Kriegszeit bekannt war. Schleicher, ein Meister des Intrigenspiels, wurde immer mehr zum Drahtzieher im Hintergrund. Die Kanzler Brüning und Papen waren seine Entdeckungen. Zudem war er eng mit Hindenburgs Sohn Oskar befreundet. Jener, wie Kurt Tucholsky spottete, „von der Verfassung nicht vorgesehene Sohn des Reichspräsidenten", offiziell Adjutant seines Vaters im Range eines Obersten, wurde von militärischen, industriellen und großagrarischen Kreisen als wichtiges Medium für Einflüsterungen benutzt.

Reichspräsidentenwahl 1932: Hindenburg – der Kandidat der Demokraten

Reichskanzler Brüning wußte um diese unkontrollierten Einflüsse auf Hindenburg; er beobachtete dessen schnell zunehmende Vergreisung; er merkte, daß gegen ihn selber, der sich lediglich auf das Wohlwollen und Vertrauen Hindenburgs stützten konnte, intrigiert wurde. Dessen ungeachtet bemühte er sich im Frühjahr 1932 um die Wiederwahl des „alten Herrn". Er hoffte, daß die sich abzeichnenden Erfolge in der Reparationsfrage ihn, den Kanzler, politisch stärken würden; außerdem war er überzeugt, daß außer Hindenburg niemand den Sieg eines nationalsozialistischen Kandidaten abwehren könnte.

Nach langem Widerstreben ließ sich Hindenburg zu einer Kandidatur für eine zweite Präsidentschaft bewegen. Er verband seine Bereitschaft zur Kandidatur mit dem Wunsch, möglichst Kandidat des ganzen Volkes (mit Ausnahme der Kommunisten) zu sein. Vor allem aber wollte er von seinen ehemaligen Wählern aus dem Lager der politischen Rechten wiedergewählt werden. Verhandlungen mit Hugenberg und Hitler, um deren Unterstützung zu erreichen, scheiterten jedoch. Beide verlangten als Preis die Entlassung Brünings, die Bildung einer „nationalen Regierung", die Auflösung des Reichstags und des preußischen Landtags sowie Neuwahlen. Außerdem zerstritten sich Hugenberg und Hitler über den nationalsozialistischen Führungsanspruch in der geplanten neuen Regierung.

Rundfunksendung anläßlich der Wahl Hindenburgs, 1932

Hindenburgs Gegenkandidaten im 1. Wahlgang waren Hitler (NSDAP), Thälmann (KPD) sowie Duesterberg für den „Kampfblock Schwarz-Weiß-Rot", der konservativen Rechten. Besonders die Kandidatur des Stahlhelm-Führers Duesterberg verbitterte Hindenburg, der Ehrenmitglied des Stahlhelms, einer Vereinigung von

Weltkriegsteilnehmern, war. Im zweiten Wahlgang – Hindenburg hatte im ersten Wahlgang die erforderliche absolute Mehrheit knapp verfehlt – stimmten die meisten Wähler des nun nicht mehr kandidierenden Duesterberg für Hitler. Hindenburg hatte seine Wiederwahl somit vor allem Sozialdemokraten und Katholiken zu verdanken, dem seiner Einstellung nach „falschen Teil" der Bevölkerung. Nur ein Rechtsruck konnte jetzt die Unabhängigkeit Hindenburgs von SPD und Zentrum demonstrieren.

MATERIAL 16 **Wahlaufruf des Kampfblocks Schwarz-Weiß-Rot vom 28. Februar 1932 zur Reichspräsidentenwahl**

Ein neuer Entscheidungskampf um die deutsche Zukunft hat begonnen.

Es geht in ihm um die Aufrechterhaltung deutscher Arbeit und Wirtschaft, um Tributfreiheit und Wehrhoheit, um die Befreiung Preußens von marxistischer Vorherrschaft und um die Beseitigung eines unerträglichen Notverordnungszwanges.

Der Kampf gilt dem System und dem Geist des 9. November!

Die auf die Sozialdemokratie gestützte Brüningfront will dies System erhalten. Es ist die Front der politischen Verzweiflung. Hinter der ehrwürdigen Gestalt des Feldmarschalls v. Hindenburg sucht sie jetzt Schutz und Rettung. Das ist der Sinn des Eintretens für ihn.

Der Tag, an dem vor zwei Jahren der Reichspräsident den Youngplan unterschrieb, der 13. März, bringt Aufmarsch und Klärung der Fronten, die um die Reichspräsidentschaft ringen. Für den weiteren Verlauf der deutschen Geschicke ist entscheidend, daß die bodenständigen, aufbauenden, kampfbereiten und erfahrenen Kräfte unseres Volkstums ihrer Bedeutung gemäß zum Einsatz kommen und daß auch schon beim ersten Wahlgange keine Stimme der nationalen Front verloren geht.

Getreu den in Harzburg gegebenen Parolen haben sich deshalb die Deutschnationale Volkspartei und der Stahlhelm, unterstützt von zahlreichen, auf nationalem, christlichem und sozialem Boden stehenden Gruppen und Persönlichkeiten des politischen, kulturellen und wirtschaftlichen Lebens, zu engster Kampfgemeinschaft für die Reichspräsidentenwahl und die ihr folgenden Entscheidungen in einem „Schwarz-weiß-roten Kampfblock" zusammengeschlossen.

Als Kandidat für den ersten Wahlgang der Reichspräsidentenwahl haben sie den Stahlhelmführer Duesterberg aufgestellt.

Mit ihm tritt ein Führer der vaterländischen Wehrbewegung in die Schranken, dessen unermüdliche, vom sozialen Frontgeist getragene Arbeit stets dem Ziele der politischen und wirtschaftlichen Freiheit Deutschlands gewidmet war.

Zu seiner Wahl ruft der Kampfblock Schwarz-Weiß-Rot alle Deutschen auf, die entschlossen sind zu kämpfen:

für bodenständig christliche Kultur, für Familie und deutsche Art, gegen offene und verschleierte Gottlosigkeit;

für den organischen Staat deutschen Blutes gegen Weimarer Demokratie und internationalen Marxismus;

für deutsche Wehrhoheit gegen pazifistische Entmannung;

für den Schutz des Eigentums und der privaten Wirtschaft;

für die Beseitigung der Arbeitslosigkeit und den Schutz der Arbeitsstätte.

Die Befreiungsfarben Schwarz-Weiß-Rot stehen gegen die Symbole des untergehenden Systems. Diesem System keine Stimme!

(Aus: Wahlaufruf des Kampfblocks Schwarz-Weiß-Rot vom 23. 2. 1932, in: Der Stahlhelm, Jg. 14, 1932, Nr. 8 vom 28. 8. 1932)

MATERIAL 17 **Wahlaufruf der NSDAP vom 1. März 1932**

Deutsche Männer! Deutsche Frauen! Deutsche Jugend!

Am 13. März wird das Schicksal der deutschen Nation entschieden, das euer aller Schicksal ist. [...]

Am 13. März wird abgerechnet mit der schamlosen Bonzenwirtschaft der volksverräterischen Sozialdemokratie, die zu feige ist, selbst vor das Volk zu treten, und sich hinter dem Rücken eines einst von ihr beschimpften Generalfeldmarschalls versteckt, weil sie den Spruch des Volkes mit Recht fürchtet.

Am 13. März wird abgerechnet mit der jüdischen Pseudodemokratie, die ohne jede innere Verbundenheit mit dem deutschen Volke nur den Zweck verfolgt, durch eine vergiftende Presse die deutschen Volksgenossen und Schaffenden Deutschlands gegeneinander zu hetzen, um sie in diesem Zustand der Zerrissenheit und Schwäche auszubeuten.

Am 13. März wird abgerechnet mit dem scheinheiligen Zentrum und der bayerischen Volkspartei, die um volksfremder Ziele willen konfessionelle Zwietracht säen und auf dem besten Wege sind, die Totengräber des deutschen Volkes zu werden, wenn ihnen nicht endlich das Handwerk gelegt wird.

Am 13. März wird abgerechnet mit den feigen, spießbürgerlichen Geldsack-Patrioten, den Trabanten und Steigbügelhaltern dieses schwarz-roten Systems, mit dem wirtschaftlichen Interessenhaufen und längst überfälligen Parteikadavern, die ihre national nicht zu verantwortende Existenz lediglich zu politischen Schacher- und Schiebergeschäften benutzen. [...]

Am 13. März, dem gleichen Tag, an dem vor zwei Jahren Hindenburg seinen Namen unter die von diesem System angenommenen Young-Gesetze schrieb, die Not, Hunger, Hoffnungslosigkeit und Verzweiflung in das deutsche Volk gebracht haben, greift das seine Lebensrechte anmeldende junge Deutschland, verkörpert in seinem Führer Adolf Hitler, nach der Macht im Staate und wird die alten, zu neuem Leben untauglichen Parteigebilde hinwegfegen. [...]

Hitler, das ist die Parole aller, die an Deutschlands Wiederauferstehung glauben.

Hitler ist die letzte Hoffnung derer, denen man alles nahm, Haus und Hof, Ersparnisse, Existenz, Arbeitskraft, und denen nur eines blieb, der Glaube an ein gerechtes Deutschland, das seinen Volksgenossen wieder Ehre, Freiheit und Brot geben wird.

Hitler ist für Millionen das erlösende Wort, weil sie heute verzweifeln und nur in diesem Namen einen Weg sehen zu neuem Leben und neuem Schaffen.

Hitler erfüllt das Vermächtnis der zwei Millionen toten Kameraden des Weltkrieges, die nicht starben für das heutige System der langsamen Vernichtung unseres Volkes, sondern für Deutschlands Zukunft.

Hitler ist der seinen Feinden verhaßte Mann aus dem Volk, weil er das Volk versteht und für das Volk kämpft.

Hitler das ist der stürmische Wille der deutschen Jugend, die inmitten eines müden Geschlechtes nach neuer Gestaltung ringt und den Glauben an eine bessere deutsche Zukunft nicht aufgeben will, und darum ist Hitler das lodernde Fanal und die Parole aller, die eine deutsche Zukunft wollen.

Sie alle werden am 13. März den Männern des Systems, die ihnen Freiheit und Würde versprachen, aber Steine und Phrasen statt Brot zu geben, zurufen:
Euch kennen wir zur Genüge, jetzt sollt ihr uns kennenlernen!
Hitler wird siegen, weil das Volk seinen Sieg will!

(Aus: Völkischer Beobachter, 1932, 63. Ausgabe vom 3. März 1932)

1. Untersuchen Sie die Wahlaufrufe des Kampfbundes Schwarz-Weiß-Rot und der NSDAP auf Gemeinsamkeiten und Unterschiede. Worin sind diese begründet?

MATERIAL 18 Aus einer Wahlrede Hugenbergs, 1925

Es war einmal ein großes, reiches und edles Volk. Über dieses Volk war ein Unglück gekommen. Seine Nachbarn hatten es mit Krieg überzogen. In Einigkeit hielt es seine vielen Feinde von den Grenzen fern. Aber dann kam Hunger über das Volk. Es bildeten sich Parteien und innere Feindschaften. Einer kämpfte gegen den anderen. Arm gegen Reich. Reich gegen Arm. Sozialer Haß flammte auf. Das Volk wurde besiegt, verstümmelt, gebrandmarkt. Es vergaß sich selbst und seine Größe. Lange Jahre des Siechtums, der Würdelosigkeit und der Ohnmacht folgten. Allmählich aber regten sich wieder die guten alten Kräfte des Volkes und strebten nach neuer Gestaltung. Nur waren sie geteilt in verschiedene Gruppen und konnte sich nicht finden. Da stand ein alter Patriarch unter ihnen auf, der sie im Krieg geführt hatte. Er rief sie zusammen und machte einen Bund unter ihnen, der Macht und Aufgaben verteilte. Es wurde vereinbart, daß dies ein fester Bund auf Treu und Glauben sein sollte. Und da begann das Werk der Rettung.

MATERIAL 19 Karikatur zur Reichspräsidentenwahl 1932

„Schreiben Sie, Fräulein! An den Hindenburg-Ausschuß: Die Firma Hugenberg offeriert vorteilhaft einen Restposten 1925er Wahlplakate, Hindenburg der Retter."

MATERIAL 20 Aufruf der SPD vom 27. Februar 1932 zur Reichspräsidentenwahl

Das deutsche Volk steht am 13. März vor der Frage, ob Hindenburg bleiben oder ob er durch Hitler ersetzt werden soll. Die Rechte hat vor sieben Jahren Hindenburg auf den Schild gehoben. Sie hoffte, er würde sein Amt parteiisch zu ihren Gunsten führen, seinen Eid verletzen und die Verfassung brechen. Es war selbstverständlich, daß wir Sozialdemokraten einen Bewerber, auf den unsere schlimmsten Feinde solche Hoffnungen setzten, entschieden bekämpften. Hindenburg aber hat seine einstigen Anhänger enttäuscht. Weil er unparteiisch war und es bleiben will, weil er für einen Staatsstreich nicht zu haben ist, darum wollen sie ihn jetzt beseitigen.

Hitler statt Hindenburg, das bedeutet Chaos und Panik in Deutschland und ganz Europa, äußerste Verschärfung der Wirtschaftskrise und der Arbeitslosennot, höchste Gefahr blutiger Auseinandersetzungen im eigenen Volke und mit dem Ausland. Hitler statt Hindenburg, das bedeutet: Sieg des reaktionären Teils der Bourgeoisie über die fortgeschrittenen Teile des Bürgertums und über die Arbeiterklasse, Vernichtung aller staatsbürgerlichen Freiheiten, der Presse, der politischen, gewerkschaftlichen und Kulturorganisationen, verschärfte Ausbeutung und Lohnsklaverei. [...] Die Sozialdemokratische Partei will die Klarheit dieser Entscheidung nicht verdunkeln. Darum hat sie auf die Aufstellung einer Zählkandidatur im ersten Wahlgang verzichtet. Zum Wählen der Stimmen ist bei den nahen Wahlen zu den Länderparlamenten Gelegenheit genug. Bei Parlamentswahlen gilt jede Stimme. Bei der Reichspräsidentenwahl dagegen fällt jede Stimme ins Leere, die für einen Zählkandidaten abgegeben wird. Hitler oder Hindenburg? Es gibt kein Drittes!

(Aus: Deutscher Geschichtskalender, 1932, A, Inland, S. 64–65)

1. Hugenberg als Verbreiter eines Polit-Märchens: Zeigen Sie, welche Legendenbildung er in Material 18 betreibt. Erschließen Sie seine Wirkungsabsicht und sein Politikverständnis.
2. Erläutern Sie die Darstellungsabsicht der Karikatur (Material 19). Vergleichen Sie sie mit der Wahlrede Hugenbergs (Material 18).
3. Untersuchen Sie den Wahlaufruf der SPD und versuchen Sie, eine Verbindung zu dem in der Karikatur (Material 19) angedeuteten „Geschäft" herzustellen.

MATERIAL 21 **Karikatur zur Reichspräsidentenwahl, 1932**

„Zum Repräsentieren der Wilhelm-Ersatz Hugenberg, zum Präsentieren den stählernen Düsterberg und zum Musizieren den mechanischen Lautsprecher und Trommler Hitler"

1. Erläutern Sie die Darstellungsabsicht der Karikatur.
2. Erklären Sie, warum es nicht zu der in der Karikatur verspotteten „Ideallösung" gekommen ist. Berücksichtigen Sie dabei die Materialien 16, 17 und 20.

3.5 1932 – das Schicksalsjahr der Republik

Brünings Sturz

Am 29. März 1932 empfing Reichspräsident von Hindenburg den Reichskanzler. Er war soeben von einem längeren Aufenthalt auf seinem ostpreußischen Gut Neudeck, das ihm Großagrarier und Großindustrielle zu seinem 80. Geburtstag geschenkt hatten, nach Berlin zurückgekehrt. Er begrüßte Brüning kühl, setzte seine Brille auf, griff nach einem Aktenbogen und las, ohne weiter ein Wort zu verlieren, vor:
„1. Die Regierung erhält, weil sie zu unpopulär ist, von mir nicht mehr die Erlaubnis, eine Notverordnung zu erlassen.
2. Die Regierung erhält von mir nicht mehr das Recht, Personalveränderungen vorzunehmen."
Der Reichspräsident legte das Blatt wieder hin, dann sagte Brüning: „Wenn ich die mir soeben vorgelesene Äußerung richtig verstehe, so wünschen Sie, Herr Reichspräsident, die Gesamtdemission des Kabinetts." Hindenburg antwortete: „Jawohl. Diese Regierung muß weg, weil sie unpopulär ist." Nach Übergabe des Demissionsschreibens am folgenden Tag erklärte Hindenburg dem scheidenden Kanzler: „Ich mußte Sie wegen meines Namens und meiner Ehre entlassen."

SA- und SS-Verbot

Nur sieben Wochen nach der für ihn enttäuschend verlaufenen Wiederwahl zum Reichspräsidenten hatte Hindenburg Brüning entlassen. Der Sturz Brünings ist nicht nur auf das Bestreben Hindenburgs zurückzuführen, sich vor seinen Standesgenossen von seinen mehrheitlich aus Sozialdemokraten und Zentrumsleuten bestehenden Wählern zu distanzieren. Hindenburg war vor allem auch mit dem SA- und SS-Verbot unzufrieden, das Brüning ihm kurz nach der Präsidentschaftswahl wegen Putschvorbereitungen dieser NS-Kampfverbände abgerungen hatte: Die sozialdemokratisch geführte preußische Regierung hatte dieses Verbot von Brüning gefordert. Das SA- und SS-Verbot stieß vor allem bei der Reichswehr auf heftige Kritik, in deren Planungen die SA als Personalreserve vorgesehen waren.

Zähmungskonzept Schleichers

Schleicher nutzte die Betroffenheit Hindenburgs über die Reichswehr-Kritik am SA-Verbot, um den Sturz Brünings zu betreiben. Beunruhigt über den großen Zulauf zur NSDAP, der gerade die traditionelle deutschnationale Rechte schwächte, wollte Schleicher Hitler unter einem neuen konservativen Kanzler an der Regierung beteiligen und so zähmen. Sein Konzept basierte auf der Überlegung, die NSDAP werde durch die Regierungsbeteiligung abgenutzt und bei ihren Wählern „entzaubert". Schleicher verabredete mit Hitler die Bildung einer von der NSDAP tolerierten Übergangsregierung, die das SA- und SS-Verbot aufheben, den Reichstag auflösen und Neuwahlen ausschreiben sollte. In die dann neu zu bildende Regierung sollte Hitler als Juniorpartner eintreten.

Reichskanzler Franz von Papen

Hindenburg ernannte am 1. Juni 1932 den preußischen Landtagsabgeordneten Franz von Papen, einen katholisch-konservativen Zentrumsmann mit deutschnationalen Neigungen, zum neuen Reichskanzler. Papen, ein alter Bekannter Schleichers und Oskar von Hindenburgs, war als Berufsoffizier 1919 aus dem Militärdienst ausgeschieden, weil er sich durch seinen Eid „der Fahne des Königs von Preußen" verpflichtet fühlte; er war von seiner Einstellung her ein

Kabinett der Barone

Mann ganz nach dem Geschmack Hindenburgs. Zweifler an Papens politischer Befähigung („Der Papen ist doch kein Kopf") beschied Schleicher bündig: „Das soll er auch nicht sein. Aber er ist ein Hut". Kopf wollte Schleicher selbst sein; er trat als Reichswehrminister in Papens fast nur aus Adligen bestehendes „Kabinett der Barone" ein. Er wußte Papen auf seiner Seite. Dieser hatte bereits vor Brünings Sturz empfohlen, sich von den letzten parlamentarischen Bindungen zu lösen und eine Diktatur auf nationaler Grundlage unter Heranziehung der Deutschnationalen und der Nationalsozialisten zu errichten.

Aufhebung des SA- und SS-Verbots

Altonaer Blutsonntag

Die Regierung Papen führte sofort Schleichers Plan aus. Am 3.6.1932 wurde der Reichstag mit der Begründung aufgelöst, seine Zusammensetzung entspreche nicht mehr dem politischen Willen des deutschen Volkes. In der Tat hatten die Landtagswahlen vom 24. April 1932 die politischen Kräfteverhältnisse in mehreren Ländern, darunter Preußen, erheblich zugunsten der NSDAP verändert. Am 16. Juni 1932 wurde schließlich das SA- und SS-Verbot aufgehoben. Die Konsequenzen zeigten sich allerorts im anhebenden Wahlkampf. Die auf 400 000 Mann angewachsenen braununiformierten Trupps der SA beherrschten die Straße. Der Wahlkampf nahm bürgerkriegsähnliche Formen an. In den sechs Wochen bis zur Reichstagswahl am 31.7.1932 gab es allein in Preußen mehr als 100 Tote und mehrere tausend Verletzte. Einer der Höhepunkte in diesen Auseinandersetzungen war der 17. Juli. An diesem Sonntag zogen 7000 SA-Männer uniformiert und bewaffnet durch Hamburg-Altona, Wohnort des KPD-Führers Ernst Thälmann und Hochburg der Kommunisten. Der Marsch war als Provokation gedacht und wurde so verstanden. Die Bilanz: 17 Tote und 100 Schwerverletzte.

Preußenschlag

Dieser „Altonaer Blutsonntag" lieferte der Regierung Papen die Begründung für die längst beschlossene Absetzung der preußischen Regierung. In den Landtagswahlen vom 24. April 1932 hatten weder die Parteien der Weimarer Koalition noch die rechten Parteien eine absolute Mehrheit errungen. Die Parteien der Weimarer Koalition blieben als geschäftsführende Minderheitsregierung im Amt. Nun wurde diese abgesetzt, weil sie angeblich nicht mehr in der Lage war, die Ordnung aufrechtzuerhalten. Papen wurde von Hindenburg zum Reichskommissar von Preußen ernannt. Die preußische Regierung erwog zunächst, gegen ihre Absetzung Widerstand zu leisten, sie dachte an Aufruf zum Generalstreik und Einsatz der preußischen Polizei, ließ jedoch solche Pläne fallen, da die Polizei der Reichswehr unterlegen war und angesichts der hohen Arbeitslosigkeit die Streikbereitschaft der Arbeiter gering schien. Der preußische Ministerpräsident Otto Braun klagte vor dem Staatsgerichtshof in Leipzig gegen die Reichsregierung. Nach einem erst im Oktober 1932 ergangenen Urteil war die Absetzung der preußischen Regierung zwar rechtswidrig, jedoch habe die Reichsregierung „in einer Zeit schwerer Störung und Gefährdung der öffentlichen Ordnung" die Exekutivgewalt in Preußen übernehmen dürfen. Und darauf war es Papen mit seinem „Preußenschlag" angekommen: Überall in Preußen wurden die republikanischen Spitzenbeamten und Polizeipräsidenten abgelöst und durch konservative Kräfte ersetzt; Papen war jetzt für künftige Konflikte gerüstet.

Die Reichstagswahlen vom 31. Juli 1932 brachten der traditionellen Rechten Verluste, während die Nationalsozialisten ihre Mandatszahlen von 107 auf 230 mehr als verdoppeln konnten. Die NSDAP wurde damit stärkste Fraktion im Reichstag, hatte jedoch auch mit den Kräften, die Papen parlamentarisch unterstützten (DVP, DNVP), keine Mehrheit im Reichstag.

Reichskanzler von Papen und General von Schleicher

Der selbstbewußte Hitler forderte nun als Führer der stärksten Fraktion die Kanzlerschaft für sich. Hindenburg lehnte es jedoch ab, den „böhmischen Gefreiten", wie er Hitler abschätzig nannte, zum Reichskanzler zu ernennen. Papen konnte nun nicht mehr mit einer weiteren Tolerierung seiner Regierung durch die NSDAP rechnen und verhinderte ein Mißtrauensvotum des neuen Reichstags durch dessen sofortige Auflösung. Bei den Reichstagswahlen vom 6.11.1932, den zweiten jenes Jahres, verloren die Nationalsozialisten zwar zwei Millionen Stimmen, blieben jedoch stärkste Fraktion; Hitler blieb bei seiner Forderung nach dem Amt des Kanzlers. Damit war Schleichers Zähmungskonzept, das Hitler nur in der Rolle eines Juniorpartners gesehen hatte, endgültig gescheitert. Papen mußte erneut mit einem Mißtrauensvotum rechnen.

Reichstagswahlen 1932

Als Ausweg aus der Regierungskrise schlug Papen vor: Auflösung des Reichstages und – verfassungswidrig – Vertagung von Neuwahlen für mehrere Monate; die Präsidialregierung unter seiner Leitung sollte militärisch abgesichert werden; während dieser Präsidialdiktatur sollte unter der Losung „Neuer Staat" die Weimarer Verfassung in einem autoritären Sinne umgestaltet werden. Schleicher hingegen unterbreitete einen formal verfassungskonformen Lösungsvorschlag. Er wollte ein Präsidialkabinett bilden, das sich auf gewerkschaftlich und sozialpolitisch engagierte Kräfte aus allen Parteien, einschließlich des antikapitalistischen Flügels der NSDAP um Gregor Strasser, stützen sollte. Diese „sozialpolitische Querfront" sollte die Wirtschaftskrise mit Hilfe eines Arbeitsbeschaffungsprogramms bekämpfen. Als Nebeneffekt erhoffte sich Schleicher eine Spaltung der NSDAP. Hindenburg scheute den von Papen vorgeschlagenen Verfassungsbruch und entließ den Kanzler mit den Worten: „Sie werden mich, lieber Papen, für einen Schuft halten ... Aber ich bin zu alt geworden, um am Ende meines Lebens noch die Verantwortung für einen Bürgerkrieg zu übernehmen. Dann müssen wir in Gottes Namen Herrn von Schleicher sein Glück versuchen lassen."

„Neuer Staat" Papens

Sozialpolitische Querfront Schleichers

Die Ernennung Schleichers zum Reichskanzler erfolgte am 3.12.1932. Seine Bemühungen um eine sozialpolitische Querfront scheiterten jedoch schon im Ansatz. Die SPD versagte sich ihm, und Strasser schreckte vor dem Versuch, die NSDAP zu spalten, zurück. Unter heftigen Verratsvorwürfen Hitlers wurde dieser innerhalb der Partei politisch kaltgestellt. So war Schleicher zum Jahreswechsel 1932/33 in der gleichen Lage wie Papen wenige Wochen zuvor. Er griff auch dessen damalige Vorschläge auf, stieß jedoch damit bei Hindenburg ebenfalls auf Ablehnung und wurde am 28.1.1933 entlassen.

Einrahmungskonzept Papens

Inzwischen hatte Papen ein neues Konzept zur Lösung der Regierungskrise „im Rahmen der Verfassung", also entsprechend der Vorgaben Hindenburgs, entwickelt. Danach sollte ein „Kabinett der nationalen Konzentration" mit Hitler als Reichskanzler gebildet werden. Hitler und die anderen nationalsozialistischen Regierungsmitglieder sollten jedoch von einer Mehrheit konservativer Minister umgeben oder, wie Papen sich ausdrückte, „eingerahmt" werden. Das einzige Hindernis bei der Verwirklichung dieses Plans war nur noch der Widerstand Hindenburgs gegen eine Kanzlerschaft Hitlers. Hindenburg wurde jetzt von allen Seiten bedrängt und bearbeitet, von seinem Sohn Oskar und Papen, von alten Kameraden und Freunden, von Kronprinz Wilhelm und weiteren Angehörigen ehemals regierender Adelsfamilien. Putschgerüchte, nach denen Schleicher die Potsdamer Garnison mobilisieren wollte, um Hindenburg, Hitler und Papen verhaften zu lassen, kamen am späten Nachmittag des 29. Januar 1933 auf. Hindenburgs Widerstand erlahmte. Anderntags ernannte er in aller Frühe auf Papens Vorschlag den General von Blomberg zum Reichswehrminister einer Regierung, die es noch nicht gab, um einen Putsch niederzuschlagen, den niemand plante.

MATERIAL 22 **Karikatur nach der Reichstagsauflösung vom 12. September 1932**

„Eigentlich sollte man die Urne nicht zum Wählen benutzen, sondern gleich zur Beisetzung."

MATERIAL 23 **Ergebnisse der Reichstagswahlen von 1932 (in Tausend)**

	31.7.1932	6.11.1932
Wahlberechtigte	44211	44374
abgegebene gültige Stimmen	36882	35471
davon entfielen auf		
NSDAP	13769 (37,4 %)	11737 (33,1 %)
DNVP	2177 (5,9 %)	2959 (8,8 %)
DVP	436 (1,2 %)	661 (1,9 %)
Staatspartei[1]	372 (1,1 %)	336 (1,0 %)
Zentrum/BVP	5782 (15,7 %)	5325 (15,0 %)
SPD	7960 (21,6 %)	7248 (20,4 %)
KPD	5283 (14,6 %)	5980 (16,9 %)
Sonstige[2]	956 (2,5 %)	1015 (2,9 %)

[1] Bis 1930: DDP
[2] Agrarische und kleinere Rechtsparteien, regionale Parteien und Minderheiten

(Aus: Alfred Milatz, Wähler und Wahlen in der Weimarer Republik, Bonn 1969, S. 151)

1. Beziehen Sie die Ergebnisse der Reichstagswahlen auf das in der Karikatur angedeutete Gedankenspiel Papens.

Saalschlacht, 1932: Die SA (in Zivil) versucht eine Versammlung der KPD in Berlin zu sprengen.

MATERIAL 24 Petition von Repräsentanten der Wirtschaft an Hindenburg (19.11.1932)

Mit Eurer Exzellenz bejahen wir die Notwendigkeit einer vom parlamentarischen Parteiwesen unabhängigen Regierung. [...] Gegen das bisher parlamentarische Parteiregime sind nicht nur die Deutschnationale Volkspartei [...], sondern auch die Nationalsozialistische Deutsche Arbeiterpartei grundsätzlich eingestellt und haben damit das Ziel Eurer Exzellenz bejaht. [...]

Es ist klar, daß eine des öfteren wiederholte Reichstagsauflösung mit sich häufenden, den Parteikampf immer wieder zuspitzenden Neuwahlen nicht nur einer politischen, sondern auch jeder wirtschaftlichen Beruhigung und Festigung entgegenwirken muß. Es ist aber auch klar, daß jede Verfassungsänderung, die nicht von breitester Volksströmung getragen ist, noch schlimmere wirtschaftliche, politische und seelische Wirkungen auslösen wird. Wir erachten es deshalb für unsere Gewissenspflicht, Eure Exzellenz ehrerbietig zu bitten, daß zur Erreichung des von uns allen unterstützten Ziels Eurer Exzellenz die Umgestaltung des Reichskabinetts in einer Weise erfolgen möge, die die größtmögliche Volkskraft hinter das Kabinett bringt. [...]

Wir erkennen in der nationalen Bewegung, die durch unser Volk geht, den verheißungsvollen Beginn einer Zeit, die durch Überwindung des Klassengegensatzes die unerläßliche Grundlage für einen Wiederaufstieg der deutschen Wirtschaft erst schafft. Wir wissen, daß dieser Aufstieg noch viele Opfer erfordert. Wir glauben, daß diese Opfer nur dann willig gebracht werden können, wenn die größte Gruppe dieser nationalen Bewegung führend an der Regierung beteiligt wird.

Die Übertragung der verantwortlichen Leitung eines mit den besten sachlichen und persönlichen Kräften ausgestatteten Präsidialkabinetts an den Führer der größten nationalen Gruppe wird die Schlacken und Fehler, die jeder Massenbewegung notgedrungen anhaften, ausmerzen und Millionen Menschen, die heute abseits stehen, zu bejahender Kraft mitreißen.

(Aus: Martin Broszat, Die Machtergreifung, dtv, München 1984, S. 199ff.)

MATERIAL 25 Karikatur aus dem Simplicissimus vom 18. September 1932

Lächerlich diese Parteiparolen: „Der Feind steht rechts", „Der Feind steht links". – Für'n überparteiliches Adels-Kabinett jibt's bloß die Devise „Der Feind steht unten!"

1. Erschließen Sie die Motive und Interessen der Unterzeichner der Petition (Material 24).
2. Erläutern Sie die politische Situation, in der die Petition entstanden ist.
3. Erläutern Sie das in Material 25 karikierte Staats- und Politikverständnis des von Franz von Papen geleiteten „Kabinetts der Barone".
4. Vergleichen Sie die politischen Bestrebungen der Petenten mit dem in Material 25 karikierten „Hohen Standpunkt".

MATERIAL 26 Goebbels Aufsatz aus der „Kampfzeit", 30. April 1928

Wir sind doch eine antiparlamentarische Partei, lehnen aus guten Gründen die Weimarer Verfassung und die von ihr eingeführten republikanischen Institutionen ab, sind Gegner einer verfälschten Demokratie, die den Klugen und den Dummen, den Fleißigen und den Faulen über einen Leisten schlägt, sehen im heutigen System der Stimmenmajoritäten und der organisierten Verantwortungslosigkeit die Hauptursache unseres ständig zunehmenden Verfalls. Was also wollen wir im Reichstag?

Wir gehen in den Reichstag hinein, um uns im Waffenarsenal der Demokratie mit deren eigenen Waffen zu versorgen. Wir werden Reichstagsabgeordnete, um die Weimarer Gesinnung mit ihrer eigenen Unterstützung lahmzulegen. Wenn die Demokratie so dumm ist, uns für diesen Bärendienst Freifahrkarten und Diäten zu geben, so ist das ihre eigene Sache. Wir zerbrechen uns darüber nicht den Kopf. Uns ist jedes gesetzliche Mittel recht, den Zustand von heute zu revolutionieren. [...]

Wir kommen nicht als Freunde, auch nicht als Neutrale. Wir kommen als Feinde! Wie der Wolf in die Schafherde einbricht, so kommen wir. Jetzt seid ihr nicht mehr unter euch! Und so werdet ihr keine reine Freude an uns haben!

(Aus: Georg Kotowski [Hrsg.], Historisches Lesebuch 3, 1914–1933, Fischer, Frankfurt 1968, S. 295f.)

1. Erschließen Sie aus Goebbels Äußerungen den machtpolitischen Anspruch der NSDAP.
2. Vergleichen Sie die Einschätzung der NSDAP durch die Unterzeichner der Petition (Material 24) mit Goebbels politischen Vorstellungen.

MATERIAL 27 Der Historiker Broszat zum Bündnis von alten Eliten und Nationalsozialisten

Die Entscheidung, ohne parlamentarische Abstützung und vor allem ohne Berücksichtigung der sozialdemokratisch-gewerkschaftlichen Linken mit Hilfe einer autoritären Rechtsregierung zu regieren, war seit dem Amtsantritt Papens und der Entmachtung der sozialdemokratisch geführten Preußen-Regierung definitiv gefallen. Der späte Versuch Schleichers zu einer größeren Abgewogenheit der politisch-sozialen Absicherung [...] zurückzukehren, stieß deshalb auf die in der Papen-Zeit verfestigten Interessen und Ambitionen sowohl der Industriellen und Großagrarier wie der konservativ-deutschnationalen Kräfte, die inzwischen, weit mehr noch als in Ansätzen auch schon Brüning, dazu entschlossen waren, die während der weltweiten Wirtschaftsdepression entstandenen Krise der parlamentarischen und sozialstaatlichen Republik [...] bewußt zu benutzen zu einer dauerhaften autoritären Verfassungsänderung auch mit der möglichen Perspektive einer Wiederherstellung der konstitutionellen Monarchie. [...]

Zur plebiszitären Absicherung einer solchen Restauration aber waren die konservativen-deutschnationalen Kräfte, die sie anstrebten, unfähig, und ohne solche Popularitätsgrundlage war eine Stabilisierung des Regimes, nach der auch die Wirtschaft in der Krise immer ungeduldiger verlangte, letzten Endes nicht möglich. [...] Auch für Hindenburg, der sich so lange geweigert hatte, Hitler zum Kanzler zu machen, war für die Meinungsänderung in letzter Stunde vor allem maßgeblich, daß auch er – vor die Wahl gestellt zwischen riskanter Militärdiktatur [...] oder plebiszitärer Absicherung der autoritären Regierung mit Hilfe der Nationalsozialisten, die ohne deren Regierungsführung nicht zu haben war, sich schließlich für letztere entschied. [...]

Das am meisten Verbindende in dem „unseligen" (und auch weiterhin konfliktreichen) Bündnis zwischen den alten konservativen Eliten und der nationalsozialistischen Massenbewegung, das Hitlers Machtübernahme ermöglichte, war die aggressive Negation des Weimarer Parteienstaates und seiner besonderen Prägungen durch diejenigen Kräfte, die schon im Wilhelminischen Deutschland lange Zeit als Reichsfeinde diskriminiert worden waren: Sozialdemokratie, bürgerlicher „Freisinn" und politischer Katholizismus. Die Weimarer Republik war, in ihren besten Phasen und verkörpert in Staatsmännern wie Gustav Stresemann, auf dem Wege, die politische Versöhnung und Bündnisfähigkeit zwischen diesen Lagern, dem obrigkeitlich eingestellten, konservativen oder nationalliberalen deutschen Besitz- und Bildungsbürgertum und den demokratischen, sozialistischen oder christlich-sozialen Volkskräften und Emanzipationsbewegungen herzustellen. Der Nationalsozialismus [...] zog [...] einen radikalen Schlußstrich unter die evolutionäre Demokratisierung.

(Aus: Martin Broszat, Die Machtergreifung, dtv, München 1984, S. 174–176)

1. Der Historiker Martin Broszat beleuchtet das Zustandekommen eines „unseligen" Zweckbündnisses zwischen den traditionellen Eliten und der nationalsozialistischen Massenbewegung aus der Sicht dieser Eliten. Erläutern Sie, worin Broszat die Voraussetzungen und Motive dieses Zweckbündnisses sieht.
2. Die Weimarer Republik bot nach Broszat eine Alternative zu diesem verhängnisvollen Zweckbündnis. Worin bestand diese Alternative, und woran zerbrach sie?
3. „Verbietet doch die NSDAP! Legt ihr das Handwerk!" – Erörtern Sie Möglichkeiten und Erfolgsaussichten des Kampfes gegen die NSDAP in der Weimarer Republik. Nehmen Sie auch Bezug auf Material 9, S. 178.

3.6 Machtübergabe und Machtergreifung: Der 30. Januar 1933

Mit der Uhr in der Hand trat am späten Vormittag des 30. Januar 1933 der Staatssekretär des greisen Reichspräsidenten von Hindenburg, Meißner, zu den in seinem Amtszimmer immer noch über die Auflösung des Reichstages und Neuwahlen streitenden Ministeranwärtern einer Regierung der „nationalen Konzentration" unter Hitler: „Meine Herren, die Vereidigung durch den Herrn Reichspräsidenten war um 11 Uhr angesetzt. Es ist 11 Uhr 15. Sie können den Herrn Reichspräsidenten nicht länger warten lassen." In tiefem Respekt vor Hindenburgs Terminkalender lenkte nun selbst der Vorsitzende der DNVP, Hugenberg, der Hitlers machttaktisches Spiel schärfer als der intrigierende Exkanzler von Papen durchschaute, widerstrebend, ein. Wenige Minuten später war das neue Kabinett des Reichskanzlers Adolf Hitler vereidigt und der Parteiführer der NSDAP endlich und unwiderruflich an die Schaltzentralen der Staatsmacht gelangt.

Einbindung Hitlers

Hin- und hergerissen zwischen Zweifel und Hoffnung warteten währenddessen im gegenüberliegenden Hotel Kaiserhof die Gefolgsleute Hitlers. Mit Tränen in den Augen soll er unter sie getreten sein. Er werde sich die Macht nicht mehr wegnehmen lassen, so wahr ihm Gott helfe, so hatte er kurz zuvor öffentlich erklärt. Ganz anders beurteilte der Taktiker von Papen die Situation: Er sah Hitler lediglich als Spielfigur, bestenfalls als Mitspieler, der in die Regierung eingebunden sein und sie parlamentarisch und massenwirksam absichern sollte. Zugleich sollte Hitler die Furcht vor einem vermeintlichen kommunistischen Aufstand und damit vor Bürgerkrieg eindämmen, und nicht zuletzt sollte er sich und seine Bewegung in der praktischen Regierungsverantwortung entzaubern.

Neuwahlen

Die Geschichte des Nationalsozialismus ist vor allem eine Geschichte seiner Fehleinschätzung. Am 30. Januar 1933 zeigte sich, wie richtig diese These ist. Noch wenige Minuten vor der Vereidigung drohte die Bildung des Kabinetts am Streit über die entscheidende Frage der Auflösung des Reichstags und der Ausschreibung von Neuwahlen zu platzen. Hitler erhoffte von Neuwahlen den Gewinn einer absoluten Mehrheit für seine Partei im Reichstag, der dann durch ein Ermächtigungsgesetz seine Regierung zur Gesetzgebung befugen und sie so aus den Fesseln des Präsidialkabinetts lösen sollte. Nur widerstrebend hatte sich der Vorsitzende der DNVP Hugenberg dem Drängen Hitlers gebeugt; im Rückblick sprach er von der „größten Dummheit meines Lebens". Am 1. Februar 1933 wurde der Reichstag durch den Reichspräsidenten aufgelöst und Neuwahlen auf den 5. März 1933 angesetzt. Damit wurde das übliche demokratische Verfahren, erst nach Neuwahlen eine Regierung zu bilden, umgekehrt; am 30. Januar 1933 wurde eine Regierung gebildet, um Neuwahlen zu erreichen.

Kabinettsbildung

Hitlers taktische Überlegenheit zeigt sich auch in der Kabinettsbildung. Er nahm hin, daß außer ihm nur noch zwei Nationalsozialisten der Regierung angehören sollten, nämlich Frick als Reichsinnenminister und Göring als Reichsminister ohne Geschäftsbereich. Allerdings wurde Göring gleichzeitig auch preußischer Innenminister und damit Herr der preußischen Polizei. In dieser wichtigen Machtposition stand er jedoch unter der Kontrolle des Vizekanzlers von Papen, der auch das des preußischen Ministerpräsidenten erhielt. Vier der

Das Kabinett Hitler am Tag der Regierungsbildung: Von links nach rechts: Seldte, Gereke, Schwerin von Krosigk, Frick, von Blomberg, Hugenberg; (oben); Göring, Hitler, von Papen (unten).

zwölf Kabinettsmitglieder hatten bereits den beiden letzten Regierungen angehört und sorgten für den Eindruck einer Kontinuität in der Regierung. Mit dieser Kabinettsliste konnte Papen den widerstrebenden Reichspräsidenten von der Ungefährlichkeit einer Kanzlerschaft Hitlers überreden. Kritikern seines „Meisterplans" hielt Papen entgegen: „Wir haben ihn uns engagiert, wir rahmen ihn (in ein Kabinett der nationalen Verantwortung) ein." Oder er fragte zurück: „Was wollen Sie denn? Ich habe das Vertrauen Hindenburgs. In zwei Wochen haben wir Hitler in die Ecke gedrückt, daß er quietscht."

Legaler Machterwerb – revolutionärer Anspruch

Hitler und seine Massenpartei nutzten die schwere Krise der Weimarer Republik rücksichtslos und taktisch geschickt zum Griff nach der Macht aus. Seit dem kläglich gescheiterten Putsch in München, dem von der NS-Propaganda heroisierten Marsch zur Feldherrnhalle vom 9. November 1923, und seit der Neugründung der Partei nach Hitlers Festungshaft in Landsberg war die NSDAP auf einen nur taktisch gemeinten Legalitätskurs eingeschwenkt. Dieser Legalitätskurs bezog sich im Verständnis der Nationalsozialisten nur auf die Wege, Methoden und Mittel, nicht aber auf ihre politischen Ziele und Zwecke. Hitler hatte erkannt, daß eine Partei in entwickelten Industriegesellschaften und in modernen Verfassungsstaaten eine Revolution nur dann erfolgreich durchführen kann, wenn sie sich zuvor in den Besitz der staatlichen Macht gebracht hat. Er und seine Propagandisten wurden nicht müde, immer wieder öffentlich und sogar unter Eid zu beteuern, daß sie formal korrekt, verfassungskonform an die Staatsmacht kommen wollten, um dann allerdings das verhaßte System von Weimar mit Stumpf und Stiel auszurotten: „Verwechselt uns dann nicht mit einer bürgerlichen Partei!"

Die Betonung der Legalitätstaktik mit revolutionärem Anspruch war mehr als ein propagandistischer Trick. Diese Taktik zielte gekonnt auf die Obrigkeitsgläubigkeit und die rechtspositivistische Grundhaltung des nationalen Bürgertums und insbesondere der Beamtenschaft, der Justiz und der Armee. Sie nutzte die in der Mentalität der Deutschen tief verwurzelte Abneigung gegen Revolution und Umsturz aus und konnte damit möglichen Widerstand aus verfassungsrechtlichen, politischen und moralischen Motiven lähmen und sogar weitgehend verhindern. Die formell korrekte Vereidigung Hitlers auf die Weimarer Reichsverfassung, die er sogleich zu zerstören begann, konnten die Nationalsozialisten als ersten Erfolg ihres Legalitätskurses verbuchen.

Der zum Reichskanzler ernannte Hitler durchbrach die schlau gesponnenen Spielregeln der Regierungsbildung und ergriff jetzt diktatorisch die nach der Weimarer Verfassung ihm legal übertragene und ausgelieferte Regierungsmacht. Erst die Katastrophe des Zweiten Weltkriegs beendete die jetzt beginnende zwölfjährige Diktatur über Deutschland, die ab 1938 weitere Teile Europas erfaßte.

MATERIAL 28 Goebbels am 30. Januar 1933

Goebbels kommentiert während des abendlichen Fackelzugs von SA, SS und Stahlhelmformationen im Rundfunk den 30.1.1933:

Wir sind alle maßlos glücklich! Glücklich darüber, daß nun eine vierzehnjährige Arbeit durch Sieg und Erfolg gekrönt worden ist. Wenn ich den heutigen Tag auf den einfachsten Nenner bringen soll, dann möchte ich sagen: es ist ein Triumph der Zähigkeit. Die Zähigkeit der nationalsozialistischen Führung hat diesen Sieg errungen. Und es ist für mich nun ergreifend zu sehen, wie in dieser Stadt, in der wir vor sechs Jahren mit einer Handvoll Menschen begonnen haben – wie in dieser Stadt wirklich das ganze Volk aufsteht, wie unten die Menschen vorbeimarschieren. Arbeiter und Bürger und Bauern und Studenten und Soldaten – eine große Volksgemeinschaft. [...] Das, was wir unten erleben, diese Tausende und Tausende und Zehntausende und Zehntausende von Menschen, die in einem sinnlosen Taumel von Jubel und Begeisterung der neuen Staatsführung entgegenrufen – das ist wirklich die Erfüllung unseres geheimsten Wunsches, das ist die Krönung unserer Arbeit.

(Aus: W. J. Mommsen, 1933: Die Flucht in den Führerstaat, in: Wendepunkte deutscher Geschichte 1848–1945, hrsg. v. Carola Stern und Heinrich A. Winkler, Frankfurt 1979, S. 100f.)

MATERIAL 29 „Brautvorführung" Karikatur aus dem Schweizer „Nebelspalter" vom Februar 1933

1. Welche Deutung gibt der Rundfunkkommentator Goebbels dem Ereignis des 30. Januar 1933?

30. Januar 1933: Fackelzug der SA, SS und des Stahlhelm durch das Brandenburger Tor in Berlin

1. Der Schweizer „Nebelspalter" versucht, mit der Szene „Brautvorführung" politische Vorgänge im Nachbarland Deutschland zu enthüllen.
   Erläutern Sie die politische Rolle und die Motive der dargestellten Personen; charakterisieren Sie auch das Interieur der Szene.
2. Vergleichen Sie den Kommentar von Goebbels mit der Darstellung des Nebelspalters.

MATERIAL 30 **Weimars Ort in der deutschen Geschichte – War die deutsche Katastrophe aufzuhalten?**

Der Historiker Heinrich August Winkler erörtert ein ganzes Bündel von Antworten auf die Frage, ob die deutsche Katastrophe aufzuhalten war. Sie seien im folgenden vereinfacht wiedergegeben und zusammengefaßt:

1. Die *Erblast* des kaiserlichen Deutschland ließ sich in der gebremsten Revolution von 1918/19 nicht abschütteln. Deutschland brauchte als hochindustrialisiertes Land eine Kontinuität öffentlicher Dienstleistungen. Möglich waren 1918/19 Strukturreformen: erste Schritte in Richtung auf eine Demokratisierung der Verwaltung, die Schaffung eines republikloyalen Militärwesens, die öffentliche Kontrolle der wirtschaftlichen Macht bis hin zur Vergesellschaftung des Montansektors. Diese Möglichkeiten wurden nicht genutzt.

2. Eine ungebrochene, vorindustrielle *Machtelite* und große Teile des gebildeten Bürgertums gehörten von Anfang an zu den Gegnern

der jungen Demokratie. Vor allem die ostelbischen Junker arbeiteten aktiv und erfolgreich an der Zerstörung der Weimarer Demokratie. Von keiner Seite wurde 1918/19 ihre Enteignung ernsthaft angestrebt. Die Diener des alten Staates, Richter, Staatsanwälte, Verwaltungsbeamte, Lehrer, Professoren, behielten ihre Positionen.

3. Für die meisten Deutschen lag über den 14 Jahren der ersten deutschen Republik nicht der Schatten des Kaiserreichs, sondern der Schatten des *Vertrages von Versailles,* der trotz des Verstoßes gegen das Selbstbestimmungsrecht der Völker, trotz der Reparationslasten und des einseitigen Kriegsschuldartikels kein „Karthagofriede“ war.

4. Die *Weimarer Reichsverfassung* von 1919 ermöglichte die Zurückdrängung des Parlaments mittels des Notverordnungsrechts des Reichspräsidenten nach Artikel 48. Es bildete sich eine *„Reserveverfassung“* aus, die Exekutive konnte sich gegenüber dem Reichstag verselbständigen, und die „Normalverfassung“ wurde gelähmt. So konnten sich die verfassungstragenden Parteien der ersten Weimarer Koalition ihrer politischen Verantwortung und dem Gebot zum Kompromiß entziehen.

5. Eine *„Fundamentalopposition von rechts und links“* nahm vor allem im Krisenjahr 1932 die demokratische Republik in die Zange. KPD und NSDAP verfügten nun über eine „negative“, die Verfassung bekämpfende „Mehrheit“.

6. In den letzten Jahren der Republik kam es zu *bürgerkriegsähnlichen Zuständen.* KPD und NSDAP organisierten paramilitärische Verbände, Rotfront und SA, für außerparlamentarische Aktionen wie Straßen- und Saalschlachten. Sie höhlten den Anspruch des Verfassungsstaates auf das Monopol legitimer Gewaltanwendung aus, schränkten die Zivilgesellschaft ein und schürten die Furcht vor Revolution und Bürgerkrieg.

7. Die These von der *„Selbstpreisgabe einer Demokratie“* aufgrund fehlender Kompromißbereitschaft der Parteien hat einen berechtigten Kern. Die häufigen Regierungskrisen hatten ihre Ursache regelmäßig darin, daß den Parteien eines Koalitionskabinetts die Pflege ihrer je eigenen Parteiidentität mehr bedeutete als das Erscheinungsbild ihrer Regierungen.

8. Hitler war der *Nutznießer des beschleunigten deutschen Modernisierungsprozesses:* Er nutzte den seit Bismarcks Zeiten verbrieften Anspruch der Massen auf politische Teilhabe in Gestalt des allgemeinen Wahlrechts und apellierte gleichzeitig an die verbreiteten Ressentiments gegenüber dem angeblich undeutschen, von den Siegern oktroyierten parlamentarischen System.
Er wollte eine Revolution, aber nicht gegen den Staatsapparat, sondern durch seine Indienstnahme. Deshalb beschwor er die Legalität, über die seine Gefolgsleute sich tagtäglich hinwegsetzten. Deshalb spielte er den Hüter der Verfassung, die er zu vernichten gedachte. Er unterhielt die größte Bürgerkriegsarmee Deutschlands und konnte gerade deshalb darauf setzen, daß ihm nichts so sehr helfen würde wie die Furcht vor dem Bürgerkrieg.

(Eigene Zusammenfassung nach: Heinrich August Winkler, Weimar 1918–1933, C.H. Beck, München 1993, S. 614ff.)

1. Erörtern Sie die Erklärungskraft der Thesen des Historikers Heinrich August Winkler zum Untergang der Weimarer Republik.
2. Schlagworte zum Untergang der Weimarer Republik: preisgegeben – chancenlos – abgewählt – zerstört. Nehmen Sie rückblickend Stellung.
3. Zeigen Sie, inwieweit das Grundgesetz der Bundesrepublik Deutschland in den Artikeln 20, 21, 67 und 79 (3) Lehren aus dem Ende der Weimarer Republik gezogen hat.

Aus Krisen lernen? – Rückblick und Ausblick

Schlüsselbegriff „Krise"

Für das Verständnis der Geschichte des 20. Jahrhunderts ist „Krise" zu einem Schlüsselbegriff geworden. Ausschlaggebender Krisenerzeuger war und ist im 20. Jahrhundert neben dem Krieg der Prozeß der Modernisierung, angetrieben vor allem durch Wissenschaft, Technik und Wirtschaft. Die Hauptthese unserer Schlußbetrachtung lautet: Nicht die verschiedenen Krisen als solche und in ihren jeweiligen Erscheinungsformen waren für die Geschichte der USA, der UdSSR und der Weimarer Republik entscheidend geworden, sondern viel eher die Methode, mit denen die drei Staats- und Gesellschaftsordnungen auf die Krisen, von denen sie betroffen waren, antworteten. Wie haben Politiker in den USA, in der UdSSR und in der Weimarer Republik Krisen wahrgenommen, und wie sind sie mit ihnen umgegangen und verfahren? Welche Besonderheiten zeigten die drei Herrschafts- und Gesellschaftsordnungen in ihrem Krisenverhalten?

Unterschiedliches Krisenverhalten

USA

● Die USA haben seit ihrer Verfassungsrevolution ein ganz eigenes Verständnis von Krise und einen eigenen, ihm entsprechenden Umgang mit Krisen entwickelt. Krisen gelten ihnen als Herausforderungen, nicht als vorgezeichnete Wege in den Untergang. Die Gründerväter schufen eine liberale, föderale, gewaltenteilende, Menschenrechte garantierende Verfassungsordnung für eine offene, pluralistische Konkurrenzgesellschaft. Sie organisierten Demokratie als „government of the people, by the people, for the people". Diese in der Tradition der Amerikaner verankerte politische Kultur hat sie in starkem Maße vor den totalitären Versuchungen des 20. Jahrhunderts bewahrt, selbst in der für sie verheerenden Weltwirtschaftskrise von 1929 an. In Amerika wie auch in den westeuropäischen Demokratien konnten sich weder faschistische noch kommunistische Regime durchsetzen. Der liberale Umgang mit Krisen ist in einem für das Selbstverständnis der USA klassisch gewordenen Dokument formuliert worden:

Liberales Krisenverständnis

MATERIAL 1 **Liberales Krisenverständnis**

Der Gründervater James Madison empfahl seinen Landsleuten in einem Zeitungsaufsatz in der Reihe der „Federalist Papers" von 1787 Verhaltensregeln gegenüber krisenhaften Parteiungen im Gemeinwesen. Er erwog darin Methoden des Umgangs mit solchen Parteiungen und formulierte Grundsätze einer politischen Streitkultur. Nach Madison dürfen politische Maßnahmen ein Gemeinwesen in Zeiten der Krise nicht sprengen. Revolution, Bürgerkrieg, Diktatur würden zerstören, was sie zu verbessern vorgeben.

Unter einer Parteiung verstehe ich eine Anzahl von Bürgern, sei es die Mehrheit, sei es eine Minderheit, die von gemeinsamen Leidenschaften oder Interessen getrieben oder geeint sind, welche im Gegensatz zu den Rechten anderer Bürger oder den ständigen Gesamtinteressen der Gemeinschaft stehen.

Es gibt zwei Methoden, das Übel der Parteiung zu kurieren: erstens: durch Beseitigung ihrer Ursachen, zweitens: durch Kontrolle ihrer Wirkungen.

Zur Beseitigung der Ursachen von Parteiungen gibt es wieder zwei Methoden: erstens: die Freiheit aufzuheben, der sie ihre Existenz verdanken, zweitens: jedem Bürger dieselbe Meinung, dieselben Leidenschaften und dieselben Interessen vorzuschreiben.

Bei keiner Methode könnte man mit größerem Recht sagen, daß das Heilmittel schlimmer ist als die Krankheit, als bei der erstgenannten. Freiheit ist für die Parteiungen, was die Luft für das Feuer ist: die Nahrung, ohne die es augenblicklich erlischt. Aber es wäre nicht weniger töricht, die für das politische Leben unverzichtbare Freiheit abzuschaffen, weil sie der Parteisucht Nahrung gibt, als die Abschaffung der für das animalische Leben unentbehrlichen Luft zu fordern, weil sie dem Feuer seine zerstörerische Macht verleiht.
Die zweite Methode ist ebenso undurchführbar wie die erste unklug. Solange der menschliche Verstand fehlbar bleibt und der Mensch die Freiheit hat, ihn zu gebrauchen, solange wird es auch unterschiedliche Meinungen geben. [...]

Ein weiteres, schier unüberwindliches Hindernis für eine Einheitlichkeit der Interessen sind die unterschiedlichen Fähigkeiten der Menschen, aus denen die Eigentumsrechte entspringen. Der Schutz dieser Fähigkeiten ist das oberste Ziel der Regierung. [...]

Die am weitesten verbreitete und dauerhafteste Quelle von Parteiungen ist jedoch immer die ungleiche Verteilung des Eigentums gewesen. [...] Diese vielfältigen und einander widersprechenden Interessen zu regulieren, ist die wesentliche Aufgabe der modernen Gesetzgebung. Der Umgang mit Parteien und Parteiungen gehört also zu den normalen Erfordernissen der Regierungstätigkeit.

(Aus: Alexander Hamilton, James Madison, John Jay, Die Federalist Papers, übersetzt, eingeleitet und mit kritischen Anmerkungen versehen von Barbara Zehnpfennig, Wissenschaftliche Buchgesellschaft, Darmstadt 1993, S. 94f.)

UdSSR

● Die Sowjetunion ging mit Krisen ganz anders um als die liberale Gesellschaft der USA. Die marxistisch-leninistische Ideologie hatte sich in der Sowjetunion zu einer totalitären Staats- und Gesellschaftsdoktrin verwandelt. Krisen und Widersprüche beim Aufbau des Sozialismus in der UdSSR wurden verdrängt, ideologisch umgedeutet und teils offen, teils indirekt unterdrückt. Krisen wurden beispielsweise bei der Frage nach der Rolle der Räte (Sowjetdemokratie oder Parteidiktatur) sichtbar; unterdrückt wurde die innerparteiliche Opposition und die Landwirtschaft während der forcierten Industrialisierung und Zwangskollektivierung; widersprüchlich war das Verhältnis des 1917 verkündeten Selbstbestimmungsrechts der Nationalitäten zum sowjetischen Zentralismus und das Verhältnis des weltrevolutionären Anspruchs zur imperialen Machtpolitik. Doch seit 1917 war die marxistische Führung allein auf Krisen im „kapitalistischen Weltsystem" fixiert und nahm diese Krisen als Vorboten einer „gesetzmäßig" sich entwickelnden Revolution wahr. Das eigene System galt als grundsätzlich krisenfest, ja krisenfrei.

MATERIAL 2 Sowjetmarxistisches Krisenverständnis

Das sowjetische Krisenverständnis wurde vom „Kommunistischen Manifest" von 1848 geprägt. Marx und Engels entwickelten darin einen primär ökonomischen Krisenbegriff:

Seit Dezennien ist die Geschichte der Industrie und des Handels nur die Geschichte der Empörung der modernen Produktivkräfte gegen die modernen Produktionsverhältnisse,

gegen die Eigentumsverhältnisse, welche die Lebensbedingungen der Bourgeoisie und ihrer Herrschaft sind. [...] In den Krisen bricht eine gesellschaftliche Epidemie aus, welche allen früheren Epochen als Widersinn erschienen wäre – die Epidemie der Überproduktion.
Wodurch überwindet die Bourgeoisie die Krisen? Einerseits durch die erzwungene Vernichtung einer Masse von Produktivkräften, andererseits durch die Eroberung neuer Märkte und die gründlichere Ausbeutung alter Märkte.
Wodurch also? Dadurch daß sie allseitigere und gewaltigere Krisen vorbereitet und die Mittel, den Krisen vorzubeugen, verhindert.

1857 jubelte Engels im festen Glauben, daß die Revolution bald kommen werde:

Eine neue Revolution ist nur möglich im Gefolge einer neuen Krise. Sie ist aber auch ebenso sicher wie diese. –
Die Krise wird mir körperlich ebenso wohltun wie ein Seebad.

(Aus: Otto Brunner, Werner Conze, Reinhard Koselleck [Hrsg.], Geschichtliche Grundbegriffe. Historisches Lexikon zur politisch-sozialen Sprache in Deutschland, Bd. 3, Klett-Cotta, Stuttgart 1982, S. 617ff., Stichwort Krise)

Der Politikwissenschaftler Ludger Kühnhardt nennt die Oktoberrevolution von 1917 eine Revolution gegen die Demokratie, den Anfang vom sehr späten Ende eines totalitären Systems. Am Anfang der Sowjetunion hatten der Erste Weltkrieg und die Krise des Zarenreichs gestanden und am Ende die Dauerkrise des real existierenden Sozialismus: Die Bevölkerung war entpolitisiert, die Ideologie unglaubwürdig, die Wirtschaft erschöpft, die Weltmachtpolitik überdehnt und die Umwelt schwer geschädigt. Gorbatschow wollte als „Krisenmeisterer" die Sowjetunion auf die Prinzipien Lenins zurückführen; am Ende seiner geplanten „Zweiten Revolution" steht ein bisher unerwartet gewaltarmer Einsturz des sowjetischen Herrschaftssystems mit nicht absehbaren Folgewirkungen.

Weimarer Republik

● Ein Hauptkennzeichen der Krise der Weimarer Republik ist die sogenannte Gleichzeitigkeit des Ungleichzeitigen: Nebeneinander bestanden obrigkeitsstaatliche Traditionen, Einstellungen und Kräfte einerseits sowie eine dynamische Wirtschaft und eine neue, für die meisten Deutschen ungewohnte, demokratische Ordnung andererseits. Die Rückbindung der Republik an das Kaiserreich wirkte einengend und fesselnd. Nach den Worten des ersten Reichspräsidenten Friedrich Ebert mußten die Parteien der Weimarer Koalition „Konkursverwalter des alten Regimes" werden. Die erste deutsche Demokratie war zu wenig gefestigt, als daß sie der Wirtschafts- und Verfassungskrise gewachsen gewesen wäre. Der Nationalsozialismus beutete die Transformationskrise (d.h. Übergangskrise) der Weimarer Republik aus und benutzte sie zur Errichtung einer Diktatur.

Die Geschichte der Weimarer Republik wird für uns vor allem als Transformationskrise lehrreich: Sie macht deutlich, wie schwierig es ist, einen Obrigkeitsstaat in eine Demokratie zu transformieren. Vor vergleichbaren – nicht gleichen – Problemen stehen heute die Nachfolgestaaten der UdSSR und die Staaten des ehemaligen Warschauer Paktes.

Register